동아시아 각국의 타자인식과 자기인식의 담론 모색

이 책은 동아시아역사연구소 총서 25권입니다.
(역사인식과 동아시아 지성의 계보 9)

동아시아 각국의 타자인식과 자기인식의 담론 모색

초판 1쇄 발행 2021년 8월 20일

저 자 | 이신철 외
발행인 | 윤관백
발행처 | 도서출판 선인

등록 | 제5-77호(1998.11.4)
주소 | 서울시 마포구 마포대로 4다길 4(마포동 324-1) 곳마루빌딩 1층
전화 | 02)718-6252 / 6257
팩스 | 02)718-6253
E-mail | sunin72@chol.com
Homepage | www.suninbook.com

정가 30,000원
ISBN 979-11-6068-489-6 93900

· 저자와 협의에 의해 인지 생략.
· 잘못된 책은 바꿔 드립니다.

* 이 책은 2016년 대한민국 교육부와 한국연구재단의 지원을 받아
  수행된 연구임(NRF-2016S1A5B8924764).

동아시아 각국의 타자인식과
자기인식의 담론 모색

이신철 외

도서출판 선인

서문

◆

새로운 역사인식을 모색하며

성균관대학교 동아시아역사연구소에서는 한국연구재단의 중점연구소로 지정되어 2010년부터 2019년까지 9년 동안 '동아시아 지성의 계보와 역사인식'을 주제로 연구과제를 수행했다. 이 책은 그 긴 여정의 마지막 결과물이다. 우리가 수행한 과제는 3단계로 구성하였고, 각 단계는 각각 3년씩 대한제국, 일제시기, 해방 이후의 세 시기로 나누었다. 이를 통해 각 시기별로 동아시아 지성의 흐름을 역사학과 역사인식을 중심으로 살펴보았다. 그 중 마지막 3단계에서는 앞으로의 동아시아 역사인식이 어디로 나아가야 할지 대안을 모색해 보는 데 초점을 맞추었다.

3단계의 3년 동안 『전후 지식인의 이데올로기와 역사인식』(동아시아역사인식과 지성의 계보 6), 『동아시아 제국주의 질서와 역사인식』(7), 『동아시아 지역 연구와 탈식민 운동』(8)에 이어 그 마지막 시리즈로 이 책을 준비했다. 책들의 제목을 통해서 알 수 있듯이 그 동안 연구팀은 근현대 동아시아의 이념과 질서, 지역이라는 연구주제를 함께 고민해 왔다. 그리고 마지막으로 타자인식과 자기인식을 주제로 미래를 전망해 보았다.

이 책은 전체 3부로 구성되었다. 1부는 동아시아 각국의 타자인식이 주제이다. 조선 사회주의운동가들의 코민테른 인식과 관계, 일본 지식인의 중국인식을 통한 자기인식, 중국 난징기념관의 항일기억과 대일기억의 정치화를 다루었다.

임경석은 식민지시기 조선의 좌파운동에 강력한 영향력을 행사했던 12월테제의 작성 과정에서 조선의 당사자들이 어떤 영향을 미쳤는지를 구체적 자료를 통해 재구성했다. 이를 통해 그동안 12월테제 작성 과정에서 조선인 운동가들이 배제되었다는 통설이 잘못되었음을 밝혀냈다. 조선의 두 공산당은 분열되어 있었지만, 각자의 의견을 제출하였고, 코민테른 조선위원회를 설득해 자신들의 주장을 관철시키고자 했고 그 주장이 수용되는 과정을 당시의 회의록을 통해 밝혀내고 있다.

최종길은 일본의 중국문학평론가 다케우치 요시미에 주목했다. 그는 1943년 이후 다케우치가 루쉰의 저항적 삶에 대한 재인식 과정에서 전통적 가치에 대한 저항을 통해 자기 갱신하는 중국적 근대를 발견하였고, 그것이 전후에 다케우치가 일본적 근대에 대한 비판적 고찰을 전개하는 토대가 되었다고 진단한다. 그리고 이러한 사유법은 전후에 일본적 사유와 전통을 변혁하려는 다케우치 자신의 저항론을 형성하였다고 보았다. 그러한 이유 때문에 다케우치는 전전에 전쟁을 긍정하는 자신의 사유법을 부정하지 않았음에도 불구하고 진보적 지식인으로 분류될 수 있었다고 결론 내린다.

김지훈은 1970년대까지 일본과의 관계를 의식해 난징 대학살에 대한 조사와 연구를 하지 않았고, 연구가 진행되었더라도 그 결과를 공표하지 않았던 중국이 1982년 일본의 고등학교 역사교과서 역사왜곡 사태를 맞아 적극적인 변화를 보였음을 통해 역사적 사건이 어떻게 정치화하고 있는지를 보여주고 있다. 중국은 일본의 역사왜곡에 대항해 중국인민항일전쟁기념관과 난징대학살기념관 등을 건립했다. 저자는 중국이 기념관의 거의 모든 전시를 통해 개인의 고통과 희생을 강조하고 있지만, 궁극적으로 그들의 고통과 희생은 국가가 약했기 때문임을 암시해 애국심을 유도하고 강한 국가와 중국공산당 지도자 영도의 필요성을 강조하고 있음을 분석한다. 타자에 대한 인식을 권력이 어떻게 자기인식에 활용하는지, 그 사례를 보여주고 있다고 할 수 있다.

2부와 3부는 해방 이후 한국의 자기인식과 대안을 역사학 담론과 역사교과서와 역사학회의 사례를 통해 살펴보았다. 송병권은 식민지 조선에서 이루어졌던 군국주의 교육에 들어있는 민족주의적 요소가 한국과 일본에서 해방과 패전 이후 어떻게 재편되었는가에 관심을 기울였다. 그는 탈식민지화 과정에서 해방된 한국의 국가재건 과정에서 '국사' 교육에 기대한 민족주체성 중시라는 측면을 무시할 수 없고, 이점에서는 일본의 '국사'(일본사) 교육에서도 민족 주체성의 재건이라는 측면은 마찬가지였다고 분석했다. 그러나 민족주체성을 강조한 역사교육이 가져올 국가주의적 폐해의 위험성도 공존하고 있었다. 이런 측면에서 민족주체성의 강조와 국가주의적 폐해 사이의 자장 속에 자국사 교육은 길항하고 있었음을 밝히고 있다.

도면회는 1960년 이후 지향점이 다른 두 가지 역사관, 즉 '미국발 근대화론'과 사적 유물론에 의해 한국사 정체론에 대한 비판과 극복이 이루어지면서 한국사 발전론으로 확립되었음을 입증하고 있다. 그는 이 시기의 사적 유물론이 민족주의에 순치되어 계급 대립과 충돌, 투쟁 등 사적 유물론의 핵심 요소를 제거함으로써 근대화론과 구별하기 어려운 모습으로 존재하였다고 보았다. 또한 근대화론과 구별되는 모습으로서의 사적 유물론은 1980년대 광주 민중 항쟁과 독점자본의 성장과 민중운동의 발전이라는 계기를 통해 한국사 연구에 등장하기 시작했다고 분석했다.

조미은은 박정희 정권시기 화랑을 활용한 민족주의 담론을 분석하였다. 박정희 정권의 핵심인사들이 국민에게 민족 또는 국가라는 대의명분을 내세워 희생과 헌신을 강조·강요하기 위해 화랑과 화랑정신을 어떻게 활용하고 있는지를 사례를 통해 밝히고 있다. 또 화랑이나 화랑정신을 정권에 반대하는 세력을 탄압하는 논리로 활용하였음을 제시하고 있다.

대안적 역사서술을 고민하는 3부에서 김종복은 기존의 한국사 교육과정이 발해사를 한국사에 포함한다는 당위론에 머물고 있는 데서 비롯된 문제점을 구체적으로 분석하고 있다. 먼저 2009개정교육과정이 '통일신라와 발해', '남북국 시대'라는 두 가지 상호 모순적인 지침으로 제시되어 있음을 지적한다. 또한 두 가지 중 어느 입론에 근거했더라도 교과서에서 신라와 발해의 상호관계를 서술하지 않고 단절적으로 서술하고 있는 문제점도 지적한다. 결국 그는 발해사를 한국사에 포함한다는 당위론적인 수준에서 벗어나 신라와 발해를 하나의 역사단위로 서술하려는 실질적인 노력을 대안으로 제시한다.

이신철은 2000년대 초반의 남과 북 재일 조선학교(민족학교)의 교과서에서 동학농민운동 서술을 비교 분석하여 통일의 과정에서 어떻게 역사인식의 접근이 가능할 지를 검토하고 있다. 저자는 북측의 교과서가 정치적 영향에 민감하다는 취약점을 안고 있고 국가의 개입이 크지만, 재일 조선학교의 교과서들이 2000년대 들어 북측의 영향에서 상당부분 벗어나 독자적인 서술을 하고 있고, 서술 내용이 남측의 교과서들과 공통점이 많아진 점에 주목한다. 재일 사회의 역사인식 변화를 허용하고 있는 사례는 상대적으로 북측의 교과서 변화 가능성을 보여주는 지표이기 때문이다. 또한 2014년 북측은 교육과정을 개편하면서 고등학교에서 '조선사'와 세계사를 함께 서술하는 체계를 도입했는데, 이는 남측에서도 지향하고 있는 체계라는 점에서 접근 가능성이 적지 않다고 주장한다.

황기우는 한국 역사학계의 미래를 빅데이터 기반의 디지털역사학에서 찾는다. 그는 세계 최고의 디지털 기술력을 가진 한국이 아닌 서구 역사학계에서 디지털 기술에 입각한 새로운 역사학적 방법론이 시도되고 있는 현실을 안타까워한다. 나아가 그는 4차 산업혁명의 시대가 지식으로서 역사학을 붕괴시키고, 한국사와 서양사의 경계를 허물고 있으며, 나아가 자연과학과 인문학의 경계가 허물어지는 시대라는 점을 자각할 필요를 역설한다. 그는 한국의 역사학자들이 기존의 영역주의를 파괴하고 역사라는 거대한 틀을 재구성할 것을 호소한다.

마지막으로 이진일은 1989/1990년으로 상징되는 독일 분단의 종식이 1933년 이전과 나치 시대에 대한 역사적 해석에 근본적 변화를 만들었고, 독일사에서 연속성 문제에 대해 새로운 해석을 불러왔음을, 대표적 역사학자 네 명이 내놓은 네 권의 통사 서술 비교 분석을 통해 입증한다. 이를 통해 독일사에 대한 기존의 해석들이 서구의 일반적 근대화 및 민주화 과정과는 다른 독일만의 특별한 길(Sonderweg, 존더베크)을 인정해 왔다면, 통일 이후 통사 서술들에서는 공통적으로 이의 존재를 상대화하거나, 이미 극복되어 더 이상 존재하지 않는 해석으로 받아들이고 있음을 지적한다. 동서독 통합의 역사를 쓰고자 하는 통일 이후 독일 역사학계의 고민은 한반도 통일 이후 역사학의 진로 설정에 도움을 줄 수 있을 것이다.

동아시아 역사연구소는 9년간의 과제를 통해 역사인식을 매개로 동아시아 지성, 특히 한국의 지성이 서양 또는 일본과 어떻게 관계 맺으며, 어떻게 변화해 왔는지를 추적해 왔다. 이제 그 대장정을 마감하면서 충분한 결론에 도달하지는 못했다는 아쉬움이 없지 않다. 다만, 9년간의 연구를 통해 사실에 입각한 객관적 연구를 통해 자기 성찰에 기반 한 미래지향의 대안을 찾고자 노력했다. 공동연구가 대부분 그러하듯이 성과도 있지만, 아쉬움도 적지 않다. 우리 스스로 설정한 연구주제와 씨름하면서도 옹기종기 모여앉아 연구소의 자생력 확보를 위한 대안을 고민하는 불면의 밤을 지새우기도 했다. 덕분에 적지 않은 연구성과와 함께, 연구자들이 모여서 고민을 나눌 수 있는 작은 기반은 마련되지 않았나 하는 성취감도 든다. 그렇지만, 아직 인문학 연구소의 미래는 불투명하고 역사학의 위기도 지속되고 있는 것이 현실이다. 그동안 함께 논의했던 모든 연구원들이 스스로 대안으로 제시한 몇 가지 실천들을 지속하기를 다짐하면서 긴 장정을 마무리하고자 한다.

　9년간의 국가 지원과 학교의 행정적 지원에 감사드린다, 연구소 발전과 연구의 진전을 위해 헌신해 주었던 선배 · 동료들과 연구보조원으로 활약해 준 후배연구자들에게도 깊은 감사의 말씀을 드린다. 아홉 권의 '동아시아 역사인식과 지성의 계보' 총서를 만들어 준 선인 출판사에게도 감사의 말씀을 전한다. 앞으로도 작은 힘들을 모아, 인문학과 역사학이 새로운 길을 열어나가는 데 함께하길 기대한다.

2021년 8월
필자들을 대신하여 이신철 씀

차례

제2부 20세기 한국의 자기 인식 담론

보론

제1부
동아시아 각국의 타자 인식

조선위원회 속기록을 통해 본
마르크스주의자들과 코민테른 관계의 실제

◆

임경석

1. 머리말

이 논문의 연구 대상은 코민테른(이하 '국제당'으로 표기) 조선위원
회의 1928년 9월 20일자 회의 기록이다. 러시아어 타자기로 빽빽하게
정서된, 43페이지에 달하는 장문이다.[1] 이 기록은 조선 문제를 논의하
기 위하여 개최된 조선위원회 회의 진행양상을 자초지종 담고 있다.
안건과 결정 사항만을 건조하게 기록한 회의록이 아니라 참가자들의
발언 내용을 옮겨 적은 속기록 형식을 취하고 있다. 여기에는 발언자
들의 개인별 의견이 가감 없이 드러나 있다. 의사진행발언을 포함하여
회의의 성립 경위와 현장 분위기를 전해주는 내용이다. 주의 깊게 살

---

[1] Заседание Комис. по Корейск.Вопр. 20/IX-28г.(조선문제위원회 1928년 9월
20일자 회의), РГАСПИ ф.495 оп.45 д.25 л.2~44; 「코민테른 집행위원회 조선위
원회 회의 속기록」, 이완종 역, 『러시아문서번역집 22, 러시아국립사회정치사문
서보관소(РГАСПИ)』, 도서출판선인, 2016, 118~167쪽; 이하 「속기록」으로 줄임.
인용 쪽수는 러시아본에 따름.

핀다면 발언자들의 논리만이 아니라 심리까지 엿볼 수 있다.

이 속기록에는 서면으로 된 보충 문서도 첨부되어 있다. 회의석상에서 의견을 진술한 조선문제 당사자들이 자신의 뜻을 글로 옮긴 문서들이다. 세 종류다. 조선공산당 대표 이동휘와 김규열이 국제당 조선위원회 앞으로 제출한 9월 22일자 보고서, 고려공청 대표 강진이 국제당 조선위원회 앞으로 제출한 같은 날짜 보고서, 김단야가 조선위원회 앞으로 제출한 9월 25일자 영문 보고서가 그것이다.[2] 이 문서들은 9월 20일자 조선위원회 회의 때 행한 구두 보고를 보충하는 내용으로 이뤄져 있다. 이 문서들은 속기록을 보완하는 역할을 한다. 속기록에서 종종 발견되는 참석자 발언 내용의 즉흥성과 불충분성을 정정하는 근거로 사용될 수 있다.

이 속기록과 첨부문서들에 주목하는 이유가 있다. 그를 분석함으로써 오랫동안 논란되거나 곡해되어 온 문제를 해명할 수 있기 때문이다. 12월테제 작성 과정에서 조선문제 당사자들이 어떠한 역할을 수행했는가 하는 의문 말이다. 이는 결정서 채택에 영향력을 끼친 관련자들이 어떠한 역학관계에 놓여 있었는가를 밝히는 문제이기도 하다. 조선문제 당사자란 12월테제 작성에 일정한 영향력을 행사한 사람들을 가리킨다. 이들은 개인 자격이 아니라 단체 대표자이거나 기구의 책임자 자격으로 그에 참여했다. 12월테제란 국제당 집행위원회 정치비서부가

---

[2] Оглавление докладной записки в кор.комиссию ИККИ от делегации ЦК корейской компартии(т.т.Ли-Донхи и Ким-Гюер) от 22.9.1928(1928년 9월 22일자 조선공산당 대표 이동휘 · 김규열의 국제당 조선위원회 앞 보고서 목차), РГАСПИ ф.495 оп.135 д.152 л.50~62; Докладная записка в Корейскую комиссию ИККИ делегата КорКСМ на V конгрессе КИМа тов.Кандина (국제공청 제5차 대회 고려공청 대표 강진 동무의 국제당집행위 조선위원회 앞 보고서), 1928.9.22, РГАСПИ ф.495 оп.135 д.152 л.44~45; Кимданя(김단야), To the Korean Comission, 1928.9.25, РГАСПИ ф.495 оп.135 д.152 л.82~99об.

1928년 12월 10일자로 채택한 조선문제결정서를 가리키는 별칭이다. 이 테제는 조선 사회주의운동에 큰 영향을 미친 것으로 유명하다. 발표된 그때로부터 1945년 9월 조선공산당이 재건될 때까지 무려 17년간이나 사회주의자들의 행동에 영향력을 끼쳤다.

조선문제결정서 작성 과정에서 당사자들이 어떤 역할을 했는지를 밝히는 것은 일찍부터 연구자들의 관심 대상이 되어왔다. 초기 연구는 이 문제를 조선인과 국제당 외국인 당료들의 상호 관계 속에서 파악했다. 조선인들은 피동적인 지위에 놓여 있었고, 국제당 관료들이 주도적인 역할을 했다고 보았다. 보기를 들어 미즈노 나오키(水野直樹)에 의하면, "조선인은 위원회에 참가하는 것을 인정받지 못하고 의견을 진술하는 것만이 가능"했고, 국제당은 "조선인을 배제하고 내린 결정을 조선혁명운동에 위로부터 권위주의적으로 부여"했다고 한다.[3] 서중석도 "당사자인 한국인들의 의사가 반영되었느냐"는 문제에 관심을 보였다. 그는 "한국인 공산주의자 각 분파는 자기 분파 중심으로 당 문제에 대해 코민테른 동양부에 보고를 하였지만, 12월테제 작성에 한국인이 입회하였거나 상의를 한 것 같지는 않으며", 그 성격은 '일방적이었을 것'이라고 판단했다.[4] 이러한 견해는 사실의 일면을 지적하고 있음에 틀림없다. 하지만 국제당 내부의 갈등이 다층적이며 복잡하다는 특성에 유의했어야 한다. 국제당의 가맹 공산당은 어느 당이나 다 국가와 민족별로 내부 문제를 안고 있었으며, 집행부 차원에서도 알력이 여러 해에 걸쳐서 전개되어 왔다. 국제당 간부와 가맹 공산당 사이의 모순은

3) 水野直樹,「コミンテルンと朝鮮: 各大會の朝鮮代表の檢討を中心に」,『朝鮮民族運動史研究』1, 靑丘文庫, 1984;「코민테른 대회와 조선인」, 임영태 편,『식민지시대 한국사회와 운동』, 돌베개, 1985, 346쪽.
4) 서중석,『한국현대민족운동연구』, 역사비평사, 1991, 122쪽.

그러한 중첩된 모순의 일부에 지나지 않았다. 대상의 복잡성과 구체성을 복원한 바탕 위에서 이 문제를 다시 살펴볼 필요가 있다.

1990년대 후반부터 국제당 문서가 해금됨에 따라 새로운 사료가 역사 연구에 활용되기에 이르렀다. 12월테제 작성 경위와 그에 참여한 사람들의 역학 관계에 관해서도 그랬다. 강호출은 국제당측 자료를 활용하여 새로운 견해를 제시했다. 쿠시넨을 중심으로 한 3인 위원회가 조선 대표자들을 불러서 의견을 청취했으며, 12월테제 초안을 작성한 기구는 국제당 동양비서부이고, 채택한 주체는 국제당 정치비서부라는 조사 결과를 내놓았다. 테제의 작성 경위와 관련하여 한 걸음 더 진전된 연구 성과를 보여주고 있다. 더 나아가 조선위원회 외국인 위원들이 조선 사정에 무지했는데도 무언가 예단을 가지고 회의를 진행했다고 지적했다.[5] 이러한 발견은 조선문제 당사자들의 역학 관계를 해명할 수 있는 새로운 입론의 단초를 제시했다고 판단된다. 하지만 여전히 12월테제의 채택경위와 당사자들이 수행한 역할에 관한 문제는 아직 충분히 해명됐다고 보기 어렵다. 이 문제에 주의를 기울이는 까닭은 바로 여기에 있다.

2. 조선위원회 성립과 1928년 9월 20일자 회의의 소집

일본공산당 최고위 간부이던 사노 마나부(佐野學)는 체포된 뒤 관헌에게 이렇게 진술했다. 모스크바 체류 당시 조선문제에 관련을 맺게 된 사정에 대해서 말이다.

---

[5] 강호출, 『코민테른 '조선 문제 결정서'를 통해 본 조선공산당 운동(1925~1928)』, 고려대 박사학위논문, 2004, 144쪽.

"동양부에서는 이동휘, 김아무개, 이아무개 및 당시 모스크바에 체류하고 있던 화요파 잔류 당원 아무개 등에게서 각각 보고를 청취했다. 그 결과 그들 보고에 기초하여 조선문제를 해결하기 위하여 임시로 조선문제위원회를 만들었다. 그 위원은 윌터넨(Wiltanen), 미프(Mif Pavel), 瞿秋白, 나(佐野學) 4인이었다. 위원회는 12월 25~26일경까지 토의하고, 「조선문제테제」를 결의했다."[6]

1930년 1월 8일자 동경지방재판소 검사국 가메야마(龜山)검사 신문조서의 일절이다. 당 중앙위원장에 재임 중이던 1928년 3월 15일, 일본 공산당 검거사건을 극적으로 모면하고 러시아로 망명했던 사노 마나부였다. 그 후 국제당 제6회 대회 일본공산당 수석대표, 국제당 상임집행위원, 독일 및 인도문제 지도원 등의 자격으로 국제무대에서 활약하던 그는 결국 1929년 6월 상해에서 검거되고 말았다.

그는 모스크바에 있을 때 국제당 조선문제에 간여했노라고 말했다. 정황이 구체적이고 생생했으므로 허위 진술이라고 보기에 어려웠다. 일본 관헌들도 그렇게 판단했다. 일본 경찰의 입장에서 보자면 그 실상을 이해하는 것은 직분상 매우 필요한 일이었다. 하지만 국제당 본부의 내밀한 움직임이었으므로, 정보를 얻을 수 있는 경로가 제한적이었다. 경찰은 12월테제 작성 경위를 인지하고 있는 사상범을 통해서만 정보를 취득할 수 있었다. 사노 마나부가 그런 역할을 했다.

연구자들도 같은 판단을 내렸다. 서대숙은 신문 기록에 의거하여 사노 마나부를 포함한 4인 위원회가 국제당 동양부 산하에 설립되었으며, 이 위원회가 12월테제 초안을 작성했다고 서술했다.[7] 이 견해는 후

---

6) 「朝鮮共産黨と佐野學」, 『思想月報』 2, 高等法院檢事局思想部, 1931.5, 70쪽.

7) Dae-Sook Suh, *The Korean Communist Movement: 1918~1948*, Princeton University Press, 1967; 서대숙 지음, 현대사연구회 옮김, 『한국공산주의운동사 연구』, 화다, 1985, 106쪽.

대 연구자들에게 영향을 주었으며, 오랫동안 사실로 간주되어 왔다. 조선인들은 12월테제 작성과정에서 배제됐으며, 국제당의 결정을 일방적으로 수용해야만 했다는 해석의 근거가 됐다.

하지만 사노 마나부의 진술은 조선위원회가 만들어졌다는 점만 빼고는 실제와 달랐다. 위원회 설립 주체도 다르고, 위원 명단도 달랐다. 그에 참가한 조선인 명단도 정확하지 않으며, 테제 채택 날짜도 달랐다. 특히 결정적인 착오가 있었다. 사노 마나부 자신이 조선위원회에 위원으로서 참여한 적이 없다는 점이었다.

조선문제위원회가 설립된 때는 국제당 제6차대회(1928년 7월 17일~9월 1일)가 종료된 직후였다. 1928년 9월 7일이었다. 이날 국제당집행위 정치비서부는 13번째 안건으로 조선 문제를 상정했다. 조선공산당이 둘로 분열됐고 서로 국제당의 지부라고 주장하고 있기 때문에 이 사안을 해결해야만 했다. 정치비서부는 3인으로 이뤄진 조선문제위원회를 설립하여 해결 방안을 고안하도록 위임했다.[8]

선임된 위원은 세 사람이었다. 쿠시넨(Kuusinen, Otto Wilhelm 1881~1964), 렘멜레(Hermann Remmele 1880~1939), 퍄트니츠키(О.А.Пятницкий 1882~1938)가 그들이다. 11인의 정치비서부 위원 가운데 1인으로서, 국제당의 최상급 기구에 오른 거물들이었다. 각국 당의 두드러진 지도자들이었다. 쿠시넨은 핀란드공산당의 창설자 가운데 한사람이고, 국제당 상임간부회 위원, 제6차대회 의장을 역임했다. 렘멜레는 독일공산당 의장, 당 기관지 『적기(Die Rote Fahne)』의 책임 편집인을 지낸 중진이었다. 퍄트니츠키는 러시아 혁명운동에 투신한 이래 비밀활동,

8) Выписка из протокола №2 заседания Политсекретариата ИККИ от 7/IX-1928 г.(국제당집행위 정치비서부 1928년 9월 7일자 제2 회의록 초본), РГАСПИ ф.495 оп.135 д.149 л.11

투옥, 탈옥, 국외 탈출, 재수감을 겪은 역전의 혁명가로서, 1921~22년 국제당 국제연락부장을 지낸 이후 줄곧 국제당 고위직에 머문 인물이었다.

조선위원 3인의 경력에는 공통성이 있었다. 46~48세의 연령층에 속하며, 각자 자기 나라에서 혁혁한 투쟁경력을 쌓아 온 국제당의 최고위급 지도자들이었다. 하지만 조선혁명에 관해서는 경험이 없거나 적은 인물들이라는 점에서도 동질성을 갖고 있었다. 그중에서 위원장 쿠시넨이 가장 나았다. 그가 위원장에 선임된 까닭은 과거에 조선위원회에 참여한 경력이 있었기 때문이었다. 1921년 이래 국제당에서는 8회에 걸쳐서 조선위원회가 만들어졌는데, 쿠시넨은 그중 5차례 위원직에 보임된 바 있었다.

조선위원회의 임무는 정치비서부 회의록에 명시되어 있다. "조선공산당 양측과 협의하고, 그렇게 입수한 정보에 의거하여 국제당과 이 그룹들과의 상호관계에 관한 구체적인 제안을 입안"하는 데에 있었다.[9] 요컨대 조선위원들이 할 일은 둘이었다. 첫째, 조선공산당 '양측'과 협의하여 정보를 얻고, 둘째, '국제당과 양 그룹간의 상호관계에 관한 제안'을 작성하는 일이었다.

임무를 제대로 수행하려면 조선에 관한 바른 정보를 얻는 게 중요했다. 이를 위해서는 조선공산당 양측을 대표하는 인사들과 직접 대면하여 대화를 나누고, 그들로부터 서면 보고서와 자료를 제공받는 것이 필요했다. 그러나 심각한 어려움이 있었다. 조선공산당 양측 가운데 12월당 대표단은 이미 모스크바에 와 있는데, 2월당은 그렇지 않았다.[10] 이

---

[9] 위와 같음.

[10] 12월당이란 1927년 12월 10일 서울에서 비밀리에 개최된 제3차 당대회를 통해서 성립한 조선공산당 집행부를 가리킨다. 춘경원이라는 중국음식점에서 회합했다고

동휘와 김규열 두 사람으로 이뤄진 12월당 대표단은 이미 제6차 국제
당 대회에 참석하기 위해서 모스크바에 체류 중이었다. 하지만 2월당
은 무슨 연유인지 국제당 대회에 대표단을 보내지 않았다. 양측에게서
고루 균형있게 정보를 입수하기란 바라기 어려운 일이었다.

어떻게 할 것인가? 두 가지 방법이 있었다. 하나는 2월당 대표를 모
스크바로 불러들이는 길이었다. 얼마나 시간이 걸릴지 분명하지는 않
지만 적어도 2~3개월의 지체를 각오해야 했다. 다른 하나는 정보 취득
을 위해 대체 효과를 갖는 조치를 시행하는 길이었다. 2월당 정식 대표
가 아니더라도 그 입장을 대변할 수 있는 인물로 하여금 그 역할을 대
행케 하는 방법이었다. 쿠시넨과 두 위원은 후자를 택했다. 국제공청
제5차 대회(1928.8.20~9.18) 참석차 모스크바에 체류 중인 고려공산청
년회 대표 강진(姜進)에게 그 역할을 대행하게끔 위임하기로 결정했다.

조선공산당 양측과의 협의가 불완전할 우려가 있었기 때문일까. 아
니면 다른 의도가 있었던 까닭일까. 조선위원들은 정보를 취득할 수
있는 별도의 통로를 활용하기로 결정했다. 모스크바의 모든 가용 인원
을 동원하는 방법이 그것이다. 국제당 동방담당 기구가 근 10년간 구축
해 온 인적 네트워크와 자산 · 정보를 동원하는 길이었다. 쿠시넨이 보
기에는 그중에서도 국제레닌학교에 재학 중인 김단야(金丹冶)가 적임
이었다. 그에게 양측 대표자들의 조선문제 보고를 비판적으로 분석케
하고, 조선공산당의 분규를 항구적으로 해결하는 원칙과 방안을 모색
해 주도록 요청하기로 했다.

하여 '춘경원당'이라고도 부르고, 구 서울파와 상해파 공산그룹 구성원들이 주력
을 이뤘다고 하여 '서상파'라고도 부른다. 2월당이란 1928년 2월 27일 서울에서
열린 또 하나의 제3차 당대회를 통해서 설립한 조선공산당 집행부를 지칭한다.
당내에 은밀하게 존재하던 레닌주의동맹(Leninist League)이라는 분파가 주도했
다고 하여 '엘엘(LL)파' 혹은 '엠엘(ML)파'라고도 부른다.

조선위원회 업무를 실무적으로 뒷받침하는 기구가 있었다. 국제당의 조선담당 기구였다. 이 기구는 국제당 제6차 대회 이후인 1928년 9월부터 '동방지역비서부'(Восточный лендерсекретариат)라고 호명됐다. 이 기구는 조선문제위원회 회의 자료를 작성하고, 결정 사항의 집행을 관할했다. 그런데 주목할 점이 있다. 동방비서부장에 선임된 이가 바로 쿠시넨이었다는 점이다.[11] 다시 말해서 쿠시넨은 1928년 이후 조선 문제는 물론이고 동방·식민지 문제에 관한 한 국제당의 실권자 위치에 올라섰던 것이다. 그는 국제당의 최고 집행기구에서부터 실무행정기구에 이르기까지 동방문제에 관한 한 모든 부서를 장악하고 있었다.

3. 참석자 적부 논란

마침내 조선위원회는 9월 20일에 조선 사정을 청취하기 위한 청문회를 개최했다. 조선위원회가 발족한지 13일째 되는 날이었다. 회의 분위기는 심각했다. 긴장감이 돌았다.

발언 차례가 왔을 때 이동휘는 문제를 제기했다. 회의 진행 방식에 관한 내용이었다. 회의 일시 통보가 늦었을 뿐 아니라 불공정하게 이뤄졌음을 항의했다. 자신에게 회의 일시가 통지된 것은 그날 오전 10시 30분이었다. 회의가 열리기 불과 두세 시간 전이었다. 부랴부랴 서둘렀지만 회의 준비를 전혀 할 수가 없었다. 심지어 제시간에 회의장에 도착하는 것마저 힘들었다. 상상하기 어려운 터무니없는 일이었다. 분통

---

11) Г.М.Адибеков, Э.Н.Шахназарова, К.К.Ширня, Организационная структура Коминтерна(코민테른의 조직 구조) 1919~1943. - M.: РОССПЭН, 1997, 155쪽.

을 터트릴 일은 또 있었다. 불공정하기까지 했다. 다른 편에 비해 차별을 당했음을 알았다. 다른 참석자들에게는 하루 전에 미리 통지가 도달했다는 사실을 이 자리에 와서야 비로소 알았다. 회의가 언제 열리는지, 의제가 무엇인지, 사전에 준비할 게 무엇인지 등과 같은 회의 진행 정보를 둘러싸고 명백히 부당한 대우를 받았던 것이다. 조선위원회 실무 행정이 불공정하고 편파적이었다. 왜 이런 일이 벌어지는가? 이동휘는 몇몇 이해관계자가 부당하게 개입했음에 틀림없다고 주장했다. 그게 누군지는 굳이 밝히지 않았지만. 이동휘는 재발 방지를 요청했다. 앞으로는 사전에 회의 진행 정보를 알려 줄 것을 명시적으로 요구했다.

'몇몇 이해관계자'란 누굴까? 성명이 직접 거론되지는 않았지만 참석자들은 그게 누군지 다들 알고 있었을 것이다. 국제당 동방지역비서부의 임직원들이었다. 동방지역비서부의 하위 기구는 극동부(Дальневосточная секция), 중동부, 근동부 3개 부서로 나뉘어 있었고, 그중 극동부는 부장인 미프(П.Миф)를 비롯하여 스트라호프(Страхов), 가타야마 센(片山潛), 가토(加藤: 사노 마나부의 가명), 쿠추모프(В.Кучумов) 등 5인의 임원들이 이끌고 있었다.[12] 실무 역할은 이 극동부에 소속된 행정요원들이 담당했을 것으로 보인다. 모스크바에 거주하고 있으며, 조선 사정에 밝고, 조선어와 러시아어를 둘 다 구사할 줄 아는 사람이어야만 그런 역할을 감당할 수 있었을 것이다. 이동휘의 판단으로는 바로 그 자들이 의도적으로 12월당 대표단에게 불이익을 주고 있었다.

더 큰 문제가 있었다. 회의 참석자들이 적절히 선정됐는가 하는 문제였다. 이동휘는 따졌다. 이 자리에는 '조선공산당 양측'을 대표하는 사람들이 참석해야 한다. 그에 더하여 조선위원회 위원들만이 좌정할

---

12) 위와 같음.

권한이 있다고 말했다. 이동휘는 정치비서부의 결정에도 그렇게 명시되어 있음을 환기했다. 조선위원회는 조선공산당 양측과 협의하고, 그 정보에 의거해서 해결방안을 제시해야 한다고 쓰여 있지 않은가. 그래서 이동휘는 자당 대표단 외에 반대파 대표 강진이 이 자리에 참석하는 것을 반대하지 않는다고 말했다. 2월당 측의 대표 자격으로 참석했기 때문이다. 하지만 이 자리에는 그 밖의 조선인 참석자들이 있었다. 이동휘는 구체적으로 실명을 거론했다. 조훈과 김강이었다. 그들은 어떤 역할로 이 자리에 참석하는 것인지 이해할 수 없다. 이 자리는 각 당의 대표자들이 참석하는 자리이므로, 사적인 개인들이 참석하는 것은 옳지 않다. 개인 자격 참석자들이 당내 비밀을 청취하거나, 공적인 결정에 영향력을 행사하게끔 허용해서는 안 된다고 주장했다. 이동휘는 개인 자격 참석자 두 사람의 퇴장을 요구했다.[13]

참석자가 도합 몇 명이었는가? 속기록 첫머리에 적힌 참석자 명단은 유감스럽게도 불완전하다. 거기에는 3인의 위원 이름과 2월당 대표자 슐리모프(강진)만이 적혀 있고, 그에 뒤이어 '말줄임표(……)'가 표시되어 있다. 참석자가 더 있었지만 철자를 분명히 할 수 없었음을 나타낸다. 러시아어 통역사와 타이피스트가 낯선 외국인 인명의 음가를 키릴 문자로 표기하는 데에 어려움을 느꼈던 것 같다.

그래도 우리는 속기록에 등장하는 사람을 낱낱이 체크하는 방법으로 그 밖의 참석자를 알아낼 수 있다. 이미 밝혀진 사람 외에 개인 참석자가 더 있었다. 김단야였다. 그렇지만 이동휘는 김단야를 개인자격 참석자로 지목하지 않았다. 그의 자격에 대해서는 이동휘도 부인하지 못했던 것 같다. 조선위원회가 김단야에게 부여한 역할에 대해서 아마

---

13) 「속기록」, 9쪽.

사전에 인지하고 있었던 것으로 보인다. 요컨대 참석자는 최소 9명 이상이었다. 위원 3인, 2월당 대표 1인, 12월당 대표 2인, 개인 자격 3인이다. 그 외에 통역이 참석했을 것이다. 조선어와 러시아어를 둘 다 구사해야 할 터이므로 아마도 조선인이었을 가능성이 높다. 어쩌면 러시아어 속기록 필경사도 자리했을 것이다.

이동휘의 문제제기로 인해서 회의 진행은 벽에 부딪혔다. 참석자 적부 문제를 해결하지 않고서는 회의를 계속하기 어려운 상태가 됐다. 마침내 위원장 쿠시넨이 나섰다.

"이동휘 동무에게 요청합니다. 형식적인 문제들이 아니라 본질적인 것에 대해서 발언해 주십시오."[14) 첫 마디부터 거절의 뜻을 명백히 했다. 쿠시넨에게는 참석자 자격을 따지는 것은 형식적인 문제일 뿐이었다. 본질적인 것이 중요했다. 무엇이 본질적인 것인가. 쿠시넨에 따르면, 조선위원회가 조선 문제에 관한 정보를 다방면으로 충분히 접하는 데에 있었다. 그는 권한 문제도 꺼냈다. 이 자리에 누구를 초청할지, 누구의 의견을 청취할지에 관한 결정권은 위원회가 갖는다고 말했다. 이 자리에 참석한 사람들을 초청한 것은 위원회이며, 위원회는 그럴 권한이 있다고 못을 박았다.

참석자 범위를 둘러싼 이동휘와 쿠시넨의 견해 차이는 중요한 의미를 갖고 있다. 조선공산당 문제의 소재를 바라보는 시각 차이였다. 이동휘는 현존하는 당내 역학관계가 문제의 본질이라고 보는 견해를 대표했다. 12월당과 2월당, 이 가운데 어느 것이 옳고 어느 것이 그른가. 이 문제에 답하는 것이 조선위원회의 사명이라고 생각했다. 쿠시넨은 달랐다. 현존하는 조선공산당을 상대적인 것으로 보았다. 조선문제가

---

14) 위와 같음.

끊임없이 국제당에 제기되는 데에는 그럴만한 이유가 있을 것이다. 당의 체질 문제일 수도 있다. 심층적인 대책이 필요하다. 현존하는 두 당의 우열을 가르는 것에 한정하지 않고, 조선의 사회주의자들에게 내재하는 뿌리 깊은 병통을 치료해야 한다고 보았다.

4. 세 가지 견해

1) 2월당 정통론

쿠시넨은 참석자들에게 위원회의 정보 입수 방법을 소개했다. 두 가지 방법을 통해 조선문제 정보를 수집할 작정이라고 말했다. 오늘 회의에서 각 참석자들이 수행하게 될 구두 보고가 그중 하나이고, 다른 하나는 회의가 끝난 뒤 제출하게 될 서면 보고였다. 구두 보고에는 질의응답이 뒤따를 예정이었다. 위원들이 의문을 제기하면 구두 보고자들이 답변을 하는 방식이었다. 한편 서면 보고 제출 기한은 이틀이었다. 회의가 끝날 즈음에 쿠시넨은 각 참석자에게 2일 내에 서면 형태로 보고서를 제출해 달라고 다시 한 번 확인했다.

구두 보고가 시작됐다. 2월당 대표로 간주된 사람은 강진이었다. 속기록 상에 술리모프(Сулимов)라고 기재되어 있는 데서도 짐작할 수 있듯이 그는 재러시아 고려인이었다. 러시아말을 모국어처럼 구사할 수 있었기 때문에 굳이 통역이 필요하지 않았다. 그는 러시아말로 발언했다.

그는 먼저 고려공산청년회 대표자로서 모스크바에 와 있음을 밝혔다. 국제공청 제5차대회 참석차 파견되어 왔던 것이다. 그가 휴대한 「

신임장」을 보면 "고려공산청년회 중앙간부 임원의 1인으로서 국제공산청년회 대회 출석 대의원으로 파견"한다고 명시되어 있었다.[15]

강진은 질문이나 반론이 없는 상태에서 자신의 견해를 길게 설명했다. 속기록 6쪽 분량에 걸쳐서 발언을 계속했다. 뭔가 서면으로 된 메모나 기록을 보면서 그를 토대로 발언했을 것으로 보인다. 발언의 요지는 당내 사정에 관한 것이었다. 조선공산당 제3차 당대회가 제때 열리지 못하고 지체된 이유, 당외 공산그룹인 서울파가 공산당에 합류하게 된 경위, 통일된 공산당 내에서 분파투쟁이 다시 발발하게 된 이유, 자신이 대표하고 있는 공산당이 '엠엘당'이라는 명칭으로 불리게 된 경위, 엠엘당이라고 불리는 것의 부당성 등을 설명했다.[16]

발언의 요점은 자당이 통일된 조선공산당의 적법한 중앙기관이라는 데에 있었다. 몇 가지 악의적인 비난에 노출되기도 했지만 모두 해명 가능하고, 극복해 왔다고 주장했다. 당에게 가해지는 비난에 대해서 보기를 들었다. 그중 첫 번째는 영남친목회 사건에 관한 것이었다. 조선공산당 간부가 친일적인 지방열단체 영남친목회 설립을 돕고 그 취지서를 집필한 사건에 대해서 소명했다. 강진은 그것이 책임비서 안광천의 개인적 실수였으며, 이에 대한 징계로 책임비서와 중앙위원직에서 면직됐다고 해명했다. 하지만 강진의 해명은 절반만 옳았다. 안광천이 책임비서 직을 사임한 것은 사실이지만 중앙위원 자격으로 계속 재임했음을 은폐하는 허위 진술이었다. 그러나 참가자들 가운데 그 잘못을 지적한 사람은 없었다.

다른 하나는 운동론과 정책에 관한 해명이었다. 자파가 주장했던 방

15) 고려공산청년회 중앙간부 책임비서 陰達, 「신임장(姜進)」, 1928년 4월 8일; РГАСПИ ф.533 оп.1 д.210 л.90.
16) 「속기록」, 1~6쪽.

향전환론을 가리켜 일본공산당의 기회주의 노선으로 이미 공인된 후 쿠모토주의와 동일하다고 비난하곤 하는데, 이는 사실과 다르다고 주장했다. 또 자파의 합법정치운동론을 가리켜 일제식민통치하 자치론 노선을 지향했다는 비난이나, 자파를 가리켜 트로츠키주의적이라고 지목하는 것은 다들 근거가 없다고 역설했다.

강진은 2월당의 입장에서 당내 문제를 어떻게 바라보고 있는지를 전하고자 노력했다. 그러나 그의 진술은 너무 추상적이었다. 구체성이 부족한 몽롱한 보고가 계속됐다. 위원들이 참지 못하고 질문 공세에 나섰다. 당의 야체이카(세포단체)와 당원 숫자는 얼마나 되느냐, 렘멜레 위원이 물었다. 또 다른 위원인 퍄트니츠키는 과연 귀하가 조선공산당을 대표하는 권한이 있느냐고 공격적으로 질문했다. 신뢰의 위기였다. 당의 실상에 관해서 구체적인 정보를 당신이 과연 알고 있는지 의심스럽다는 반응이었다.[17]

강진은 의도치 않게 치명적인 착오를 범하기도 했다. 보기를 들면 제3차 당대회 소집 시기에 관한 언급이 그것이다. 그는 대회가 1928년 3월 말에 개최됐으며, 그 자리에는 일본공산당 대표도 직접 참가하여, 조선 측 중앙간부들과 협의도 행했다고 발언했다.[18]

이 잘못에 대해서 참석자들은 그냥 지나치지 않았다. 김단야가 나섰다. 그는 강진이 당사업에 관해서는 아무것도 모르는 것 같다고 비판했다. 김단야는 3월 당대회설은 사실이 아니라고 단언했다. 자신이 그처럼 말할 수 있는 근거는 국제당에 보관되어 있는 각 그룹에 관한 문서와 그룹 상호 간의 태도에 관한 결정서들이며, 자신이 직접 그것을

---

17) 「속기록」, 6쪽.
18) 「속기록」, 20쪽.

번역했노라고 말했다.[19]

강진이 유지하고자 했던 발언 기조는 자당 정통론이었다. 자신이 대변하고 있는 당이 통일된 조선공산당의 정통성을 잇고 있으며, 규범상으로도 적법하다는 주장이었다. 그러나 강진은 발언 전략을 수정하기로 결심한 것 같다. 쏟아지는 공격적인 질문과 자신의 실책 탓에 발언 초기에 유지했던 기조를 계속해 나가기에 어려움을 느낀 것으로 보인다. 그는 구체적인 답변을 제공할 권한이 자신에게 없음을 고백했다. "나는 여기서 당원의 의무 때문에 상황을 설명하고 있습니다. 하지만 어떤 경우라도 내게는 당 대표자를 대신하여 당내 사정을 자세히 보고할 권한은 없습니다"라고 말했다. 당대표자가 아니라 단지 한 사람의 당원이기 때문에 자세한 당내 사정에 대해서는 말할 수 없다는 입장이었다. 그는 자신이 공산당의 정식 대표가 아님을 거듭 상기했다. 따라서 자당의 중앙위원회 대표를 모스크바로 불러들일 필요성이 있다고 주장했다. "진실을 알려면 조선으로부터 당대표를 불러들여서 실제 자료를 제출케 해야 합니다"고 역설했다. 설령 시간이 오래 걸리더라도 그래야 한다고 주장했다.[20]

중대한 문제 제기였다. 조선위원회 활동 기간과 연관된 문제였다. 적어도 2~3개월의 지체를 가져올지도 모르는 제안이었다. 조선위원회 입장에서 보면 활동 시한을 지나치게 연장할 수 있는 게 아니었다. 정치비서부로부터 위임받은 시기가 못 박혀있는 것은 아니지만 기약 없이 활동 기간을 연장하는 것은 부담스러운 일이었다.

---

19) 「속기록」, 31쪽.

20) 「속기록」, 19쪽.

2) 12월당 우월론

12월당 대표자들은 자당 우월론의 관점을 견지했다. 2월당 대표와 반대편에 섰을 뿐이지 논리는 기본적으로 동일했다. 12월당 대표의 발언 순서가 왔을 때, 먼저 이동휘가 말했다. 우리 당의 활동보고는 혁명운동 현장에서 이제 막 도착한 김규열 동무가 행할 것이라고. 이 사람은 제2차 당대회와 제3차 당대회에 공히 참석한 조선 내부 사정 보고의 최적임자라고 소개했다. 적절한 소개말이었다. 김규열은 면우(俛宇) 곽종석(郭鍾錫) 문하의 유학자 출신으로서 3·1운동으로 투옥된 경력이 있고, 출옥 이후에도 줄곧 반일운동에 종사해 온 혁명가였다. 사회주의를 수용했으며, 1923~26년 시기에는 동방노력자공산대학에서 3년간 수학한 모스크바 유학생 출신이었다. 그는 12월 당대회에서 중앙집행위원 25인 가운데 한 사람으로 선임됐고,[21] 국제당 제6차 대회 파견 대표자로 선발된 이였다. 김만규(金萬圭)라는 필명으로 12월당의 이론과 정책을 언론매체를 통하여 널리 알리는 저술가 역할도 했다.

김규열은 조선어로 발언했고, 러시아어 통역이 그의 말을 옮겼다. 통역이 누구였는지는 아직 밝혀져 있지 않다. 회의록 어디에도 그가 누구였는지 명기되어 있지 않다. 통역사의 언어 능력은 최상급이었다고 보기는 어렵다. 뭣보다도 우선 통역 방식의 일관성이 부족했다. 그는 직역 방식을 위주로 삼았지만, 이따금 의역 방식도 선택했다. 다시 말해서 직접 화법으로 번역하다가 간접 화법 방식을 병행하기도 했다. 고유명사에 관한 번역도 매끄럽지 않았다. 속기록에 등장하는 조선인 인명과 신문·잡지명, 사건명, 단체명의 러시아어 표기는 거의 다 알아

---

21) 김영만·김철수, 「중앙집행위원 명부」 1928.2.24, РГАСПИ ф.495 оп.135 д.155 л.9.

보기 어렵게 되어 있다. 가장 큰 문제점은 중요한 발언 내용을 누락하는 일이 있었다는 점이다. 참석자들은 통역이 제대로 이뤄지고 있나 확인하려고, 신경을 곤두세우고 있었다. 그래서 통역사가 중요한 논점을 누락할 때에는 지적을 받기도 했다. 조훈과 같이 두 언어를 다 구사할 줄 아는 참석자들이 그런 역할을 했다.

김규열은 긴 시간에 걸쳐서 조리있게 조선공산당 내부 문제의 소재와 성격, 해결 방안을 설명했다. 회의 자료를 미리 장시간에 걸쳐서 준비해 왔음에 틀림없다. 속기록 상으로 그의 발언 내용은 10~18쪽에 걸쳐있다. 도중에 단문 단답 형태의 짧막한 질의응답도 있었지만, 이 시간 동안 방해받지 않은 채 자신이 준비한 내용을 발언했다.

그는 조선공산당이 1927년 말에 둘로 분열됐으며, 왜 그러한 일이 벌어졌는지를 설명하는 데에 역점을 두었다. 국제당의 1927년 4월결정서에 따르면, 조선공산주의자들의 으뜸 과제는 당의 단결을 실현하는 데에 있었다. 조선의 당원들은 그 과제를 실행하고자 노력했고, 그 결과 당 대오의 단결에 큰 진전이 있었다고 주장했다. 그러나 유감스럽게도 제3차 당대회 소집을 둘러싸고 분쟁이 발발했고, 그 원인은 구 중앙이 거듭된 잘못을 저질렀기 때문이라고 말했다. 구 중앙이란 제2차 당대회에서 선출된 중앙위원회를 가리키는 말이었다. 당의 분열을 가져온 가장 큰 잘못은 민족문제에 관한 것이었다. 민족통일전선 정책에 관련하여 구 중앙은 개인 가맹제에 기반한 민족혁명당 결성을 지향했으나, 그것은 부르주아 정객들이 주도권을 쥘 위험성이 높았다. 따라서 당내에서 단체 가맹제에 기반하는 신간회 재편론이 제기됐으며, 그 실행 여부를 둘러싸고 다툼이 야기됐다고 말했다.

정책의 오류는 영남친목회 사건에서도 드러났다. 구 중앙의 책임있는 지위에 있던 안광천과 김준연 등은 밀정과 공공연한 총독부 관리들을 포함하는 지방열단체를 민족통일전선으로 간주하는 터무니없는 태도를 보였다. 그들은 전국적인 공분의 대상이 됐다. 지방열단체 배척 운동이 전 조선을 휩쓸었다. 그뿐만이 아니었다. 구 중앙은 자치론에 동조한 혐의가 있었다. 또 중앙위원 김준연이 트로츠키즘에 동조하는 기고문을 신문에 실었음에도 그에 개의치 않았다.

조직 운영의 독선도 또 하나의 이유가 됐다. 구 중앙은 당대회 개최를 위해 각 도별로 대의원을 선출케 했고 준비위원회를 설립하여 그 사업을 관장케 했다. 그런데 대의원 선출이 완료된 1927년 9월에 구 중앙은 갑자기 브레이크를 걸었다. 국제당 집행부 대표자가 아직 도착하지 않았다는 이유를 들었다. 국제당 대표의 참석은 1927년 4월 결정서에 명시된, 제3차 당대회 개최의 필수 조건이었다. 그러나 대의원들이 보기에는 실제 이유는 다른 데에 있었다. 대의원 숫자는 각 도에 1인씩 배당됐으므로, 국내 13개도에서 1인씩, 해외의 만주총국과 일본총국에서 각 1인씩 도합 15인이었다. 대의원 선출 결과 이 가운데 2인만이 구 중앙의 지지자였던 것이다. 구 중앙은 제3차 당대회에서 소수파가 될 우려가 있자, 대회 소집 자체를 지체시켰다는 말이었다.

김규열은 이 모든 문제들이 쌓여서 구 중앙에 대한 기층 당원들의 이반을 초래했다고 주장했다. 제3차 당대회가 뇌관이었다. 구 중앙은 11개 도위원회를 해산하고 새로운 분파적 도위원회를 결성하고자 했다. 그때 파탄이 났다. 당대회준비위원회는 구 중앙 다수의 전횡에 반대하는 소수 중앙위원들과 함께 독자적인 대회를 소집했다. 그것이 곧 12월당이었다. 1927년 12월에 제3차 당대회가 열렸다. 이 대회 이후에 조선공산당은 둘로 나뉘었다.

이어서 김규열은 대중성의 관점에서도 자당이 우월함을 주장했다. 일본 경찰의 탄압이 엄중하여, 21명의 중앙위원 가운데 9명이 투옥될

정도였다. 그런 속에서도 대중운동에 대한 토대를 굳건히 했다. 조선
운동의 3대 기반이라 할 수 있는 노동총동맹, 농민총동맹, 청년총동맹
세 단체 중앙기관을 자당이 장악하고 있다거나, 민족통일전선단체인
신간회 대회 준비를 위해서 자당 대표자들이 능동적으로 참가했고, 각
세력 연합기관인 재만동포옹호동맹의 중앙기관 다수가 자파 당원이라
고 주장했다.

 그는 국제당 조선위원회에게 요청했다. 조선혁명의 위기를 해결하
려면 네 가지 요소를 판단의 기준으로 삼을 필요가 있다고 말했다.
"(1) 어느 편의 정치노선이 옳은가. (2) 누가 당내 위기에 책임이 있는
가. (3) 어느 편이 당내 다수파인가. (4) 누가 대중과 긴밀하게 연관되
어 있는가"[22] 등을 거론했다. 결국 12월당 대표단의 입장은 비교 우위
론이었다. 양분된 두 그룹 가운데 12월당의 입장이 옳고, 그 노선이 정
당하며, 혁명 영향력이 더 강력하다는 주장이었다. 그에 반해 상대편
은 독선적이며 노선도 잘못되어 있고 대중적이지도 않았다. 자당이야
말로 조선혁명운동을 대표하는 유일 전위당이므로 자당을 지지해달
라고 요구했다.

3) 신당 창당론

 12월당과 2월당, 두 세력 대표자들의 보고가 있은 뒤에 김단야가 등
장했다. 그도 앞선 두 당의 대표자들과 마찬가지로 긴 시간에 걸쳐서

---

[22] Оглавление докладной записки в кор.комиссию ИККИ от делегации ЦК
   корейской компартии(т.т.Ли-Донхи и Ким-Гюер) от 22.9.1928(1928년 9
   월 22일자 조선공산당 대표 이동휘, 김규열의 국제당 조선위원회 앞 보고서 목
   차), 12쪽, РГАСПИ ф.495 оп.135 д.152 л.50~62.

독자적으로 발언하는 기회를 가졌다. 그의 등장과 발언은 이채로운 일
이었다. 공산당의 대표가 아닌 한 개인일 뿐인데, 어떻게 이 막중하고
은밀한 회의석상에 출석할 수 있는가? 출석뿐인가, 당 대표들과 대등
한 수준의 발언권과 발언 시간을 얻었다.

　위원장 쿠시넨의 입장이 주목된다. 그는 김단야에게 발언을 요청했
다. "여기 우리에게 제공된 정보가 옳은지 아닌지, 보충 정보를 주십시
오"라고.23) 요컨대 김단야의 등장은 조선위원회 위원들의 동의하에 이
뤄진 일이었다. 즉흥적으로 우연히 이 자리에 선 것이 아니었다. 그는
조선위원회의 요청에 따라 양당 대표자들의 발언에 대한 진위 판별과
보충 정보 제공자의 자격으로 이 자리에 섰던 것이다.

　김단야는 언어에 관한 말로 첫머리를 뗐다. "나는 러시아어로 말하
는 것이 매우 어렵습니다"고 발언했다. 러시아어가 아닌 다른 언어로
보고하겠다는 뜻이었다. 그렇다고 해서 조선어를 사용한 것도 아니었
다. 그가 발언하는 동안 속기록에는 조선어·러시아어 통역이 등장하
지 않았다. 이로 미뤄보면 그가 구사한 언어는 영어였을 것이다. 이날
회의 5일 뒤에 김단야가 조선위원회에 앞으로 제출한 장문의 서면 보
고서도 영어로 쓰여 있었다.24)

　김단야는 조선혁명의 현장에서 2년간 벗어나 있었음을 고백했다. 모
스크바에 체류한 지 벌써 2년이나 지났다는 것이다. 하지만 조선 혁명
운동의 내밀한 사정에 대해서는 꾸준히 접해왔다고 한다. 조선공산주
의 단체들이 국제당으로 보내온 보고서와 각종 서류를 직접 읽고서 번
역하는 업무에 종사했기 때문이다. 그래서 두 공산당 대표들이 언급한

---

23) 「속기록」, 31쪽.

24) Кимданя(김단야), To the Korean Comission, 1928.9.25, РГАСПИ ф.495 оп.135
　　д.152 л.82~99об.

것에 대해서 자신이 아는 바를 비교하겠다고 말했다.

그는 양당 어느 쪽에도 치우치지 않는 중립적 위치에 서있다고 주장했다. 자신은 1926년 6·10만세운동 이후 괴멸적인 검거사건으로 인해 감옥에 갇히거나 해외로 망명한 공산당원의 일원이라고 자임했다. 그는 그것을 '고참 당원 그룹'이라고 불렀다. 이 명칭에는 비교 우위를 주는 두 가지 효과가 담겨 있었다. 하나는 자신이 속했던 '화요파'의 면모를 은폐하는 효과였다. 자파는 일개 공산그룹이 아니라 당의 본류라는 주장이 밑에 깔려 있었다. 다른 하나는 시간의 우위였다. 자신들은 국제당이 승인한 오래된 정통파이고, 다른 파는 국제당 승인 이후에 새로 들어온 신입자들이라는 암시가 깔려 있었다.

김단야는 현존하는 두 공산당에 대해서 비판적인 태도를 견지했다. 양측을 각각 '엠엘파'(2월당), '서울파'(12월당)라고 불렀다. 공산당이 아니라 부정적인 뉘앙스를 갖는 분파라고 호칭했다. 따라서 두 공산당 알력의 성격은 새로운 분파투쟁이라고 규정했다. 이 파쟁이 생겨난 이유는 여러 그룹으로 구성되어 있던 당 중앙위원회의 역학 관계를 다수파이던 엠엘파가 깨트린 탓이라고 판단했다. 일종의 쿠데타라고 지칭했다. 엠엘파는 당내 지도의 위기를 타개하기 위해서 통상적인 방법이 아니라 비상한 방법에 의존했다고 보았다. 그것은 분파주의 방법이자, 분파투쟁의 수법이라고 비난했다.

김단야는 조선문제의 해결 방안에 대해서 자신의 견해를 뚜렷이 제기했다.

"현재에는 당이 분열되어 있으므로 어느 한 그룹도 당이 될 수 없다고 생각합니다. 각 그룹은 결함과 과오를 지니고 있습니다. 국제당은 각 그룹의 잘못된 조직노선과 정치적 관점을 비판해야 합니다. 어느 한 그룹이 아니라 각 그룹의 우수한 요소들을 당으로 결속해야 합니다."25)

요컨대 12월당과 2월당은 어느 것이나 다 진정한 공산당이 아니라 타기해야 할 분파주의의 소산이었다. 양자는 결함과 과오를 지니고 있다. 따라서 어느 하나를 선택하여 공산당을 만들거나, 양자의 통합에 의거하여 공산당을 세우는 것은 옳지 않다는 게 김단야의 관점이었다. 각 그룹 안에는 우수한 요소들이 섞여 있다. 따라서 두 공산그룹 내부에 존재하는 우수 요소를 통합하여 새로운 공산당을 만들어야 한다는 말이었다. 기존의 두 공산당을 해체하고 새로운 공산당을 만드는 것, 이것이 김단야가 제시한 방안이었다.

개인 참석자 가운데 조훈이 가세했다. 현존하는 두 당은 큰 문제를 안고 있다고 지적했다. 하나는 당원의 출신 성분에 관한 문제였다. 당원 가운데 프롤레타리아트 출신자가 매우 적고, 노동자·농민 대중 속에 뿌리를 내리지 못했다는 지적이다. 다른 하나는 밀정 문제였다. 1928년 들어서 2월, 5월, 8월에 연이어 대규모 검거사건이 터지고 있는데, 이것은 분파투쟁의 격화와 함께 각 그룹에 잠입한 밀정이 암약한 탓이라는 진단이었다. 그는 새로운 당의 건설은 이 두 가지 문제의 해결을 기다려서 비로소 가능할 것이라고 발언했다.26)

5. 조선위원회의 역할

회의가 진행되는 동안 외국인 위원들은 조선혁명의 실상을 파악하

---

25) 「속기록」, 39쪽.
26) 「속기록」, 40~41쪽.

고자 노력하는 태도를 보였다. 그들은 자주 여러 질문을 던졌다. 하지만 내용은 상식적인 것들이었다. 보기를 들면 어떤 공산그룹이 존재하는가, 어떤 민족혁명단체들이 존재하는가, 어떤 공청 단체들이 존재하는가 등이었다. 노동자 농민 대중단체에는 어떤 것들이 있는지, 합법·비합법 간행물은 무엇인지 등도 그들의 관심사였다. 초보적인 질문들이었다. 조선에 관해서 전혀 알지 못하는 외국인이 처음 그에 관심을 갖게 됐을 때 으레 던질 법한 것들이었다. 외국인 위원들이 조선 사정에 너무 무지했음을 보여준다. 조선인 발언자들은 상대방이 당연히 알고 있으리라 전제하고서 얘기를 하고 있는데, 위원들은 그 전제 사항을 확인하고자 질문하곤 했다. 이 때문에 문답이 겉돌거나 흐름이 단절되는 현상이 나타나곤 했다. 국제당 조선위원회 회의장의 한 풍경이었다.

그 때문에 조선 사회주의 운동의 과거와 현재에 관한 상식적인 문답이 지루하게 오갔다. 상해파·서울파 등과 같은 과거 공산주의 단체의 역사에 관한 설명이 이뤄졌고, 신간회란 어떤 단체인지, 청년총동맹의 성격은 어떠한지, 천도교는 어떤 단체인지 등에 관해서 말이 오갔다. 더 있었다. 노총·농총·형평사·의열단 등의 사회단체, 동아일보·조선일보·중외일보 등과 같은 신문사, 현대평론·조선지광·조선농민 등의 잡지사에 관한 상식문답이 계속됐다.

요컨대 외국인 위원들은 조선 사정에 대해서 무지했다. 3인 위인 가운데 2인은 조선 문제에 관한 한 초심자였다. 렘멜레와 퍄트니츠키는 조선위원으로 선임된 1928년 이전에는 조선에 관한 그 어떤 업무에도 종사한 적이 없었다. 문외한이라고 해도 지나치지 않았다. 유일하게 쿠시넨만이 조선 문제에 관해서 일찍부터 관련을 맺었다. 그러나 쿠시넨도 독자적으로 조선에 관한 정보를 수집하고 분석할 수 있는 능력을 가진 것은 아니다. 그는 다른 두 위원과 마찬가지로 조선어를 구사하지 못했다. 조선어 대화가 불가능했음은 물론이고 조선어로 된 문서를 해독할 수도 없었다. 정보를 얻기 위해서는 조선어를 구사하는 조력자들의 협력이 있어야만 했다. 그가 접할 수 있는 정보는 조력자들이 번역하거나 만들어낸, 2차적이고 파생적인 성격을 갖는 것들이었다.

따라서 외국인 위원들이 조선문제에 개입하는 방법은 독립적인 것이 아니라 의존적인 것이었다. 스스로 문제 해결의 비전을 모색하거나 방법을 제시하는 일은 어려웠다. 다만 조선혁명의 현장에서 당사자들이 제기한 여러 방안들 가운데 하나를 선택하는 것만이 가능했다.

조선위원회가 선택할 수 있는 방안은 셋이었다. 첫째, 현존하는 두 공산당 가운데 어느 하나를 배타적으로 지지하는 방안이다. 12월당이나 2월당 가운데 하나를 국제당의 지부로 승인하는 방법이었다. 과거를 돌아보면 1925년 9월 결정서와 1926년 3월 결정서가 이 방안을 택한 대표적인 보기였다.[27] 만약에 국제당이 이 방안을 선택한다면, 배제된 공산당은 해체가 불가피했을 것이다. 12월당의 대표단 이동휘와 김규열은 바로 이 방안을 목표로 두고서 활동했다. 자당 우월론을 발언의 기조로 삼은 이유가 바로 여기에 있었다. 이 점에 관한 한 2월당을 대표했던 강진도 마찬가지였다. 비록 끝까지 관철하지는 못했지만, 그도 자당 정통론을 견지하고자 노력했다.

둘째, 양자의 가치를 대등한 것으로 인정하는 방안이다. 쌍방의 우열을 가리지 않고 양자의 통합을 지시하는 방법이었다. 국제당의 초창기 조선문제 결정서는 대부분 이 방안을 채택했다. 보기를 들면 1921년 11월 결정서, 1922년 4월 결정서, 1922년 12월 결정서를 들 수 있다.[28] 국

27) 임경석, 「조봉암의 모스크바 외교」, 『역사비평』 95, 역사문제연구소, 2011; 임경석, 「1926년 조선공산당의 코민테른 가입 외교」, 『사림』 39, 수선사학회, 2011, 참조.

제당이 이 방안을 채택한다면, 12월당과 2월당은 아마도 연합중앙위원회를 구성하는 길로 나아갔을 것이다.

셋째, 둘 다 무가치하므로 그들을 배제하고 새로운 공산당을 만들라고 결정할 수 있었다. 현존하는 두 개의 공산당을 해체하는 것을 의미했다. 혁명운동의 실세를 무력화하는 것을 전제로 하는 것이니만큼, 가장 혁신적일 뿐 아니라 가장 위험도가 높은 방안이었다. 바로 김단야가 제기한 방법이었다. 이 방안은 국제당의 역대 조선문제 결정 과정에서 한 번도 채택된 적이 없는 새로운 것이었다. 유례가 없는 최초의 방안이었다. 하지만 김단야의 위원회 출석이 조선위원회 위원들의 동의하에 이뤄졌음을 감안하면, 이 방안이 채택될 가능성이 가장 높았던 것으로 판단된다. 요컨대 조선위원회 외국인 위원들은 예단을 갖고서 회의에 임했다고 생각된다.

하지만 조선위원회는 세 방안 가운데 어느 하나를 곧바로 선택하지는 않았다. 2월당 공식 대표단의 의견을 청취하지 않는다면 편중성 시비가 일어날 우려가 있음을 염려했던 것 같다. 위원회는 활동 시한의 장기화와 지체를 겪더라도 2월당 대표를 모스크바로 불러들이기로 결정했다. 2월당 대표단의 도래를 기다려서 다시 협의를 재개하기로 했던 것이다. 그렇다면 2월당 대표가 도래할 때까지 조선위원회는 휴업할 것인가. 그건 아니었다. 실무를 담당하고 있는 동방지역비서부 극동부가 주도하여 결정서 초안을 작성하기 위한 노력을 병행하기로 했다.

---

28) 임경석, 「코민테른의 한국정책: 1921년 11월 15일자 한국문제결정서를 중심으로」, 『근대전환기 동아시아 속의 한국』 성균관대학교 출판부, 2004;「코민테른의 1922년 4월 22일자 한국문제결정서 연구」,『대동문화연구』62, 성균관대학교 대동문화연구원, 2008;「조선인의 조선 연구: 코민테른의 1922년 12월 결정서 채택에 참여한 조선인들을 중심으로」,『사림』53, 수선사학회, 2015 참조.

6. 맺음말

이 글의 과제는 12월테제 작성 과정에서 조선문제 당사자들이 어떠한 역할을 수행했는가, 그들이 어떠한 역학관계에 놓여 있었는가 하는 문제를 해명하는 데에 있다. 이를 위해서 조선위원회 1928년 9월 20일자 회의 속기록과 유관 첨부문서들을 살펴보았다.

12월테제 채택에 영향력을 미친 조선문제 당사자들은 세 범주로 이뤄져 있었다. 정당성을 다투는 두 조선공산당의 대표자들, 국제당 조선위원회의 외국인 위원들, 조선위원회가 초청한 국제당 기구 안팎의 조선인 전문가들이 그들이다. 이들은 공통의 견해를 갖고 있지 않았다. 그러기는커녕 날카롭게 대립하고 있었다.

회의석상에는 세 가지 상이한 견해가 제출됐다. 첫째, 2월당 정통론이다. 대표 강진이 견지한 방안이었다. 자신이 대표하는 2월당이 법리적으로 정당하므로 조선문제위원회에서 승인해줄 것을 바랐다. 둘째, 12월당 우월론이다. 그 당의 대표자 이동휘와 김규열이 제기한 방안이었다. 12월당이 실천 현장 속에서 정치적으로나 조직적으로 상대방보다 우월하므로 자신이야말로 조선공산당이 될 자격이 있다는 주장이었다. 두 견해는 정 반대편에 서 있었지만, 그들의 논거는 동질적이었다. 둘다 자당 우위론의 관점에 서 있었다. 셋째, 신당 창당론이었다. 조선위원회 위원들의 위촉에 따라서 개인자격으로 참석한 김단야가 제기한 견해였다. 현존하는 두 당은 분파투쟁의 소산일 뿐 공산당으로 보기 어렵다는 주장이었다. 조직적·정치적으로도 잘못을 거듭해 왔다고 했다. 따라서 현존하는 두 당을 배제하고 새로운 당을 수립할 필요가 있다고 주장했다.

세 입장 가운데 2월당 정통론이 가장 취약했다. 2월당을 대변하여 회의석상에 출석한 이가 당대표가 아니었기 때문이다. 국제공청 제5차 대회에 참석하기 위해 모스크바에 파견된 강진에게 그 역할이 맡겨졌다. 하지만 역부족이었다. 당내 사정에 어두웠기 때문에 그는 효과적인 변론을 수행하기 어려웠다. 궁지에 몰린 그는 회심의 승부수를 띄웠다. 자당 공식 대표단 출석론이었다. 자신은 당원으로서의 의무감 때문에 이 자리에 섰지만, 당을 대표할 위치에 있지 않다고 주장했다. 조선으로부터 정식 대표단이 도착하기를 기다려서 다시 논의할 것을 요구했다.

12월테제 작성 과정에서 표출된 주된 의견 대립은 12월당 우월론과 신당 창당론 사이에 벌어졌다. 이 대립은 이동휘·김규열 블록과 쿠시넨·김단야 블록 사이에 조성됐다. 12월당 대표단이 한 편에 서고, 조선위원회 위원들과 그 위촉에 따라 개인자격으로 참석한 이들이 다른 한편에 섰다. 양자의 의견 대립은 다양한 논점에 걸쳐서 표출됐는데, 그중에서도 중요한 것은 두 가지였다. 하나는 참석자 적부를 둘러싸고 벌어졌다. 개인자격 참석자들을 회의석상에 불러서는 안 된다는 주장과 조선에 관한 정보를 수합하기 위해 불가피하다는 주장이 대립했다. 다른 하나는 당내 분쟁을 평가하는 시선의 차이로 나타났다. 한편에서는 12월당이 가장 우월하다는 관점에 섰고, 다른 한편에서는 양당이 분파주의의 소산일 뿐이라는 입장을 보였다.

12월테제 작성과정에서 조선인 대표들이 배제됐다는 통념은 사실과 달랐다. 오히려 정반대였다. 조선위원회의 외국인 위원들은 위원장 쿠시넨을 제외하고는 조선 문제를 처음 접하는 사람들이었다. 조선 문제에 무지했고, 그 때문에 조선문제 결정서를 스스로 입안하는 것이 가능하지 않았다. 그들이 할 수 있는 것은 조선인들이 제기한 여러 구체적인 방안들 가운데 하나를 지지·선택하는 것뿐이었다. 조선위원회 앞에 놓인 선택지는 조선인 대표들이 제시한 방안들 가운데 하나를 고르는 것이었다. 요컨대 조선위원회가 공정한 중립자 역할을 했으리라고 생각한다면 그것은 근거없는 선입견일 뿐이다. 그들은 조선 문제에 대해서 중간적 조정자를 자임하지 않았다. 그들은 독자적인 행위자였다. 조선의 분열된 두 공산당이 그렇듯이 조선위원회도 한 행위자로서 행동했다.

그러나 조선위원회는 결정을 서두르지는 않았다. 2월당 대표의 부재를 염려했다. 설혹 활동 시한이 몇 달 지체된다 하더라도 그들을 모스크바로 불러들여야 할 필요성을 느꼈다. 강진의 요청을 받아들인 것이었다. 그리하여 조선문제결정서의 채택은 좀 더 뒷 시기로 미뤄지기에 이르렀다.

다케우치 요시미(竹內好)의 루쉰 읽기와 동아시아 저항론

•

최종길

1. 머리말

1945년 8월 15일은 일본의 근현대사에서 커다란 변곡점이었다. 메이지유신부터 패전까지 정치, 경제, 사회, 문화의 모든 영역에서 주도권을 행사하고 있던 전쟁 긍정론자들은 역사의 뒤편으로 물러날 수밖에 없었다. 그리고 전쟁에 직간접적인 책임이 있는 사람들은 전쟁에 패한 책임이든 부당한 전쟁을 수행한 책임이든 자신들의 전쟁책임에 대하여 추궁당하는 입장에 설 수밖에 없었다. 이러한 전쟁책임론은 일본에서 여전히 전후 사상의 중요한 주제이기도 하다. 그러나 아이러니하게도 전전(戰前)에 전쟁을 긍정하고 적극적으로 옹호하였음에도 불구하고 전후에 자신의 전쟁책임에 대하여 별도의 자기비판 없이 전후 민주주의 시대의 진보적 지식인으로 분류되는 인물이 한 명 있다. 바로 다케우치 요시미(竹內好)이다.

1941년 12월 8일에 일본이 미국에 대한 선전포고를 하자 다케우치는

1941년 12월 16일『중국문학(中国文学)』제80호에「대동아전쟁과 우리들의 결의(大東亜戦争と吾等の決意)」를 발표하였다. 여기에서 다케우치는 이 전쟁은 대동아공영권 건설의 세계사적 의의를 제시한 것이라고 역설하면서 전쟁을 긍정하였다. 이후 다케우치는 1943년 12월에 입대하여 중지(中支)파견 독립혼성제17여단에 배속되었다. 중국에서 전쟁에 참가한 다케우치는 중국의 후난성(湖南省) 웨저우(岳州)에 있는 부대에서 패전을 맞이하고 1946년 6월에 일본으로 귀환하였다. 귀환 이후 다케우치는 1946년 8월 5일에 자신을 포함한『중국문학』동인들에 대한 전쟁책임을 추궁한「각서(覚書)」를 발표하였다. 그러나 다케우치는「각서」발표 이후 자신의 구체적인 전쟁체험이나 전쟁책임에 대한 글을 발표하지 않고 있다가 1960년대의 안보투쟁 시기에 간략한 형태로 전쟁책임에 대한 글들을 발표하였다. 이러한 글을 통해 다케우치는 일본이 행한 전쟁은 "침략전쟁임과 동시에 제국주의 대 제국주의의 전쟁"이란 성격을 가지고 있으므로 후자에 대한 책임을 "일본인만이 일방적으로 책임질 수는 없다"[1]고 주장하였다. 이러한 다케우치의 글을 분석한 최종길의 연구에 의하면, 다케우치는 전전에 자신이 긍정적으로 평가한 서구에 대항하는 방법론으로서의 대동아공영권론이 가지는 사상적 의미를 전후에도 부정하지는 않았다.[2]

최종길의 분석대로 다케우치가 전전에 전쟁을 긍정하고 전후에도 전전에 가지고 있던 자신의 사상적 방법론을 부정하지 않았다면, 전쟁을 반대하고 비판하였던 집단에 의해 다케우치는 전쟁을 적극적으로

---

[1] 「戦争責任について」(1960),『竹内好全集』(이하『全集』으로 표기) 第8卷, 1980, 216쪽.

[2] 최종길,「대동아전쟁과 다케우치 요시미(竹内好)의 전쟁책임론」,『사림』제64호, 수선사학회, 2018년 4월, 304쪽. 이 논문에서 최종길은 한국과 일본에서 이루어진 다케우치에 대한 개략적인 평가를 소개하고 있다.

옹호한 지식인으로 비판받아야 했다. 물론 일본에서 다케우치의 전전과 전후의 행동에 대하여 비판적인 시각이 존재하는 것도 사실이다.[3] 그러나 이러한 비판적인 시각이 있음에도 불구하고 대체적으로 전후에 이루어진 다케우치에 대한 평가는 전후에 체제 비판적인 저항적 자세를 견지한 진보적 지식인으로 분류되었다.

다케우치를 진보적 지식인으로 분류한 연구들 가운데 몇 가지를 소개하면 다음과 같다. 중국인의 시각에 기초한 쑨거는 중국적인 근대화를 긍정적으로 논한 다케우치의 주장을 적극적으로 평가한다.[4] 전후 일본의 정치변동과 사상사적인 맥락을 추적한 오구마 에이지(大熊英二)는 다케우치가 "'진정한 동아해방'이라는 사상을" "수용함으로써 침략의 현실에 '저항'"[5]하였다고 평가한다. 오니시 야스미츠(尾西康充)는 전후에 다케우치의 논의로 촉발된 국민문학논쟁의 측면에서 다케우치가 대동아문학자대회 참가 거부를 표명하고 이어서 중국문학연구회 해산과 『중국문학』 폐간을 결정하면서 "대정익찬체제에 대한 마지막 저항의 자세를 보였다"[6]고 평가한다. 아키야마 아라타(秋山新)는 전후 사상의 근본적인 과제로 제기된 주체성 논쟁의 시각에서 다케우치의 저항을 "주체성의 발견"[7]이라고 평가한다.

---

3) 예를 들면 다음의 논문이 있다. 上村希美雄, 「戰後史のなかのアジア主義」, 『歷史学研究』 第561号, 1986年 1月.

4) 쑨거 지음 · 윤여일 옮김, 『다케우치 요시미라는 물음』, 그린비, 2007.

5) 小熊英二, 『民主と愛国』, 新曜社, 2002, 409쪽.

6) 尾西康充, 「竹内好と国民文学論争」, 『人文論叢』 第30号, 三重大学, 2013, 1쪽.

7) 秋山新, 「中国を語る作法と「近代」」, 『社会学ジャーナル』 第32号, 2007, 84쪽. 이처럼 주체성의 관점에서 다케우치의 저항론을 논한 연구로는 다케우치가 "발견한 루쉰의 저항은 '노예가 노예임을 거부하고 동시에 해방의 환상을 거부하는 것', '자기임을 거부하고 동시에 자기 이외의 것임을 거부하는 것'(28쪽)이라고 한 竹内成明, 「竹内論」, 『思想の科学』 第5次(57), 1966년 12월이 있다.

이들의 평가는 대체적으로 전후 일본의 사상과제라는 시각에서만 논의되고 있을 뿐으로 전전 특히 1930년대 중반 이후의 사상적 과제와의 관련성은 미미하다. 즉 이들의 논의에는 전쟁을 긍정한 전전의 주장과 이를 부정하지 않으면서도 전후에 체제 비판적 행동을 한 다케우치를 통일적인 논리구조 속에서 파악하려는 시각이 결여되어 있다고 할 수 있다. 이러한 과제를 풀어가기 위한 실마리는 이미 1950년대 후반에 하시카와 분죠(橋川文三)에 의해 제시되었다. 하시카와는 일본낭만파를 논하는 과정에서 "일본낭만파의 문제제기를 가장 정통파적인 형태로 계승하고 있는 유일한 사람이 다케우치라고 생각한다"[8]고 명확하게 주장하였다. 즉 하시카와는 "다케우치의 태평양전쟁에 관한 이중구조론(중국·아시아에 대한 침략전쟁과 영미에 대한 제국주의 전쟁)이 그대로 야스다(保田)적=일본낭만파적 해석에서 기원하는 것으로 보지는 않지만, 적어도 그 배경에 존재하는 일본근대 사상사의 중첩된 혼란을 포함하지 않고서는"[9] 논할 수 없다고 평하였다.

---

[8] 橋川文三, 『日本浪漫派批判序説』, 未来社, 1960, 35쪽.

[9] 같은 책, 253쪽. 인용문의 야스다는 일본낭만파의 대표주자인 야스다 요주로(保田與重郎)를 지칭한다. 하시카와는 이 책에서 일본낭만파와 농본주의를 엄밀하게 구분한다. 하시카와에 의하면 양자는 1930년대 일련의 경제공황 과정에서 괴멸적인 타격을 입은 농촌의 붕괴, 도시 중산층의 불안, 정치적 폐색(閉塞)에서 오는 무력감에서 출발하였다. 하시카와는 이러한 상황에서 제기된 양자의 문제의식에는 메이지유신 이후 진행된 일본적 근대화에 대한 총체적인 문명비판이 존재한다고 본다. 그러나 농촌출신자들이 다수를 점하는 농본주의자들은 현실적인 모순의 궁극적 해결을 천황에게 호소하나, 도시중산층이 중심을 이루는 일본낭만파는 전통과 공동체를 중요시하는 점에서는 보수주의로 회귀할 가능성이 있으나 천황제를 옹호하지는 않는다고 분석한다. 이러한 측면에서 일본낭만파가 가진 혁명적 에너지를 전후 일본의 정치 사회적 상황에서 재구성하려고 한 것이 하시카와의 연구이다. 그렇다고 해서 필자가 일본낭만파를 진보진영의 사상이라고 평가하는 것은 아니다. 전쟁을 긍정한 다케우치의 주장은 서양과 동양을 대립시켜 서구문명 중심의 근대를 총체적으로 비판한 것이며, 주체성이 결여된 일본적 근대에 대한 다케우치의 비판은 내부적인 요소 즉 일본적 전통에 대한

　전후 다케우치에 대한 평가에는 한 가지 논증해야할 과제가 존재한다. 즉 다케우치가 전전에 전쟁을 긍정하고 전후에도 자신이 전쟁을 긍정하게 된 사상적 방법론을 부정하지 않았음에도 불구하고 전후에 진보적 지식인으로 평가된 계기 혹은 원인이 무엇인가에 대하여 답해야하는 과제이다. 이러한 문제에 답하지 못한다면, 일본에서 자신들의 전쟁책임을 논하고 전후 민주주의를 추진해온 진보적 인사들이 다케우치와 함께한 행동은 매우 부적절한 것이 되고 만다. 물론 전후에 진보진영에 속하는 지식인들 가운데 자신의 전쟁책임을 명확하게 언급하지 않으면서 일본적 근대와 전쟁을 비판하는 자세를 취한 이들도 있다. 필자는 마루야마 마사오(丸山眞男)나 다케우치는 자신의 전쟁체험을 명확하게 논하지 않은 부류의 지식인이라 판단한다. 이들이 전쟁과 관련한 자신의 문제를 명확하게 논한 이후에 전후 활동을 재개했다면 사상가로서 가장 명확한 자기 비판적 자세를 취했다고 할 수 있으나 이러한 문제는 본 논문의 주제가 아닌 만큼 이에 대해서 논하지는 않겠다. 본 논문은 전후 다케우치가 견지한 저항의 논리 혹은 저항 근거지가 무엇이었는지를 논증하는 것을 목표로 한다. 이를 통해 앞에서 제시한 과제에 답하고자 한다.

　이러한 과제는 전후 일본의 사상사 특히 전후 진보진영의 저항 논리와 일본적 근대를 비판적으로 고찰하는 지성을 살펴볼 수 있는 주제이

　자기혁신과 저항을 통해 '근대적 초극'을 지향했다는 점에서 일본낭만파의 사유 방식과 매우 유사한 면이 있다. 본 논문은 다케우치의 사상적 근원과 일본낭만파의 연관성에 대하여 논한 것이 아닌 만큼 상세한 논증은 다른 지면을 통해 다루겠다. 단, 이러한 내용은 전후 다케우치 연구자들의 한계를 넘어서서 전전과 전후를 관통하는 통일적인 논리구조(≒일본 근대 사상사의 과제) 속에서 다케우치를 파악하려는 필자의 문제의식과 연관된다. 이러한 문제와 관련되는 연구로 岡山麻子, 「竹內好の「民族」槪念と保田與重郎」, 『史境』48号, 2004가 있다.

기도 하다. 그리고 이러한 연구는 한국의 민주주의를 추동해온 비판적
지성에 대한 자기 반성적 시각을 제공할 수도 있다. 이를 위해서 다케
우치 자신이 근대 중국의 저항을 체현하고 있다고 평가한 루쉰(魯迅)
을 어떻게 독해하였는지를 살펴본다. 그리고 루쉰의 저항정신을 가장
잘 나타내는 쟁찰(挣扎)10)에 대하여 다케우치는 어떠한 판단을 하였는
지를 논한다. 이러한 사상 형성과정을 통해 전후 다케우치의 저항 논
리가 어떻게 토대를 갖추었는지 살펴본다.

2. 비판적 시선으로 만난 루쉰

『다케우치 요시미 전집(竹內好全集)』의 연보에 의하면 다케우치가
루쉰을 본격적으로 읽기 시작한 것은 1936년 8월경에『중국문학월보
(中国文学月報)』에 게재할 '루쉰 특집호'를 준비하면서였다. 그러나 연
보에는 다케우치가 왜 루쉰 특집호를 준비했는지에 대해서는 언급이
없다. 다만 이즈음에 루쉰의 건강이 그리 좋지 않았기 때문에 그의 생
이 얼마 남지 않았다는 것을 예상한 작업이었을 가능성은 있다. 다케
우치는 특집호를 준비하면서 9월 하순부터「루쉰론(魯迅論)」을 집필하
였다. 그러던 중 1936년 10월 19일에 루쉰이 사망하자 그는 루쉰에 관
해 준비하고 있던 3편의 글을 발표하였다. 우선 1936년 12월에 발행된
『중국문학월보』제20호의 '루쉰 특집호'에「루쉰론」, 다케우치 자신이

---

10) 『全集』第1卷「魯迅」의 주석에 의하면 중국어 쟁찰(挣扎)은 루쉰의 정신을 이해
하기 위하여 중요한 용어인 만큼 중국어 그대로 인용한다고 하면서 현대 일본어
로는 '저항'에 가까운 의미라고 적고 있다(155쪽). 이 논문에서는 쟁찰을 저항으
로 번역하여 사용한다.

번역하여 게재한 「루쉰 '사망'(魯迅「死」)」, 이에 대한 논설 「루쉰 '사망' 부기(魯迅「死」付記)」를 발표하였다. 그리고 다케우치는 1936년 12월에 개조사(改造社)에서 간행한 『문예(文藝)』 제4권 제12호에 루쉰 추도 원고로 작성한 「최근의 중국문학(最近の中国文学)」을 발표하였다.

이후 다케우치는 루쉰에 관한 글을 발표하지 않고 있다가 1943년 10월에 발행된 『문학계(文學界)』 제10권 제10호에 「루쉰의 모순(魯迅の矛盾)」을 발표하였다. 이 원고는 1944년 12월 21일에 일본평론사가 동양사상총서로 발행한 『루쉰(魯迅)』[11]의 「서장: 삶과 죽음에 대하여(序章: 死と生について)」의 원형이 되었다고 한다. 또한 44년에 발간된 『루쉰』은 전후에 용어와 명확한 오기 등을 수정하여 1946년 11월에 재발간한 『루쉰』의 바탕이 되었다. 1944년 12월에 일본평론사에서 발간한 『루쉰』의 원고는 1943년 11월 9일에 완성되었다. 원고를 완성한 다케우치는 1943년 12월 4일에 입대하였다. 1946년 6월 일본으로 귀환한 다케우치는 1946년 8월에 일본의 패전 이후 자신의 첫 주장인 「각서」를 발표하고 이어서 10월에 『아사히평론』 10월호에 「루쉰의 죽음에 대하여(魯迅の死について)」를 게재하였다. 이후 그는 1947년 8월에 「루쉰과 마오쩌둥(魯迅と毛澤東)」, 10월에 「루쉰과 그의 아내 쉬광핑(魯迅とその妻許廣平)」, 11월에 「루쉰과 린위탕(魯迅と林語堂)」을 발표하였으며 같은 달 15일에 동양문화연구소에서 주최한 공개강연에서 「루쉰

---

[11] 『竹內好全集』 제1권의 해제에 의하면 『루쉰』은 5개의 저본이 있다고 한다. 최초의 판이 소실되어 없어진 것을 다케우치가 1946년 7월에 원고를 복원할 때 지나(支那)란 표현을 중국으로 변경하고 명확한 오기 등을 수정하였다고 한다. 또한 각각의 저본마다 약간의 문장이 삽입되거나 표현이 변경된 곳이 있다. 그러나 내용적으로 전혀 다른 의미로 읽어야하는 정도의 수정은 없다고 판단된다. 전집에 수록된 것은 1961년 5월에 미래사(未來社)에서 간행한 것이다. 자세한 내용은 전집 1권, 399쪽을 볼 것.

이 걸어온 길: 중국에서 근대의식의 형성」을 발표하였다. 이 발표는 1948년 11월에 게재한 「중국의 근대와 일본의 근대: 루쉰을 실마리로」 (이후 「근대란 무엇인가」로 제목변경)의 바탕이 되었다. 이어서 다케우치는 1948년 2월에 「절망과 진부함(絶望と古さ: 魯迅文学の一時期), 「루쉰의 언과 행(魯迅の言と行)」, 5월 『국토(国土)』에 「루쉰의 저항감각(魯迅における抵抗感覚)」(『全集』第2卷에서 『루쉰입문(魯迅入門)』의 「8 사건」에 수록), 6월에 「루쉰과 일본문학(魯迅と日本文学)」, 1949년 12월에 치쿠마서방(筑摩書房)에서 발행한 『철학강좌』 제1권 「철학의 입장(哲学の立場)」에 「루쉰」 등을 발표하였다. 『철학강좌』에 발표한 「루쉰」은 이후에 「사상가로서의 루쉰(思想家としての魯迅)」이란 제목으로 변경하였다. 이처럼 다케우치는 전후에 루쉰에 대한 글을 집중적으로 발표하면서 전후 활동을 시작하였다. 이러한 다케우치의 작업은 루쉰을 재평가하는 과정을 통해 전후 자신의 사상적 토대를 형성하는 여정이기도 하다.

위에서 다케우치가 루쉰에 관해 작성한 원고를 시간적 순서로 살펴보았다. 이들 원고는 크게 세 개의 시기로 구분할 수 있다. 첫 번째는 1936년에 루쉰 특집호 준비와 루쉰의 사망에 즈음하여 발표한 「루쉰론」과 「최근의 중국문학」이다. 두 번째는 루쉰에 관한 첫 원고를 발표한 이후 한동안 루쉰에 대한 언급이 없다가 입대를 앞두고 작성한 「루쉰의 모순」과 『루쉰』이다. 세 번째는 귀환 이후에 발표한 「루쉰의 죽음에 대하여」, 「중국의 근대와 일본의 근대」, 「루쉰의 저항감각」, 「사상가로서의 루쉰」이다. 지금부터는 첫째 1936년 즉 다케우치가 20대 중반에 작성한 「루쉰론」, 둘째 1943년 입대 직전에 작성한 『루쉰』, 셋째 패전 이후에 작성한 「루쉰의 죽음에 대하여」, 「루쉰의 저항감각」, 「사상가로서의 루쉰」을 중심으로 시간적인 전개에 따라 다케우치가 루쉰을 어떻게 읽고 있었는지 살펴보자.

다케우치는 1932년 외무성의 지원을 받아 '조선만주견학여행'으로 베이징(北京)을 방문한 이후 본격적으로 중국을 연구하기로 결심하였다. 이후 그는 1933년에 도쿄(東京)대학 지나(支那)문학과의 졸업논문으로 중국현대문학을 주제로 한 「위다푸(郁達夫)연구」를 제출하였다.[12] 졸업논문에서 다케우치는 위다푸 연구를 통해서 "창조사(創造社)의 낭만주의운동이 갖는 일면을 논증하여 중국현대문학사의 중요한 측면"[13]을 규명하려고 하였다. 중국현대문학의 시작은 1915년에 창간된 『신청년(新靑年)』이 주도한 백화운동 즉 언문일치 운동이다. 루쉰, 저우쭤런(周作人) 등이 활동한 문학연구회와 위다푸, 궈모뤄(郭沫若) 등이 활동한 창조사가 이 운동의 중심이었다. 다케우치는 졸업논문에서 루쉰이 활동한 문학연구회는 언문일치의 새로운 사조를 이어받아서 해외의 선진문학을 소개하고 문학이론을 탐구하면서 자연주의 운동을 도입하고 점차 인도주의로 이어졌으나 위다푸가 활동한 창조사는 예술을 위한 예술을 지향하며 창작활동을 통해 중국문학의 지위를 높이려하였다고 평가한다. 다케우치는 창조사의 활동을 전기와 후기로 나눌 수 있는데 전기는 낭만주의를 표방하며 예술을 위한 예술을 지향한 시기

---

12) 위다푸는 1913년 일본에 유학하면서 서양의 근대소설을 탐독하였으며 1921년에는 궈모뤄(郭沫若) 등과 도쿄(東京)에서 문학 단체 창조사(創造社)를 결성하고 문학 활동을 시작하여 자신의 대표적인 단편소설 『침윤(沈淪)』을 발표하였다. 1922년 중국으로 귀국한 그는 상하이(上海)에서 『창조계간(創造季刊)』이란 잡지의 편집을 담당하였다. 그는 1930년에 상하이에서 좌익작가연맹이 결성되자 초대회원으로 가입하나 얼마 지나지 않아 탈퇴하였다. 1937년 중일전쟁이 시작되자 그는 다양한 형태의 항일운동을 전개하였으며 1942년 싱가포르로 이주한 이후에는 이 지역 일본헌병대의 통역을 담당하기도 하였다. 1945년 9월 그는 사망하였는데 일본헌병에 의해 살해되었다는 설과 한간(漢奸=친일파)으로 비밀리에 처형되었다는 설이 있으나 명확하지는 않다.

13) 「郁達夫研究」(1933)『全集』第17卷, 筑摩書房, 1982, 77쪽.

이며 후기는 혁명문학운동을 주장한 시기였다고 판단한다. 창조사의 이러한 성격변화로 인하여 위다푸는 창조사와 결별한다. 다케우치는 창조사에서 활동하던 위다푸의 "생활감정을 지배하고 있던 것은 그를 압박하고 있던 봉건적 잔재에서 이어진 우울함"이었으며 "그는 해방의 기쁨을 노래하는 대신 자신을 감싸고 있는 부자유를 저주하였다"[14]고 평가하였다. 연구의 결과 다케우치는 위다푸는 "시대의 전환기에서" "새로운 고민 속으로 뛰어들지 못하고 자신이 걸어온 길을 고집함으로써 고민에서 벗어났다"[15]고 평가하였다.

다케우치의 졸업논문에는 중국연구에 매진한 다케우치의 문제의식과 중국을 바라보는 그의 시각이 드러난다. 즉 다케우치는 위다푸 연구를 통해 서구의 침략에 직면한 중국의 암울한 상황과 그 속에서 중국인들이 자신들의 봉건적 잔재와 힘겹게 싸우고 있는 시대적 모습을 본 것이다. 이러한 갈등과 투쟁 속에서 위다푸는 결국 자신을 감싸고 있는 봉건적 잔재를 타파하지 못하고 기존의 질서와 타협하였다는 것이 다케우치의 결론이었다. 다케우치는 위다푸 연구를 통해서 시대를 호령하며 세계를 식민지화하고 있는 서구에 맞서는 방법과 자신들을 둘러싼 봉건적 잔재를 타파할 논리를 발견하지 못하였다. 이러한 한계는 루쉰을 만나면서 극복된다.

다케우치는 1936년에 작성한 「루쉰론」에서 루쉰이 1918년 5월 『신청년』에 발표한 「광인일기(狂人日記)」에 대하여 두 가지 점을 지적한다. 하나는 구어체 문장을 사용한 "신문학 최초의 작품"으로 "중국문학이 하나의 새로운 시대를 구획하고" 있다고 높이 평가하는 점이며, 다른

---

14) 같은 논문, 76쪽.
15) 같은 논문, 160쪽.

하나는 "이데올로기적으로는 당시의 진보한 지식계급과 비교하여 그다지 앞선 부분은 없다"[16]고 하면서 루쉰보다 높이 평가할 수 있는 진보적 지식인으로 우위(吳虞)와 저우쭤런(周作人)을 언급한 점이다. 그러면서 다케우치는 「광인일기」를 다음과 같이 평가한다.

> 「광인일기」는 봉건적 질곡에 대한 저주이기는 하지만 그 반항 심리는 본능적이고 충동적인 증오에 그치고 있으며, 개인주의적인 자유로운 환경에 대한 갈망을 명확하게 하지 않고 있다. 따라서 대중감정의 조직자이기는 하지만 선구적 의의는 매우 희박하다. 대체로 그의 작품에 깔려있는 동양적인 음예(陰翳)는 생활에 배어든 민간풍습에서 유래하는 것으로 유교적이지는 않지만 특히 윤리적인 색채에서 기질적으로 근대의식의 반대자인 백성(百姓) 근성을 충분히 벗어나지 못한 부분이 있다.[17]

다케우치는 루쉰의 「광인일기」는 그동안 중국문학의 중심을 이루어온 문어체를 버리고 구어체로 작성한 선구성은 있지만 중국의 봉건적 질곡에 저항하기 위하여 서구의 근대적인 요소를 명확하게 지향하는 적극성은 없다고 평가한다. 이러한 작품의 특징은 결국 루쉰이 중국적인 전통과 풍습을 완전히 부정하지 못한 루쉰의 사상적 한계에서 기인한다고 다케우치는 파악한다. 즉 다케우치는 루쉰의 사상적 한계를 다음과 같이 평가한다.

> 루쉰은 이상주의자가 아니라는 치명상을 입고 있다. 바꿔 말하면 루쉰의 경우 설정된 목적의식이라든가 행동규범을 가지고 있지 않다. 기질적으로는 큰 차이가 없는 저우쭤런이 북유럽풍의 자유주의를 수용한 어떤 의미에서 개인적 허무주의 철학을 창출한 것에 비하면 루쉰은 어디까지나

---

16) 「魯迅論」(1936), 『全集』 第14卷, 1981, 39~40쪽.
17) 같은 논문, 40쪽

문학자의 생활이며 그런 만큼 관념적 사색 훈련을 결여한 18세기적 유취
(遺臭)를 가지고 있다.[18]

다케우치는 루쉰의 이러한 한계와 특징은 루쉰이 가진 숙명적 모순
이며 나아가 현대 중국문학의 모순이기도 하다고 평가하면서 루쉰은
러시아의 객관적인 사실주의 문학의 창시자 니콜라이 "고골 혹은 안톤
체홉은 될 수 있어도 니체는 될 수 없다"[19]고 비유하였다. 즉 루쉰은
현재의 중국이 처한 상황을 서구의 침략에 저항하지 못하는 봉건적 질
곡과 모순으로 뒤엉킨 있는 그대로의 사실로 인식하지만 이러한 사실
을 주체적으로 자각하여 자신이 처한 환경과 자신의 삶을 스스로 변혁
하려는 서구적 근대성에 입각한 주체적 존재가 되지는 못하였다고 다
케우치는 판단하였다.

다케우치는 루쉰이 가진 이러한 모순은 「아큐정전(阿Q正傳)」에서
더욱 분명한 형태로 전개된다고 한다. 다케우치에 의하면, 루쉰은 「아
큐정전」에서 "정치와 이데올로기의 괴리라는 역사적 사실을 차용하여
자기비판을 행하고 있는데" 이러한 "인간적인 성장—역사의 진행에 따
라 폭로되는 자신의 모습—의 이면에는 작가로서의 에너지가 종언을
고하는 비극" 즉 "루쉰의 '방황'이 시작되고 있다"[20]고 다케우치는 분석
한다. 이러한 방황은 순수 문학자의 생활을 추구하던 루쉰이 1930년에
중국좌익작가연맹이 성립되자 주요발기인으로 참가하거나 "창조사와
논쟁을 벌이는 사이사이에 많은 맑스주의 문학이론을 번역하"[21]는 것

---

18) 같은 논문, 40~41쪽.
19) 같은 논문, 41쪽.
20) 같은 논문, 42쪽.
21) 같은 논문, 43쪽.

으로 나타났다. 다케우치는 이러한 루쉰의 변신은 루쉰 자신의 "사상성의 결여"에서 기인하는 것이며 결국 "스스로의 개인 철학을 구축하지 못한 루쉰의 모순이" 좌익문학의 대두라는 "새로운 객관세계에 영합적으로 통일되어 구상된 것에 지나지 않는다"[22]고 혹평하였다. 그러나 이러한 평가는 이후에 살펴보는 것처럼 1944년에 출판된 「루쉰」에서는 상당히 수정된다. 다케우치는 루쉰이 좌익의 대두라는 새로운 객관세계에 영합한 구체적인 사례를 다음과 같이 들고 있다.

> 루쉰이 청년들에게 자국의 고전을 읽는 것을 금지한 것은…… 넓은 의미의 문화주의적 계몽이라는 자기 나름대로의 공리주의적 입장에서 제기한 것이다. 자국의 고전을 읽기보다는 서구의 근대정신을 섭렵하는 것이…… 유익하다고 그의 체험이 가르쳐준 것이다. …… 이것은 전환기에 나타난 사상이 아니라 앞에서 밝힌 것처럼 그의 본원적인 모순이 청산되지 않고 새로운 사태에 적응하여 형태를 바꾼 것에 지나지 않는다.[23]

다케우치는 1936년에 작성한 「루쉰론」에서 루쉰의 18년에 걸친 문단 생활은 『신월(新月)』, 창조사, 일상생활을 문학의 소재로 삼은 소품문파(小品文派), 1933년에 창간된 『문학(文学)』을 중심으로 활동하던 문인들이 모여 전민족의 일치단결을 통해 중국의 위기를 극복하자고 주장하면서 1936년 6월에 창립한 문예가협회(文藝家協會) 등과의 치열한 논쟁과 싸움에 가까운 비판이 중심이었다고 언급한다. 그리고 루쉰의 「광인일기」와 「아큐정전」을 분석한 결과 다케우치는 루쉰은 "문학을 매우 순수한 거의 가치만의 세계에서 생각하"고 있었기 때문에 "문학을 정치주의적 편향에서 지키려"[24]고 열정적으로 논쟁하였다고 분석한다.

---

22) 같은 논문, 43쪽.
23) 같은 논문, 44쪽.

다케우치는 이러한 루쉰의 문학 활동을 "현실 세계와는 거리가 먼 문학의 절대가치를 추구한" 것으로 1930년에 방황에 빠지면서 "스스로 잃어버린 육체를 연모한 정신의 비통한 광란에 지나지 않는"[25]고 평가절하하였다.

이렇게 본다면 20대 후반의 다케우치는 근대적 이성을 강조한 헤겔의 영향을 강하게 받고 있으며 봉건적 잔재와 근대화의 과정에서 발생한 모순을 주체적으로 일소하려는 실존주의적 인간상을 가지고 있었다고 할 수 있다.[26] 이러한 다케우치의 사상 경향은 1941년 12월에 미국에 대한 일본의 선전포고를 서구적 근대를 넘어설 수 있는 아시아적 전회로 판단하는 계기가 되었다.

---

[24] 같은 논문, 44쪽.

[25] 같은 논문, 45쪽. 다케우치는 이 인용문의 바로 앞에서 "그가 몸으로 행한 쟁찰 속에(彼が, 身を以てする掙扎の中に)"라는 문장을 적고 있다. 다케우치가 여기서 사용한 쟁찰(掙扎)이라는 용어는 앞뒤의 내용으로 보아 루쉰이 『신월』, 창조사, 소품문파, 문예가협회 등 여러 집단들과 행한 싸움에 가까운 치열한 논쟁을 지칭하는 것 이상의 의미는 없다. 루쉰에 관한 첫 번째 글인 「루쉰론」에는 다케우치가 이후에 루쉰의 사상과 행동을 높이 평가한 '쟁찰'이란 단어는 앞서 지적한 한 곳에만 사용되었다. 이 시기의 다케우치는 당시의 중국이 처한 시대적 상황과 이러한 시대적 분위기를 반영한 중국 근대문학사의 위치 속에서만 루쉰을 바라보고 있다.

[26] 다케우치는 1936년 12월에 작성한 「최근의 중국문학」에서 혁명문학 시기에 중국에서는 이전 시기에 이루어진 자아의 성장이 멈추고 작품은 사회적 요구에 합치시킨 것이 대부분이었다고 분석한다. 따라서 중국의 많은 "작가들은 복잡한 현실 속에서 자신을 잃어버리고 자신을 잃어버렸다는 자각을 가지지 못한 채 기계적으로 대상을 묘사하는 것에 지나지 않았"(「最近の中国文学」(1936)『全集』第14卷, 1981, 50쪽)고 다케우치는 평가한다. 즉 다케우치는 중국의 근대문학이 문학혁명에서 혁명문학으로 전환하면서 근대적 자아에 대한 자각과 성숙이란 과제가 말살되고 문학 그 자체의 존재감이 사라졌다고 본 것이다. 1936년 20대 중반의 다케우치는 문학혁명을 통해 키워온 서구적 자아의 싹을 잘라버린 혁명문학을 비판적으로 평가한다.

3. 루쉰의 일본유학과 문학적 자각

중국근대문학사는 크게 문학혁명의 시기, 혁명문학의 시기, 민족주의문학의 시기로 나눌 수 있다. 문학혁명의 시기는 1911년 신해혁명(辛亥革命)으로 청나라가 멸망한 이후 1919년에 일어난 5·4운동의 사상적 요구를 배경으로 하는데 앞에서도 언급한 것처럼 1915년 『신청년』 창간으로 시작된 구어체문학운동이 핵심을 이룬다. 혁명문학의 시기는 1924~27년에 걸쳐 일어난 이른바 대혁명의 시기와 연동하여 진행되었다. 1927년 장제스(蔣介石)에 의한 4·12쿠테타 이후 국민당과 공산당의 국공합작이 분열되면서 중국의 정치상황은 매우 혼란스러워졌다. 이러한 상황 속에서 일본 유학파를 중심으로 혁명에 공헌할 수 있는 문학을 강조하는 주장이 대두되었다. 청팡우(成仿吾), 리추리(李初梨) 등의 후기 창조사 구성원과 장광츠(蔣光慈), 첸싱춘(錢杏邨) 등의 태양사(太陽社) 구성원들 사이에서 일어난 혁명문학 논쟁이 대표적이다. 이러한 논쟁을 거쳐 문학에서도 사회주의 리얼리즘이 주류를 이루게 되었으며 마침내 1930년에는 좌익작가연맹(左翼作家聯盟)이 결성되었다. 연맹의 활동은 사회 참여적 문학 활동의 대중화 작업과 국민당의 정치적 입장을 지지하는 문학자 단체와의 이념논쟁을 중심으로 진행되었다. 특히 후자는 정치와 문학의 관계에 대한 논쟁으로 구체화되었다.

1931년의 만주사변과 37년의 중일전쟁이 중국 전토를 대상으로 전개되면서 중국민족의 위기극복을 주장하는 민족주의문학의 시기가 도래한다. 1930년 상하이(上海)에서 좌익작가연맹이 결성된 이후 혁명문학에 반대하고 보편적 인간성을 강조한 신월파(新月派)와의 논쟁이 격화되자 1931년 1월에 국민당 정부가 상하이에서 혁명문학 진영에 속하는 러우스(柔石), 후이에핀(胡也頻), 리웨이선(李偉森), 인푸(殷夫), 펑컹

(馮鏗)의 5명을 체포하고 살해하는 사건이 일어났다. 이러한 상황에서 9월 일본의 만주침략, 만주침략에 따른 1932년 1월의 상하이사변, 1935년 일본군의 간섭에 의한 지둥(冀東), 오르도스(Ordos, 쑤이위안 綏遠이라고도 함) 지역의 분할 시도가 진행되었다. 그러자 다수의 문학자들은 인민대중 속으로 들어가서 항일운동에 대한 필연성을 설명할 수 있어야 한다고 주장하였다. 그 결과 1936년 6월에 상하이에서 『문학』 동인들을 중심으로 한 100여 명의 문학자들은 "중화민족은 생사존망의 위기에 서 있다. 따라서 문예가는 그 특수한 입장에서 전민족 일치의 구국운동 속에 있으면서 자신의 역할을 해야만 한다"[27]고 선언하면서 '중국문예가협회(中國文藝家協會)'를 결성하였다. 그리고 문예가협회는 문학자들 사이에서 항일구국전선을 조직하고 문예상의 차이를 넘어서서 민족의 이익을 위해 일치단결할 것을 주장하면서 '국방문학'이라는 슬로건을 제시하였다.

루쉰은 이러한 주장에 대하여 동의하고 있었지만 참가하지는 않았다. 이전부터 『문학』 동인들과 대립하고 있던 루쉰을 중심으로 한 작가 76명은 "중국은 어제부터 침략당하고 있었던 것은 아니며 우리들도 지금까지 현실에서 눈을 뗀 적이 없다. 현재 민족위기의 절정에 있으며 우리들은 각자 고유한 입장에서 종래에 견지해온 신념에 기초하여 민족의 자유를 위한 공작을 강화하면 된다"[28]는 주장의 '문예공작자선언'을 발표하였다. 그리고 이들은 '문예공작자(文藝工作者)' 조직을 만들어 민족혁명전선의 대중문학이란 슬로건을 제시하였다. 문예가협회에 대한 루쉰의 비판은 종파주의와 정치주의적 편향에 대한 것이며 이

---

[27] 「最近の中国文学」(1936)『全集』第14卷, 1981, 47쪽
[28] 같은 논문, 47쪽.

러한 비판의식은 루쉰 자신의 경험에 기초한 것이다.[29]

이러한 중국근대문학사의 상황을 염두에 두면서 다케우치가 1946년 11월에 작성한 「루쉰」을 중심으로 루쉰의 사상과 문학적 자각에 대한 다케우치의 인식을 살펴보자. 다케우치는 루쉰에게 있어 사상형성의 첫 계기는 일본에 유학하던 시기에 경험한 일본 학생들과의 갈등이라고 본다. 다케우치는 루쉰에 대한 일반적인 전기내용에는 의심스러운 부분이 있다고 판단하지만 루쉰이 "국민을 구하기 위하여 의학에 뜻을 세웠"으나 일본의 의학교에서 러일전쟁에서 일본의 승리에 환호하는 분위기에 동조할 수밖에 없었던 경험과 러시아의 첩자로 활동하다가 일본군에 체포된 중국인들의 모습을 통해 "육체보다도 정신이 중요하다는 것을 알았기 때문에 의학을 그만두고 문학으로 바꾸었다"[30]고 하는 일반적인 전기내용을 부정하지는 않았다. 단지 다케우치는 이러한 회심(回心)의 배경에는 러일전쟁의 경험 이외에도 다른 것이 있었다고 본다. 루쉰이 센다이(仙台)에 있는 의학교를 다니던 시기에 후지노(藤野) 교수가 루쉰의 노트를 수정해준 적이 있었는데 일본인 학생들은 이것을 시험문제를 알려준 것이라고 주장하여 갈등이 있었다. 이 갈등을 통해 루쉰은 "중국은 약소국이다. 따라서 중국인은 당연히 저능아이다. 점수가 60점 이상인 것은 자신의 능력이 아니다. 그들이 이렇게 의심하는 것도 이상하지 않을지도 모르겠다"[31]고 중국인의 참혹한 현실을 자각하였다고 다케우치는 판단한다. 즉 다케우치는 루쉰은 러일전쟁과 일본학생들과의 갈등을 통해 "동포의 참혹함뿐만 아니라 그 참혹함에서 자기 자신까지도 본 것"[32]이라고 판단한다. 즉 루쉰은 "동포의

---

29) 「魯迅の死について」(1946), 『全集』 第1卷, 1980, 186~187쪽.

30) 「魯迅」(1946), 『全集』 第1卷, 1980, 56~57쪽.

31) 같은 논문, 59쪽.

정신적인 빈곤을 문학으로 구제하려는 적극적인 희망을 가지고 센다이를 떠난 것이 아니"라 오히려 자기 자신의 "굴욕을 곱씹으면서" "센다이를 떠났"[33]고 다케우치는 판단한다. 루쉰 자신이 경험한 굴욕감이 루쉰 자신의 회심의 축을 형성한 것이며 이것이야말로 루쉰 문학의 근본을 형성한 것이라고 다케우치는 판단한다. 따라서 다케우치는 루쉰의 문학을 다음과 같이 평가한다.

> 나는 루쉰의 문학을 본질적으로 공리주의로 보지 않는다. 인생을 위해, 민족을 위해, 혹은 애국을 위한 문학이라고는 보지 않는다. 루쉰은 성실한 생활가이며, 열렬한 민족주의자이며, 그리고 애국자이다. 그러나 그는 이러한 것으로 그의 문학을 지탱하지는 않았다. 오히려 이러한 것을 부정하는 지점에서 그의 문학이 성립하고 있다. 루쉰 문학의 근원은 무(無)라고 할 수 있는 어떤 것이다. 그 근저적인 자각을 획득한 것이 그를 문학자로 만든 것이기 때문에 이것이 없이는 민족주의자 루쉰, 애국자 루쉰도 결국 말뿐인 것이다.[34]

다케우치는 루쉰의 문학은 스스로가 획득한 자각을 바탕으로 자신과 중국인이 경험한 굴욕에 대한 참혹함을 속죄하는 활동이었던 것이며 그 결과가 민족주의적이고 애국적인 형태로 나타났을 뿐이라고 본 것이다. 다케우치의 이러한 판단은 일반적으로 루쉰의 전기에서 설명하는 내용과는 인과관계가 역전된 것이다.

1909년 일본에서 중국으로 돌아온 루쉰은 베이징에서 생활하였는데 다케우치는 루쉰이 1918년 그의 첫 작품 「광인일기」를 발표하기 이전에 베이징에서 생활하던 시기가 루쉰의 사상형성에 매우 중요하다고

---

32) 같은 논문, 60쪽.
33) 같은 논문, 60쪽.
34) 같은 논문, 61쪽.

판단한다. 즉 다케우치는 이 시기에 루쉰은 회심이라고 할만한 "정치와
의 대결에 의해 획득한 문학적 자각"[35]을 사상의 근저로 형성하였다고
판단한다.

루쉰의 베이징 시기는 중국근대문학사의 측면에서 보면, 문학혁명
시기의 전반부에 해당한다. 이 시기는 문학혁명의 요소가 배양되고 있
었으며 다양한 분야에서 가치의 전환이 일어나고 있던 계몽의 시기였
다. 량치차오(梁啓超)는 1902년 요코하마(橫浜)에서 문학잡지 『신소설
(新小說)』을 창간하면서 그 창간호에 「소설과 군치의 관계를 논함(小
說と群治を論ず)」이라는 정치 소설론을 게재하였다. 당시 22세였던 루
쉰 역시 당시의 다른 많은 청년들과 비슷하게 이 논문에서 많은 영향
을 받았을 것이라고 생각되나 저우쭤런이 발표한 루쉰의 전기 내용처
럼 루쉰은 점차 "량치차오에게서 멀어졌다"[36]고 보는 것이 적절하다고
다케우치는 판단한다. 다케우치는 만약 루쉰이 량치차오에게 영향을
받았다고 한다면 "그 속에서 자신의 본질적인 것을 추출하기 위하여 그
속으로 몸을 던지는 방식으로 '저항'적인 수용방식을 취하였다"[37]을 것이
라고 주장하면서 다음과 같이 량치차오와 루쉰의 관계를 정리한다.

　　나는 루쉰이 '민족정신을 진흥'하려고 하지 않았다고는 말하지 않는다.
그러나 그가 '사회를 감화'시키기 위하여 '문학을 활용'했다고는 도저히 생
각할 수 없다. ……그렇게 본다면 작품끼리의 모순이 설명되지 않기 때문
이다. 그러면 어떻게 해석할까…… 루쉰과 량치차오 사이에 결정적인 대
립이 있으며, 그 대립은 루쉰 자신의 내면적 모순을 대상화한 것이라고도
생각되는 만큼…… 루쉰은 량치차오에게서 대상화된 자신의 모순을 본 관

---

35) 같은 논문, 55쪽.
36) 같은 논문, 71쪽.
37) 같은 논문, 72쪽

계라고 나는 생각한다. 그것은 바꿔 말하면 정치와 문학의 대립이라고 할
수 있는 관계이다.[38]

이처럼 다케우치는 일본에서 귀국한 루쉰은 문학자로서의 자각에
입각하여 사회 참여적 문학론에 대하여 저항적인 방식을 통해 자신의
내면적 모순을 대상화하는 루쉰 고유의 문학적 방식을 발효시키고 있었
다고 판단한다. 이러한 다케우치의 판단은 1936년에 작성한 「루쉰론」에
서 본 것과는 다르다.

4. 루쉰의 저항적 삶

중국근대문학사의 제2기에 해당하는 혁명문학의 시기에 루쉰은 다
양한 내용의 강연을 행하였다. 이러한 강연은 당시의 구체적인 정치상
황과 결합되면서 루쉰에게 정치와 문학의 관계를 재고하는 결정적인
계기가 된다. 루쉰은 1927년 4월 황푸(黃埔)군관학교에서 「혁명시대의
문학」을, 9월에는 광저우(廣州) 여름 학술강연회에서 「위진(魏晋)의 풍
도(風度) 및 문장, 즐거움, 술의 관계」를 주제로 강연을 하였다. 다케우
치는 이 두 강연의 공통점으로 "정치에 대하여 문학은 무력하다고 보
는"[39] 루쉰의 태도를 지적한다.

황푸군관학교는 1923년에 중국공산당과 국민당이 통일전선을 수립
하기로 결정하고 24년에 1차 국공합작을 실현한 결과 광저우에 세워진
군사교육기관이다. 이를 통해 국공 양당은 군벌세력에 대항할 수 있는

---

38) 같은 논문, 72~73쪽
39) 같은 논문, 138쪽.

국민혁명군을 조직하고 26년에는 북양군벌을 토벌하기 위하여 북벌전쟁을 시작한다. 북벌은 순조롭게 진행되었으며 국민혁명군이 장악한 중국의 남부와 중부에서는 혁명의 분위기가 고조되었다. 그러나 북벌이 한창 진행 중이던 25년에 국민당의 쑨원(孫文)이 사망한 이후 국민당 내부의 좌우대립이 격화되었다. 그 결과 장제스를 중심으로 하는 국민당 우파가 권력을 장악하였다. 이후 1927년 북벌전쟁에서 우위를 점한 장제스는 합작정부에서 공산당원들을 숙청하고 남경에 국민당 정부를 수립하였다. 즉 루쉰이 위의 두 연설을 한 1927년의 중국은 장제스의 쿠데타로 인한 국공분열과 국민당 정부의 분열이란 정치상황이 전개되고 있던 시기였다. 이로 인해 중국에서는 "어제의 동지가 적과 동지로 분리되어 서로 살육"하는 상황이 전개되고 "혁명의 고조와 혼란이 중첩되었다."[40] 이처럼 중국에서는 5·4운동과 문학혁명이, 국민혁명과 혁명문학이, 만주사변과 민족주의 문학이 정치와 문학의 관계를 밀착시키고 있었다. 즉 "문학적 논쟁이 정치세력의 대립과 일치"[41]하고 있었다. 이처럼 중국근대문학의 제2기인 혁명문학 시기에는 혁명에 봉사하는 문학만이 문학이라는 주장이 공공연하게 행해졌으며, 일반적으로 지지받고 있었다. 그러나 루쉰은 여기에 반발하였다. 루쉰의 이러한 태도는 제3기의 민족문학의 시기에도 일관되고 있다.

1926년 반국민군 군벌은 일본과 영국 등의 제국주의 국가와 연합하여 국민군을 공격하였다. 이러한 상황 하에서 베이징의 학생과 노동자들은 국민군을 지지하면서 반제국주의 시위를 시작하였다. 시위대는

---

40) 같은 논문, 137쪽.
41) 「魯迅入門」(1953)『全集』第2卷, 1981, 60쪽. 본문에서도 언급한 것처럼 「루쉰입문」의 「8 사건」은 1948년 5월에 발표한 「루쉰의 저항감각」을 저본으로 하고 있다. 따라서 본 논문에서 「루쉰입문」의 59쪽에서 75쪽 사이의 인용문은 원래 1948년 5월에 작성한 글이다.

자신들의 주장을 청원하기 위하여 3월 18일 북양군벌 돤치루이(段祺瑞) 행정부의 국무원 앞으로 진출하였다. 그러자 돤치루이는 청원 군중들을 향하여 발포하여 사상자가 발생하였다. 루쉰은 정부를 격렬하게 비판하였다. 그러자 돤치루이 정부는 시위와 관련된 사람들을 체포하였는데 이때 루쉰은 베이징을 탈출하여 샤먼(廈門)으로 피신하였다. 다케우치는 3·18 사건은 "루쉰의 생애에 결정적인 타격을 준 사건의 하나"[42]라고 단정한다. 즉 3·18 사건은 루쉰에게 절망을 가져다준 사건이었다. 다케우치는 3·18 사건을 전후한 중국의 문단을 다음과 같이 평가한다.

> 이 사건이 아직 해체되지 않았던 베이징의 문화계에 준 충격은 복잡했다. 사건 그 자체가 정치적임과 동시에 문화적이었다. 이미 『신청년』이 신구 진영으로 분열되고 있었으며 그 대립은 문학의 내부에도 반영되었으며 교육사회에도 반영되었다. ……문학논쟁이 정치 세력의 대립과 일치하는 양상이었다. 그러한 논쟁의 한가운데서 사건이 일어났다. ……탄압자의 만행을 규탄하는 목소리가 일반적이었지만 한편으로는 학생의 본분을 넘어서서 정치행동을 한 학생에게 책임을 묻거나 혹은 침묵을 통해 정치에 등을 돌리는 자가 많았다.[43]

문단의 분열상황 속에서 발생한 3·18 사건은 문단의 분열을 더욱 촉진했으며 심지어 사건의 책임을 학생들에게 돌리는 주장도 등장하였다. 특히 돤치루이 정권의 탄압으로 인해 정치적인 발언을 삼가는 문인들도 상당수 존재했다. 이러한 상황에서 루쉰만이 집요하게 탄핵문을 발표하는 저항적인 투쟁을 계속하였다. 후일 루쉰은 황푸군관학

---

42) 앞의 논문, 「魯迅」, 139쪽.
43) 앞의 논문, 「魯迅入門」, 60쪽.

교에서 행한 연설 「혁명시대의 문학」을 통해 당시의 문단을 다음과 같이 평가하였다.

　　베이징에 있으면서 얻은 경험으로 지금까지 알고 있던 선인(先人)들의 문학에 대한 논쟁에도 점차로 의혹을 가지게 되었습니다. 그것은 학생총살사건(3·18사건: 인용자)경이었을 겁니다. 언론탄압도 매우 삼엄했습니다. 그 때 나는 생각했습니다. 문학, 문학이라고 소리치는 것은 도움이 되지 않는다. 힘이 없는 자의 외침이지 않을까. 실력이 있는 자는 말 없이 사람을 죽입니다. 압박받고 있는 자는 약간의 주장을 하거나 문장을 발표하거나 하는 정도로 죽임을 당합니다. 운 좋게 살해당하지 않고서 매일 외치거나 고통을 호소하거나 불평을 주장하여도 실력이 있는 자는 여전히 압박하고 학대하며 살육합니다. 그들을 어떻게 할 수가 없습니다. 그러한 문학이 도대체 사람들에게 유익할까.[44]

이 연설에서 루쉰은 3·18 사건 당시에 문학은 무력했다고 주장하였다. 즉 루쉰은 "군벌에 대해서 무력한 문학이 혁명에 대해서 유력할 수가 없"으며 만약 "문학이 '혁명'에 유력하다면 그것은 '3·18' 시기에 돤치루이에 대해서도 유력했어야만 했"[45]으나 문학은 그렇지 못했다고 주장한 것이다. 다케우치는 이 시점에서 루쉰은 "문학이 '위대한 힘을 가지고 있다"는 신념을 "부정했다"[46]고 판단한다. 다케우치에 의하면 "정치에 대하여 문학이 무력한 것은 문학이 스스로 정치를 소외"시키기 때문에 발생하는 것인 만큼 문학은 "정치에서 자신의 형체를 보고 그 형체를 깨뜨림으로써 즉 무력함을 자각함으로써 문학은 문학다워지는 것"[47]이다. 따라서 다케우치는 진정한 "정치와 문학의 관계는 종속관계

---

44) 앞의 논문, 「魯迅」, 138~139쪽.
45) 같은 논문, 141쪽.
46) 같은 논문, 143쪽.

이거나 상극관계가 아니"라 "정치에 영합하거나 혹은 정치를 백안시하는 것"이 아니라 "정치에서 자신의 형체를 깨뜨리는" "모순적 자기동일의 관계"[48]라고 정의한다. 즉 진정한 문학이란 "정치에 반대하는 것이 아니라 단지 정치적인 행위로 자신을 지지하는 문학을 혐오하는 것"[49]이다. 다케우치는 정치에 대하여 문학이 무력하다고 보는 루쉰의 "자각적 태도"는 국민혁명기에 나타난 것이 아니라 일본에서의 체험을 통해 이미 형성된 것으로 판단하며, 이러한 태도는 루쉰이 "암흑 속에서 자신을 형성하는 작용"을 "반복"하는 행위이며 "그가 생애를 통해서 끊임없이 탈피할 때마다 회귀하는 축과 같은 것"[50]이라고 평가한다. 다케우치에 의하면, 루쉰은 혁명이 시대를 풍미하고 있던 당시에 문학이 혁명에 유력한 수단이 될 수 있다는 주장에 반대함으로써 문학자의 자각적인 태도를 확립할 수 있었다.[51]

1927년 4월 장제스에 의한 반공 쿠데타는 루쉰에게 3·18 사건 이상의 충격을 주었다. 당시 쭝셴(中山)대학의 교수로 있던 루쉰은 체포된 학생들을 구하기 위하여 백방으로 노력하였으나 학교 당국이 성의를 보이지 않자 결국 교수직을 사직하였다. 다케우치는 루쉰의 분노는 쿠데타를 일으킨 장제스와 국민당 우파에 대한 것 이상으로 그동안 동지라고 생각하던 집단에 대한 배신감이 더욱 심각했다고 판단한다. 다케우치에 의하면, 체포된 학생들은 "군벌에 의해서가 아니라 군벌에 대항하는 혁명을 선동하고 지도한 자의 손에 체포되"었기 때문에 루쉰은

---

47) 같은 논문, 143쪽.
48) 같은 논문, 143~144쪽.
49) 같은 논문, 144쪽.
50) 같은 논문, 144쪽.
51) 같은 논문, 148쪽.

"적이 아니라 동지에게 배신당한"[52] 분노가 더욱 충격이었다. 이러한 경험을 통해 루쉰은 "모든 정치적 폭력을 증오해야함을 골수에 새기고"[53] 몸으로 체득하였다. 그 결과 루쉰은 "압박자에 대한 증오와 피압박자에 대한 동정이라는 정의감에서" 출발하여 "공산주의자를 자처하는 혁명문학(프롤레타리아문학)과 투쟁"[54]하는 과정을 거쳐 반봉건, 반관료, 반제국주의 노선의 공산주의에 근접해갔다.

다케우치는 이러한 루쉰의 행위를 "혁명이라는 역사적 사건이 내면적 가치전환 – 인간의 변혁과 일치하는 사례"[55]라고 평가한다. 즉 끊임없이 변화하는 환경에서 자신을 다잡는 루쉰의 이러한 자기변혁은 "언제나 사건과 관련하여 그 저항감 속에서 살아가"[56]는 저항적 삶을 형성하는 토대라고 다케우치는 평가하면서 루쉰과 저항감의 관계를 다음과 같이 정리한다.

> 가시를 뚫고 발을 내딛는 저항감 속에서만 그는 자신의 존재를 자각하였다. 만약 저항감이 없으면 자신을 잃어버린다는 불안감이 항상 따라다니며 그 불안감에서 벗어나기 위해서는 항상 저항감을 지속해야만 한다.[57]

저항적 삶을 통해 투쟁과 저항을 지속적으로 견지했기 때문에 루쉰은 그 많은 중국의 근대문학자 가운데 가장 생명력이 긴 문학자일 수 있었다고 다케우치는 평가한다.[58]

---

52) 앞의 논문, 「魯迅入門」, 62쪽.
53) 같은 논문, 63쪽.
54) 같은 논문, 64쪽.
55) 같은 논문, 64쪽.
56) 같은 논문, 64쪽.
57) 같은 논문, 66~67쪽.

다케우치는 루쉰의 이러한 태도는 국민당의 탄압으로 인하여 좌파 문학가들이 혁명문학에서 탈락하고 만주사변 이후 민족저항문학을 주장하는 '문예가협회'가 조직되었으나 루쉰은 여기에 반대하고 '문예공작자'를 만들어 격렬한 논쟁을 지속하는 바탕이 되었다고 판단한다. 일본제국주의의 침략 강화로 인해 제기된 통일전선 주장에 루쉰 역시 동의하였음에도 불구하고 루쉰이 좌파연합의 전통을 고집하면서 문예가협회와 논쟁을 계속한 것은 그가 이전에 경험한 배신자를 용서할 수 없었기 때문이었다.[59] 다케우치는 논쟁을 계속할 수밖에 없다는 루쉰의 주장을 다음과 같이 인용한다.

> 다시금 '연합전선'의 주장이 나오자 이전에 적에게 투항한 일군의 '혁명작가'들이 '연합'의 선각자인 듯한 얼굴로 하나둘 나타났다. 정의를 물리치고 적과 내통한 비열한 행위가 지금에 와서는 모두 '전진'을 위한 빛나는 업적인 듯하다.[60]

1926년의 3·18 사건, 1927년 4월의 반공쿠데타, 1931년 1월 국민당 정부가 혁명문학진영에 속하는 문인들을 살해한 사건을 경험한 루쉰은 만주사변이 발생하자 "1931년 9월 대일출병 청원을 위해 걸어서 남경에 도착한 학생단을" 맞이한 관료가 "항일전의 진정한 수행자가 아니라는 것", "탄압에 굴복하여 혁명적 작가의 대중조직인 '좌익작가연맹'을 배신한 '민족주의문학'자는 민족주의의 올바른 내용인 민족혁명전쟁의 진정한 담당자가 아니라는 것", "내부의 적에 대한 투쟁에서 동지를 배신한 비열한 자는 외적에 대한 투쟁에서도 동지를 배신할 위험성

---

58) 같은 논문, 66쪽.
59) 같은 논문, 73~74쪽.
60) 같은 논문, 74쪽.

이 있다는 것"을 알고 있었기 때문에 "전선의 통일이 필요할수록 타협
에 의한 통일을 형성하는 것은 진정한 통일을 방해하는 것에 지나지
않는다"[61]고 주장하였다. 다케우치는 이러한 루쉰의 태도는 "정말로 통
일이 필요하다고 하더라도 형태만의 통일"은 "불가능하며" "어떠한 이
유에서도 비열한 자들을 용서할 수 없으며" 이들을 용서한다면 "'사자
(死者)'에 대한 실례"인 만큼 "타협할 수 없다"[62]는 자신의 결의를 나타
낸다고 평가한다. 다케우치에 의하면, 루쉰의 이러한 결의는 몸으로 체
험한 그의 저항적 삶에서 기인하는 것이었다. 따라서 루쉰에게 있어
이러한 모순 즉 제국주의 침략에 대해 문예전선을 통일할 수밖에 없는
상황에서도 통일전선에 같이 결합한 신용할 수 없는 문예인들과 타협
할 수 없는 논쟁을 지속할 수밖에 없는 모순적 상황을 뛰어넘을 비약
이 필요했다. 그 비약이 바로 루쉰의 저항적 삶이었다.

5. 다케우치의 저항론

다케우치는 루쉰이 1918년 「광인일기」를 발표한 이후 1936년 사망하
기까지 루쉰의 문단생활은 격렬한 논쟁으로 점철되었으며 이에 대한
평가는 그의 문학적 측면에서 설명해야 한다고 주장한다. 그러면서 다
케우치는 루쉰 문학의 핵심을 이루고 있는 요소에 대하여 설명한다.
다케우치는 루쉰 사상의 근본에는 "사람은 살아야만 한다"는 신조에 기
초해있다는 리창지(李長之)의 의견에 찬성하면서 "루쉰의 근저에 있는

---

61) 앞의 논문, 「魯迅の死について」, 189~190쪽.
62) 앞의 논문, 「魯迅入門」, 74쪽.

것은 어떤 누군가에 대한 속죄의 마음이었지 않았나"라는 "종교적인 죄의식에 가까운 것"[63]이라고 판단한다. 이러한 루쉰의 문학은 루쉰 자신의 삶의 방식에 그대로 나타나는데 그것이야말로 "'저항'이라는 단어가 나타내는 격렬하고 처참한 삶의 방식"[64]이라고 다케우치는 판단한다. 구체적으로 문학혁명의 시기에 많은 선구적인 문학자들이 문학적으로 실패했음에도 불구하고 루쉰은 「광인일기」와 「아큐정전」을 통해 성공적으로 문학의 혁명을 완수한 것과 혁명문학 시기에 창조사나 태양사와 진행한 악전고투의 논쟁, 민족주의 문학운동 시기에 다수의 문예가협회에 대하여 소수의 문예공작자 집단을 이끌면서 논쟁을 주도한 삶을 다케우치는 루쉰의 저항적 삶의 대표적인 예라고 제시한다.[65] 다케우치는 루쉰의 이러한 저항적 태도를 다음과 같이 평가한다.

> 루쉰의 방식은 이렇다. 그는 물러서지도 않고 추종도 하지 않는다. 우선 자신을 새로운 시대와 대결시키면서 '저항'에 의해 자신을 다잡고 다잡은 자신을 다시 그 속에서 끄집어낸다. 이 태도는 하나의 강인한 생활자의 인상을 준다. …… 그의 강인한 투쟁적 생활은 사상가로서의 루쉰의 모습으

---

[63] 앞의 논문, 「魯迅」, 6~7쪽. 44년에 출간된 『루쉰』에서 다케우치는 "리창지는 그의 장편 평론 『루쉰비판』의 일부에서 루쉰의 작품에 죽음을 취급한 것이 많은 점을 지적하고 이것을 루쉰이 사상가가 아니라는 것, 루쉰의 사상은 근본에 '사람은 살아야만 한다'는 생물학적인 하나의 관념을 벗어나지 못한 방증으로 이용하고 있"는데 "나는 리창지의 설을 탁견이라고 생각한다"(「魯迅」, 『全集』 第1卷, 1980, 6쪽)고 적고 있다. 그러나 다케우치는 1948년 5월호의 『국토(国土)』에 발표한 「루쉰의 저항감각(魯迅における抵抗感覚)」(『全集』 第2卷에서 『루쉰입문(魯迅入門)』의 「8 사건」에 수록)에서 리창지의 의견이 날카롭다고 평가하면서도 루쉰의 사상을 "생물학적 자연주의 철학과 동일시하는 리창지의 의견에" "찬성할 수 없다"고 이전에 자신이 밝힌 의견을 수정하였다. 그러면서 "'사람은 살아야한다'는 루쉰의 근본 사상"은 "직접적으로 신해혁명의 희생자들"에 대한 "속죄적인 삶의 방식"을 의미한다고 주장한다(「8 事件」, 『全集』 第2卷, 73쪽).

[64] 같은 논문, 8쪽.

[65] 같은 논문, 9~10쪽.

로는 설명할 수 없다. …… 그러면 이것은 무엇으로 설명되어야 할 것인가. 그를 격렬한 투쟁생활로 몰아넣은 것은 그의 내심에 존재하는 본질적인 모순이라고 나는 생각한다.[66]

많은 사람들은 루쉰의 저항적 삶이 루쉰의 사상적 진보의 결과인 듯이 설명하고 있지만, 다케우치는 루쉰의 저항적 삶은 루쉰 자신에게 존재하는 본질적인 모순에서 나온 태도라고 지적한다. 다케우치는 루쉰의 본질적인 모순을 "계몽가 루쉰과 어린아이에 가까운 순수 문학을 믿는 루쉰의 이율배반적인 동시 존재로서 하나의 모순적 통일"[67]이라고 본다. 즉 다케우치는 루쉰이 중국의 당면한 현실적인 문제를 지적하고 이를 개선하기 위하여 민중들에게 정치성이 강한 문학을 통해 호소하면서도 정치가 문학에 영향을 미치는 행위에 반대하는 모순을 지적한 것이다. 바꿔 말하면, 루쉰 자신이 정치편향적인 문학에 반대하면서도 루쉰에게 있어 민중들을 계몽하려는 정치적인 활동 수단이 문학일 수밖에 없는 모순이 루쉰 자신의 내부에서 하나로 통합되어 있는 모습을 다케우치는 '루쉰의 이율배반적'이면서 '하나의 모순적 통일'로 설명한다. "계몽가와 문학자 이 둘은 아마도 루쉰 자신도 의식하지 못한 채 부조화인 채로 서로 갈등하며 조화되지 못했"[68]다고 다케우치는 판단한다. 이러한 "루쉰의 모순은" "현대중국문학의 모순이기도 하며" "루쉰과 중국문학은 서로 대극에 서 있으면서 동시에 '저항'에 의해 매개된 전체로서는 하나였다"[69]고 다케우치는 정의한다. 즉 루쉰의 저항적 삶은 루쉰이 논쟁을 통해서 자기 자신 속에 내재하는 모순과 중국의 현

---

66) 같은 논문, 10~11쪽.
67) 같은 논문, 13쪽.
68) 같은 논문, 13쪽.
69) 같은 논문, 13쪽.

실적인 문제를 지적하고 치열하게 투쟁하는 과정이었다. 그리고 그 과정에 필요한 투쟁 수단이 문학이었다.

다케우치는 1949년 12월에 철학강좌 제1권에 발표한 「루쉰」(『전집』 제1권에서 「사상가로서의 루쉰」이란 제목으로 수록)에서 루쉰의 비타협적 정신은 중국문학이 근대문학으로서의 자율성을 쌓는 토대가 되었다고 평가하면서 루쉰의 저항정신을 다음과 같이 총괄한다.

> 자유, 평등, 그 외 일체의 부르주아 도덕의 수입에 대하여 루쉰은 저항하였다. 저항한 것은 이러한 것들을 권위로써 외부에서 강요한 것에 저항한 것이다. 기반이 없는 전근대 사회에 새로운 도덕을 들여오는 것은 이것들을 전근대적으로 변형시켜버릴 뿐이며 인간을 해방하지는 못하며 오히려 억압자에게 이로운 수단으로 전화되어버린다는 사실을 루쉰은 알아차렸다. 이 통찰은 체험에 기초한 것으로 이러한 점에서 그는 식민지적 현실에서 눈을 떼지 않았다고 할 수 있다. ……따라서 루쉰은 새로운 가치를 내세워 전통적 가치에 대항하려고 한 동시대 진보주의자에게 전혀 동조하지 않았으며 오히려 그들과 집요하게 싸웠다. ……루쉰은 외부에서 주어진 구제(救濟)를 신뢰하지 않았다. 여기서 그의 반역은 자신에 대한 반역이라는 형태로 나타난 것이다.[70]

루쉰의 처절할 정도의 저항적 삶과 강인한 생명력은 '사람은 살아야만 한다'는 그의 소박한 생활신조와 몸으로 체험한 경험에 의한 것이라고 평가하는 다케우치는 중국의 사상사적 측면에서 루쉰의 위치를 전통을 변혁하려고 끊임없이 노력한 쑨원과 근대중국을 완성한 마오쩌둥을 이어주는 존재로 평가한다. 즉 다케우치는 루쉰을 "근대중국이 그 자체의 전통 속에서 자기변혁을 행하기 위하여" 거쳐야 했던 매개자의 역할을 수행한 존재로 파악한다. 따라서 다케우치에 의하면 중국의 근

---

[70] 「思想家としての魯迅」(1949)『全集』 第1卷, 1980, 160~161쪽.

대는 "새로운 가치가 외부에서 부여된 것이 아니라 낡은 가치의 갱신으로 다시 태어나는 과정"[71]일 수밖에 없었다. 이러한 다케우치의 시각은 전전의 자신의 생각을 부정하지 않으면서 일본적 근대를 비판적으로 재고하는 「근대란 무엇인가(近代とは何か)」란 논문으로 구체화되었다고 할 수 있다. 여기서 다케우치는 "저항을 통해서 동양은 자신을 근대화하였"으며 "저항의 역사는 근대화의 역사이며 저항을 통하지 않은 근대화의 길은 없다"[72]고 하면서 루쉰의 저항과 자신의 관계를 다음과 같이 설명한다.

> 루쉰의 저항에서 나는 자신의 기분을 이해할 계기를 얻었다. 저항이란 것을 내가 생각하게 된 것은 그때부터였다. 저항이란 무엇인가라고 묻는다면 루쉰이 가지고 있었던 것이라고 대답할 수밖에 없다.[73]

다케우치가 루쉰 읽기를 통해서 획득한 루쉰의 저항적 삶이 가진 자기 갱신의 과정은 다케우치에게 있어 전후 출발을 위한 출발점이자 저항의 근거지였다. 다케우치는 이러한 저항 근거지를 토대로 하여 일본적 근대의 토대가 된 일본적 전통≒천황제[74]를 날카롭게 비판하였다.

---

71) 같은 논문, 163쪽

72) 「近代とは何か」(1948)『全集』第4卷, 1980, 134쪽. 처음 발표제목은 「중국의 근대화 일본의 근대(中国の近代と日本の近代)」였다.

73) 같은 논문, 144쪽. 다케우치가 60년 안보투쟁의 과정에서 도쿄도립(東京都立)대학의 교수직을 사퇴한 것도 "전향은 저항이 없는 곳에서 일어나는 현상이다"(162쪽)고 한 자신의 발언을 그대로 실천한 것이라 할 수 있다. 즉 다케우치는 엄청난 대중들의 반대에도 불구하고 미일안보조약이 국회에서 비준된 것에 대한 저항으로 교수직을 사퇴하는 '쟁찰'적인 삶을 실천한 것이다.

74) 다케우치는 1950년 6월 『아사히평론(朝日評論)』(제5권 제6호)에 발표한 「인민에 대한 분파행동: 최근 일공의 움직임에 대하여(人民への分派行動: 最近の日共の動きについて)」(『全集』에서는 「日本共産党論(その二)」으로 제목을 변경하여 수록)에서 일본공산당의 권위주의, 우등생문화, 폐쇄성을 비판하면서 이러한 일본

나아가 그는 정치와 문학 논쟁에서 문학의 자율성을 주장한 사고를 전후 일본공산당 비판으로 이어갔다. 다케우치는 전전 특히 루쉰의 저항적 삶을 명확하게 정리하기 이전에는 저항의 문제나 의미에 대하여 별로 언급하지 않았다. 즉 1936년경의 다케우치는 일본이 주체적 비판과 갈등(≒저항) 없이 서구적 근대를 지향한 것에 대한 비판적 재고가 부족했으며 서양에 대한 동양이라는 의식이 강했다고 할 수 있다. 이러한 의식이 1941년 12월에 표명한 대동아공영권 건설의 세계사적 의의로 나타났다고 할 수 있다. 그러나 1943년 이후 다케우치는 루쉰의 저항적 삶에 대한 재인식 과정에서 전통적 가치에 대한 저항을 통해 자기 갱신하는 중국적 근대를 발견한다. 이러한 발견은 전후에 다케우치가 일본적 근대에 대한 비판적 고찰을 전개하는 토대가 되었다. 그리고 이러한 사유법은 전후에 일본적 사유와 전통을 변혁하려는 다케우치 자신의 저항론을 형성하였다. 이러한 이유로 다케우치는 전전에 전쟁을 긍정하는 자신의 사유법을 부정하지 않았음에도 불구하고 진보적 지식인으로 분류될 수 있었다고 판단된다.

공산당의 구조적 문제는 천황제와 불가분의 관계에 있는 일본인의 정신구조와 유사하다고 논한다(「日本共産党論(その二)」,『全集』第6卷, 1980, 149쪽). 그리고 다케우치는 1953년 8월 『세계(世界)』에 발표한 「굴욕의 사건(屈辱の事件)」에서 1945년 8월의 패전으로 일본에서도 공화제의 실현 가능성이 있었지만 이를 현실 속에서 구현하지 못한 사실을 언급하면서 "일본의 천황제와 파시즘에 대하여…… 우리들의 내부에 뼈 덩어리 자체가 되어버린 천황제의 무게를 고통의 실감(実感)으로 끄집어내는 것에 우리들은 여전히 정직하지 못하다. 노예의 피를 한 방울 한 방울 짜내, 어느 날 아침 정신이 들었을 때 자신이 자유로운 인간이 되어있었다는 이러한 방향으로의 노력이 부족하다. 이것이 8·15의 의미를 역사 속에 정착시키는 것을 방해하고 있다"고 하였다(「屈辱の事件」(1953)『全集』第13卷, 1981, 78~79쪽).

6. 맺음말

본 논문은 다케우치가 전전에 전쟁을 긍정하고 전후에도 자신이 전쟁을 긍정하게 된 사상적 방법론을 부정하지 않았음에도 불구하고 전후에 진보적 지식인으로 평가된 원인을 추적하고 있다. 여기에는 전전과 전후를 관통하는 통일적인 논리구조(≒일본 근대 사상사의 과제) 속에서 다케우치의 사상을 파악하려는 문제의식이 반영되어 있다.

다케우치는 1936년에 작성한 「루쉰론」에서 루쉰의 「광인일기」는 그동안 중국문학의 중심을 이루어온 문어체를 버리고 구어체로 작성한 선구성은 있지만, 중국의 봉건적 질곡에 저항하기 위하여 서구의 근대적인 요소를 명확하게 지향하는 적극성은 없다고 평가한다. 이러한 작품의 특징은 결국 루쉰이 중국적인 전통과 풍습을 완전히 부정하지 못한 루쉰의 사상적 한계에서 기인한다고 다케우치는 파악한다. 즉 20대 중반의 다케우치는 루쉰은 주체적으로 자각하여 자신이 처한 환경과 자신의 삶을 스스로 변혁하려는 서구적 근대성에 입각한 주체적 존재가 되지는 못하였다고 판단하였다.

그러나 1943년에 완성하여 44년에 출간한 『루쉰』과 그 이후의 글에서 다케우치는 저항적 삶을 통해 투쟁과 저항을 지속적으로 견지한 루쉰의 삶을 높이 평가한다. 돤치루이 정부가 항일시위 군중에게 발포한 1926년의 3 · 18 사건, 1927년 4월 장제스의 반공쿠데타, 1931년 1월 국민당 정부가 혁명문학진영에 속하는 문인들을 살해한 사건을 경험한 루쉰은 만주사변이 발생하자 관료는 항일전의 진정한 수행자가 아니라는 것, 탄압에 굴복하여 혁명적 작가조직을 배신한 민족주의 문학자는 민족혁명전쟁의 진정한 담당자가 아니라는 것, 내부의 적에 대한 투쟁에서 동지를 배신한 비열한 자는 외적에 대한 투쟁에서도 동지를 배신할 위험성이 있다는 것을 인지하고 끊임없이 변화하는 환경에서 자신을 다잡고 언제나 사건과 관련하여 그 저항감 속에서 살아가는 삶을 지속한다. 다케우치는 루쉰의 저항적 삶은 루쉰이 논쟁을 통해서 자기 자신 속에 내재하는 모순과 중국의 현실적인 문제를 지적하고 치열하게 투쟁하는 과정이며 그 과정에 필요한 투쟁 수단이 문학이라고 파악한다.

다케우치는 루쉰을 전통을 변혁하려고 끊임없이 노력한 쑨원과 근대중국을 완성한 마오쩌둥을 이어주는 존재로 평가한다. 따라서 다케우치에 의하면 중국의 근대는 새로운 가치가 외부에서 부여된 것이 아니라 낡은 가치의 갱신으로 다시 태어나는 과정일 수밖에 없었다. 다케우치가 루쉰 읽기를 통해서 획득한 루쉰의 저항적 삶이 가진 자기 갱신의 과정이야말로 전후 출발을 위한 출발점이자 저항의 근거지였다. 다케우치는 이러한 저항 근거지를 토대로 하여 일본적 근대의 토대가 된 일본적 전통≒천황제를 날카롭게 비판하였다. 이러한 이유로 다케우치는 전전에 전쟁을 긍정하는 자신의 사유법을 부정하지 않았음에도 불구하고 전후에 진보적 지식인으로 분류될 수 있었다고 판단된다. 그러나 역설적이게도 이러한 다케우치의 태도는 일본의 전쟁책임 나아가 식민지지배책임에 대해서는 구체적으로 언급하지 않는 원인이기도 했다.

난징대학살 기념관과 항일 기억의 정치화

•

김지훈

1. 머리말

2015년 9월 3일 중국은 '항일전쟁 승리 기념일'을 처음으로 국가기념일로 지정하고 대대적인 기념과 경축행사를 하였다. 중국은 중일전쟁(항일전쟁)을 중국이 일본 제국주의 침략에 맞선 정의의 전쟁이었고 중화인민공화국 수립의 중요한 기초가 되었으며, 반파시스트 전쟁 승리에도 큰 공헌을 하였다고 보고 있다.

중국인들에게 중일전쟁은 1840년 아편전쟁 이후 처음으로 제국주의 열강에게서 승리한 전쟁으로 기억되고 있다. 특히 외세의 침략과 저항 속에서 어려움을 겪던 중국이 중국공산당의 영도 아래 중국혁명에 성공하고 중화인민공화국을 수립하여 부흥의 길로 나아가 현재에 이르렀다는 중국공산당의 관점에서 중일전쟁은 일본에게 승리한 중요한 사건이다.

중국은 중일전쟁이 근대 이후 중국이 처음으로 승리한 전쟁이고, 제2차 세계대전이라는 반파시스트전쟁의 일환이었다는 점을 강조하고 있다. 중국인들은 중일전쟁을 패배와 고난의 중국근대사에서 처음으로 승리한 전쟁이었을 뿐만 아니라 세계 역사에 공헌한 자랑스러운 전쟁으로 기억하고 싶어 한다. 다른 한편 중일전쟁 시기 중국공산당은 근거지를 중심으로 군대를 양성하여 국공내전에서 승리할 수 있는 기반을 마련하였다고 평가한다.

최근 중국은 1931년 9·18사변부터 1945년까지 14년 동안 "항일전쟁"을 수행하였다고 주장하고 있다. 이에 따라 모든 교과서에서 "항일전쟁" 기간을 14년으로 바꾸었다. 이와 함께 제2차 세계대전 과정에서 중국전선이 "동방의 주전장"이었다고 자신들이 전쟁에서 한 역할을 강조하고 있다.[1]

이와 함께 중국이 "항일전쟁" 과정에서 커다란 인적 피해와 물적 피해를 입었다는 점도 강조하고 있다. 중국은 중일전쟁에서 승리하였지만 '참담한 승리(慘勝)'라고 할 정도로 큰 피해를 입었다. 1937년부터 1945년까지 8년 동안의 전쟁으로 중국 군인과 민간인 사상자는 3천 5백만 명 이상이었다.[2]

중국은 전쟁으로 입은 고통의 구체적인 사례 가운데 하나로 1937년

---

[1] 2014년 7월 7일 전 민족 항전 발발 77주년 기념식에서 시진핑(習近平) 주석은 다음과 같이 발언하였다. "위대한 중국인민항일전쟁은 세계 반파시스트전쟁에서 동방의 주전장(東方主戰場)을 개척하여, 민족을 위기에서 구하고, 민족의 독립과 인민의 해방을 실현하였으며, 세계평화를 쟁취하기 위한 위대한 사업으로서 역사에 빛나는 큰 공헌을 하였다." "偉大的中國人民抗日戰爭, 開闢了世界反法西斯戰爭的東方主戰場, 爲挽救民族危亡, 實現民族獨立和人民解放, 爲爭取世界和平的偉大事業, 作出了彪炳史冊的貢獻." 習近平, 「在紀念全民族抗戰爆發七十七周年儀式上的講話」(2014年7月7日), 新華網北京7月7日電, http://news.xinhuanet.com/politics/2014-07/07/c_1111497611.htm.

[2] 中共中央宣傳部宣傳教育局·中國人民抗日戰爭記念館, 『偉大勝利歷史貢獻:紀念中國人民抗日戰爭暨世界反法西斯戰爭勝利70周年主題展覽畫冊』, 北京出版社, 2016, 253쪽.

일본군이 저지른 난징대학살을 중요하게 다루고 있다. 중국의 "항일전쟁"은 중국인에게 커다란 고통을 준 전쟁이고 그 고통과 피해의 상징이 1937년 난징대학살이다.

1937년 12월 13일 일본군이 난징을 점령한 후 자행한 난징대학살로 30만 명 이상의 중국인들이 난징에서 학살당했다고 한다. 중국은 2014년부터 12월 13일을 국가기념일로 제정하였다. 2017년은 난징대학살 80주년이 되는 해로 12월 13일 난징에서 시진핑(習近平)주석이 참가한 가운데 난징대학살을 기념하는 대규모 추도 행사를 거행하였다.[3]

동아시아의 역사 갈등 문제는 '과거 역사에 대한 집단기억'의 문제와 관련되어 있다. 동아시아 국가들의 역사 기억은 다양한 매개물과 메커니즘을 통해서 형성되고 강화되면서 사회에 영향을 미치고 있다.[4]

중일전쟁과 난징대학살이라는 역사적 사실은 20세기 중국인의 정체성이 형성되는 과정에서 중요한 요소로 작용하였다. 근대 중국 '역사'의 재구성 과정에서 중일전쟁과 난징대학살의 기억은 개인과 국가의 기억이 융합하여 '공동의 기억'으로 재구성되고 있다.[5]

중일전쟁과 난징대학살은 중국의 민족주의(애국주의)와 밀접한 관련이 있다. 근대 중국의 민족주의는 서구와 일본 등 외세의 침략 속에서 성장해 왔다. 특히 일본제국주의의 중국 침략은 근대 중국 민족주

[3] 「南京大屠殺國家公祭儀式今早舉行 習近平, 俞正聲等出席致意」(2017.12.13), http://www.zaobao.com.sg/realtime/china/story20171213-818511
[4] 중국의 중일전쟁과 관련한 기념공간으로서 중국인민항일전쟁기념관에 대해서는 다음의 연구가 있다. 박경석, 「동아시아의 전쟁기념관과 역사 갈등」, 『중국근현대사연구』41, 2009, 168쪽; 조은경, 「한·중 항일기념관의 전시 내러티브와 동아시아 역사인식」, 『한국독립운동사연구』47, 2014, 197~233쪽.
[5] 중국과 일본의 난징대학살 문제를 둘러싼 논란에 대해서는 다음의 글을 참고할 수 있다. 이화준 고희탁, 「난징대학살 문제를 둘러싼 기억의 정치와 국제정치학적 딜레마」, 『일본연구』15권, 2011, 539~563쪽.

의의 형성과 발전에 큰 영향을 미쳤으며 현재에도 중국근대사 교육에서 중요한 요소로 취급되고 있다. 일본의 전면적인 중국 침략이라고할 수 있는 중일전쟁과 그 기간에 벌어졌던 난징대학살을 비롯한 민간인 학살은 현재의 중일 관계에도 영향을 미치고 있다.

중국의 난징대학살에 대한 대표적인 기억의 공간은 침화일군난징대도살우난동포기념관(侵華日軍南京大屠殺遇難同胞記念館 이하 난징대학살기념관)이다.6) 난징대학살기념관은 1983년 12월 13일 난징(南京)의 장동먼(江東門) 집단 학살지와 "만인갱(萬人坑)"유적지에서 난징대학살 46주년 제일(祭日)에 착공하여 1985년 8월 15일에 완공되었다.7) 이후 난징대학살 기념관은 1994년부터 1995년, 2005년부터 2007년, 2015년 등 여러 차례 확장공사를 하였다. 난징대학살 기념관 신관은 2007년 12월 13일 난징대학살 70주년에 개관하였고 2015년에 재개관하였다.

난징대학살기념관은 난징대학살 관련 전문 전시관이고 국가추모일(国家公祭日) 기념식을 하는 장소이다. 난징대학살기념관은 중국의 국가 1급 박물관이고, 전국 중점 문물 보호 단위로 제2차 세계대전 기간 대학살 관련 주요 기념시설 가운데 하나이다.

2015년 12월 1일에는 난징대학살 기념관의 분관으로 난징리지샹위

---

6) 난징대학살 기념관에 대해서는 진실과 화해를 위한 과거사 정리위원회의 연구가 있다. 박강배, 「잊혀진 홀로코스트' 남경(南京)」, 민주화운동기념사업회, 『세계의 역사기념시설』, 민주화운동기념사업회, 2006, 141~161쪽. 김정현은 중국의 평화교육과 평화박물관으로서 난징대학살 기념관의 역할을 검토하고 있다. 김정현, 「중국의 항일전쟁 기념관의 애국주의와 평화문제」, 『역사학연구』 35, 2009, 196~205쪽.
7) 장동먼(江東門) 지역은 1937년 12월 일본군이 난징에서 무장 해제된 중국 병사와 민간인을 대량 학살한 대표적인 곳으로 전쟁 종결 이후 희생자들의 유해가 대량으로 발굴된 곳이다. 王炳毅, 「南京大屠殺紀念館為何選址江東門」, 『湖南档案』 2002 07기, 22~23쪽.

안부구지 진열관(南京利济巷慰安所舊址陳烈館)이 개관하였다. 2016년 9월 난징대학살기념관은 중국 20세기 건축유산으로 지정되었다.[8) 난징대학살기념관에는 1985년 8월 15일부터 2017년까지 7,370만 명이 방문하였다.[9)

난징대학살기념관은 중국의 중일전쟁과 난징대학살에 대한 대표적인 기억의 공간으로 개인의 기억과 국가의 기억을 연결시키고 있다.[10) 특히 난징대학살기념관은 대표적인 애국주의교육기지의 하나라 중국의 "항일 애국"의 기억을 강화하고 있다.[11) 최근 중국은 항일전쟁 승리 70주년을 기념하여 난징대학살기념관 제3차 확장공사를 하였고 난징대학살 80주년을 기념하여 기념관 전시를 확대하였다. 그러나 최근 난징대학살기념관의 변화에 관해서는 관심이 크지 않았다. 여기서는 제3기 확장공사를 마친 난징대학살기념관의 전시를 통해서 중국이 바라보는 난징대학살의 기억의 변화에 대해서 살펴보겠다.

2. 중화인민공화국의 '난징대학살' 기억

국민정부시기 중국의 언론매체들은 난징대학살에 대해 보도를 하였

---

8) 「侵華日軍南京大屠殺遇難同胞紀念館半年接待觀衆超過400萬人次」, 『新華網』, 2015.06.26. http://www.xinhuanet.com//mil/2015-06/26/c_127952186.htm

9) 난징대학살기념관 웹사이트, 「侵華日軍南京大屠殺遇難同胞紀念館」, 2016.09.23, http://www.nj1937.org/zxdt/gybg/bglc/201609/t20160923_4191001.html.

10) 김형렬, 「난징대학살(南京大屠殺)과 기억의 정책: 학살에 대한 기억의 전승과 관리를 중심으로」, 『대구사학』106, 2012.

11) 김정현, 「중국의 대일 역사공세와 항일 애국 기억의 강화」, 『중국사연구』94권, 2015, 285~328쪽.

학생들과 함께 난징대학살에 대한 조사를 하였다.[20]

　그 연구성과는 『난징대학살: 중국 침략 일구(日寇)의 폭행실록』으로 1962년 장쑤인민출판사(江苏人民出版社)에서 출판하기로 하였으나 중일관계의 변화 속에서 출판되지 못하였다. 이 책은 1963년에 단지 15책이 인쇄되어 필자에게 전달되었을 뿐이었고 정식으로 출판되지 못하였다.[21]

　그러면 왜 중국 최초의 난징대학살에 대한 학술 성과가 1960년대에 공개적으로 출판되지 못하였을까? 당시 중국은 1958년에 시작된 대약진운동의 실패로 큰 재난에 직면하고 있었다. 이러한 어려움을 극복하기 위하여 류샤오치(劉少奇)와 덩샤오핑(鄧小平) 등은 1962년부터 국내에서는 경제조정정책을 추진하고 대외적으로도 온건한 외교정책을 시행하였다. 저우언라이(周恩來)는 아시아 국가들을 순방하여 버마, 파키스탄, 몽골 등과 국경선을 확정하였다.

　중국은 일본과도 「중·일 장기종합무역에 관한 각서」에 기초하여 상호 간에 연락사무소를 설치하고 정부가 보증하는 융자를 이용하여 반관반민(半官半民)의 무역이 시작되었다.[22] 이러한 상황 속에서 중국정부는 난징대학살이 주목받아 중일관계에 장애가 되는 것을 바라지 않

---

19) 楊金榮, 「出版語境下的南京大屠殺研究」, 『중일전쟁·난징대학살 80주년 국제학술회의: 중일전쟁과 난징대학살 자료집』, 고려대 아세아문제연구소·고려대 한국사연구소, 2017.12, 63쪽.
20) 가오싱주(高興祖)는 1928년 생으로 1954년 난징대학 역사과를 졸업하고 일본외교사, 중일관계사 등 일본사와 난징대학살 연구를 하였다. 「高興祖：南京大屠殺研究第一人」, 2018.01.02, http://www.nj1937.org/zkzx/xsyj/201801/t20180102_5222938.html
21) 楊金榮, 「出版語境下的南京大屠殺研究」, 『중일전쟁·난징대학살 80주년 국제학술회의: 중일전쟁과 난징대학살 자료집』, 고려대 아세아문제연구소·고려대 한국사연구소, 2017.12, 63쪽.
22) 가와시마 신·모리 가즈코, 『중국외교 150년사: 글로벌 중국으로의 도정』, 파주, 한울, 2012, 187~188쪽.

앉던 것으로 보인다.

가오싱주는 1963년 난징대학교에서 난징대학살에 대한 보고를 하였다. 그러나 1966년부터 중국에서 프롤레타리아문화대혁명이 시작되었기 때문에 난징대학살에 대한 조사와 연구도 중단되었다. 문화대혁명이 종결된 후인 1978년 가오싱주는 다시 난징대학에서 난징대학살에 대한 연구결과를 보고하였다.

가오싱주의 연구는 1979년 자신의 연구를 『난징에서 일본제국주의의 대학살』이라는 제목으로 내부 출판하였다. 이 연구는 공개적으로 출판되지는 못하였지만 당시 난징대학살에 대한 가장 중요한 연구성과였다. 이 책은 1985년에 『일본군 중국 침략 폭행: 난징대학살』이란 제목으로 공개적으로 출판되었다.[23] 중국에서는 1980년대부터 난징대학살에 관한 연구가 본격적으로 재개되었다.[24] 중국에서 난징대학살이 중요한 역사 문제로 드러난 것은 1982년 일본의 고등학교 역사교과서 왜곡과 밀접한 관련이 있다.

3. 난징대학살을 둘러싼 기억 공간의 형성

1) 난징대학살기념관 건설

1982년 일본 문부성의 검정을 통과한 고등학교 역사교과서는 "중국

---

[23] 高興祖, 『日軍侵華暴行』, 上海人民出版社, 1985.
[24] 杨金荣, 「出版語境下的南京大屠殺研究」, 『중일전쟁·난징대학살 80주년 국제학술회의: 중일전쟁과 난징대학살 자료집』, 고려대 아세아문제연구소·고려대 한국사연구소, 2017.12, 63쪽.

침략"을 "진입"이라고 수정하는 등 과거 중국에 대한 침략행위를 미화했다는 비판을 받았다. 이후 중국에서는 1937년 난징대학살에 대한 조사와 연구가 활발해졌다. 특히 일본 우익들이 난징대학살을 부정하거나 왜곡하면서 과거의 학살과 기억을 둘러싼 갈등이 심화되었다.[25]

　1983년 말 난징시 인민정부는 중국공산당 장쑤성위원회(江蘇省委員會)와 장쑤성 인민정부의 비준을 받아서 기념관 설립을 시작하였다. 이후 "난징대학살"에 대한 역사편찬, 기념관 건립, 기념비 건립 소조가 조직되었고 난징시 시장 장야오화(張耀華)가 조장이 되었다.

　1985년 2월 3일 덩샤오핑은 난징을 시찰하면서 이 기념관을 '침화일군난징대도살우난동포기념관(侵華日軍南京大屠殺遇難同胞記念館)'이라고 명명하였다. 난징대학살기념관은 8월 15일 중국항일전쟁승리 40주년 기념일에 개관하였다. 동시에 난징시의 난징대학살 유적지 17곳에 기념비가 건립되었다.

　당시 건립된 난징대학살기념관의 면적은 30,000평방미터였고 건축면적은 5,000평방미터였다. 이 기념관은 "생(生)과 사(死)", "고통과 한(恨)"을 주제로 동남대학 건축학원의 치캉(齊康)이 설계하였다. 기념관은 사료진열관, 영화상영관, 유골진열관 등으로 구성되었으며, 중국의 1980년대 10대 우수 건축물의 하나로 지정되었다. 1995년부터 난징대학살기념관은 제2차 확장 공사를 하여 1997년 12월 12일 준공하였다.[26]

---

[25] 중국과 일본의 난징대학살 관련 연구에 대해서는 다음의 글을 참고할 수 있다. 張連紅, 「中日兩國南京大屠殺研究的回顧與思考」, 『南京大學學報(哲学.人文科學.社會科學版)』 2007-01, 95~109쪽.

[26] 동남대학 건축학원의 치캉은 중일전쟁시기 일본군의 만행을 목격한 경험을 가지고 있었고, 그의 슬픔과 분노가 난징대학살기념관 설계에 반영되었다고 한다. 난징대학살기념관의 건립과정에 대해서는 다음의 글을 참고할 수 있다. 장롄훙·쑨자이웨이, 「공간, 의식과 사회기억: 장둥먼 기념관을 중심으로 한 고찰」, 『난징대학살 진상과 역사 기록을 담다』, 민속원, 2019, 254~266쪽.

 난징대학살기념관의 정문 좌측에는 덩샤오핑이 쓴 "침화일군난징대
도살우난동포기념관(侵华日军南京大屠杀遇难同胞纪念馆)"이라는 관명
이 쓰여 있었다. 기념관의 전시는 광장 진열, 유적진열, 사료진열의 3
부분으로 구성되었다. 광장에는 애도광장(悼念廣場), 추모의식광장(祭
奠廣場), 묘지광장(墓地廣場)의 3부분으로 구성되었다.

 이 가운데 애도광장의 기념관 입구에는 "1937.12.13.~1938.1"이라고
새겨진 십자가 모양의 시간 표지석이 있어 난징대학살이 일어난 시간
을 알려주고 있다. 입구 광장의 중앙에는 평화대종(和平大鐘)이라고
새겨진 커다란 종이 있다. 난징대학살 66주년을 기념하여 만든 평화대
종의 크기는 3미터이고 무게는 6.6톤으로 일본에 거주하는 중국 동포
들의 성금으로 만들었다.

 광장에는 "쓰러진 30만 명(倒下的300,000人)" 조각상, "고성의 재난(古
城的災難)" 대형조각상과 평화의 비둘기 등이 조성되었다. 추모의식광
장에는 중국어, 영어, 일본어로 "희생자 300,000(遇難者 300,000)"이라고
쓰인 석벽이 만들어졌다. 난징대학살 기념관은 30만이라는 희생자의
숫자를 곳곳에서 강조하고 있다.

 묘지광장에는 자갈들로 덮여 있는데 이 자갈들은 수많은 희생자들
을 의미한다. 그 광장에는 학살 현장에서 가족을 찾아 헤매는 여성의
석상이 묘지 광장을 바라보며 서 있다. 이 모습은 난징대학살 당시 존
마기(John. Magee)가 촬영한 장면을 형상화한 조각이다. 묘지 광장을
지나면 담장에는 희생자 명단이 벽면에 새겨져 있다.

 묘지광장의 '조난동포유골진열실(遭難同胞遺骨陳列室)'에는 난징대
학살에서 희생당한 사람들의 유골들이 전시되어 있다. 두 번째 전시관
은 '만인갱유적지(萬人坑遺址)'로 희생자들을 발굴한 모습을 그대로 볼
수 있게 보여주고 있다. 만인갱을 나와 주 전시관으로 가는 길에는 일

본인 단체 등의 방문 기념비와 기념식수 등을 세웠다.

　주 전시관은 난징대학살 기간 동안 일본군의 학살을 위주로 1,000여 점의 기록들이 전시되었다. 전시관에는 중국인 100명을 누가 먼저 죽이는가를 경쟁한 무카이 토시아키(向井敏明) 소위와 노다 츠요시(野田毅)에 대해 보도한 일본 신문을 핵심적으로 전시하여 일본군의 잔학성을 고발하였다.

　난징대학살기념관은 1985년에 개관한 이후 난징대학살 관련 전시를 확대하고 관람객의 증가 등의 문제를 해결하기 위하여 기념관을 증축하였다. 중국은 난징대학살 기념관을 세계적인 민간인 대량학살을 대표하는 기념관으로 만들기 위하여 1995년에 한 차례 확장공사를 하였다.

　2002년 12월 12일 난징대학살기념관 안에 "역사 증인의 발자국" 동판을 제작하여 설치하였다. 이 동판은 당시 중국에 생존했던 난징대학살 피해 생존자와 주요 증언자 222명의 발자국을 길이 40미터, 폭 1.6미터의 동판으로 만들었다.[27] 2004년 3월 1일 난징대학살기념관은 입장료를 무료로 전환하였고 2004년에 114만 명, 2005년에는 220만으로 관람객이 증가하였다.[28]

　이후 중국은 2005년 12월 13일 난징대학살기념관 제2기 확장을 하기

---

27) 이 "역사증인의 발자국" 동판은 난징뿐 아니라 베이징과 상하이, 안후이성 등의 생존자의 발자국을 수집하였다. 이 가운데 가장 나이가 많았던 생존자와 증언자는 95세였고 최소 65세였다. 원래는 1000여 명의 생존자 명단을 가지고 발자국을 채취하려 하였지만 생존자의 사망 등 여러 가지 어려움으로 222명의 발자국을 확보할 수 있었다. 이 동판을 만드는데 들어간 30만 위안의 비용은 전 중국의 30만 명의 교사들이 1원씩 모금한 돈으로 조성하였다고 한다. 「南京大屠殺紀念館今天正式開开铺青铜脚印路(圖)」, 『人民網』 2002年12月04日, http://news.sina.com.cn/c/2002-12-04/1730829826.html; 「歷史證人的脚印"铜版路建成(2)」, 『新華網』 2002年12月12日.

28) 「南京大屠殺遇難同胞紀念館免費開放4年」, 『人民網』 2008-02-25, http://paper.people.com.cn/rmrb/html/2008-02/25/content_45288965.htm

로 하였다. 중국은 항일전쟁 승리 60주년, 세계 반파시스트전쟁 승리 60주년, 일본군의 난징대학살 70주년을 기념하여 "난징대학살기념관 확장사업(南京大屠殺紀念館擴建工程)"을 시행하기로 결정하였다. 이 기념관 확장사업은 "역사, 평화, 개방, 미래"라는 주제로 설계되었다. 중국은 난징대학살기념관을 국내적으로는 애국주의교육을 위한 중요 기지로 삼고, 대외적으로는 세계적인 전쟁 재난 기념관으로 건설하려 하였다.[29]

2) 난징대학살 기념관의 확장

이후 2007년 12월 13일 난징대학살기념관은 확장 공사 후 재개관하였다. 제2기 확장 공사 이후 난징대학살기념관의 면적은 22,000평방미터에서 74,000평방미터로 확장되어 52,000평방미터가 확장되었다. 건축면적은 22,500평방미터로 9배로 증가하였다. 이 가운데 진열관은 1,700평방미터에서 9,000평방미터로 기존의 전시관에 비해서 7,300평방미터가 더 늘어났다. 기념관 내부의 교류 구역 면적도 800평방미터에서 6,600평방미터로 늘어났다.[30]

난징대학살기념관 설계자는 화남이공대학(華南理工大學)의 허징탕(何镜堂)이었다. 그는 양쓰청건축상(梁思成建筑獎)을 받은 중국공정원 원사(中國工程院院士)로 유명한 건축설계자였다.[31]

---

29) 陳科迪, 「侵華日軍南京大屠殺遇難同胞紀念館擴建工程設計解讀」, 『浙江建筑』 2011-3, 8쪽.

30) 陳科迪, 「侵華日軍南京大屠殺遇難同胞紀念館擴建工程設計解讀」, 『浙江建筑』 2011-3, 8~9쪽.

31) 그는 정체성과 지속발전관, 건축의 지역성과 문화성, 시대성이라는 건축설계 이념을 제시했고 2010년 상하이 세계박람회 중국관 등 중국의 유명 건축물을 설계하였다. 陳科迪, 侵華日軍南京大屠殺遇難同胞紀念館擴建工程設計解讀」, 『浙江建筑』 2011-3, 9쪽.

난징대학살기념관은 "국치와 민족의 피눈물의 역사(國恥, 民族血泪史)를 기념하고 평화를 선양하며 살육을 저지(宣揚和平, 抵制殺戮)해야 한다는 방향으로 건설되었다. 그가 설계한 기념관 전체 부지는 좁고 긴 배 모양을 하고 있다. 신관의 설계는 전체적으로 "전쟁(戰爭), 살육(殺戮), 평화(和平)"라는 개념을 중심으로 기념관의 평면 배치를 "평화의 배"로 상징하고 있다. 난징대학살기념관 신관의 외관은 "부러진 군도(軍刀)"의 형태를 하고 있는데 이는 일본파시스트의 중국 침략 기도가 실패한 것을 의미하며 정의가 승리했다는 사실을 보여주려는 것이었다. 기념관의 공간 배치는 칼을 녹여 쟁기를 만드는(鑄劍爲犁) 형태의 배치를 하고 있다.

기념관 안으로 들어가면 재난의 벽과 표지비와 평화대종으로 구성된 집회광장이 있다. 추도광장에는 덩샤오핑이 쓴 기념관 표지가 있고 묘지광장에는 유골진열실과 "만인갱(萬人坑)"유적지가 있다. 제당광장에는 명사청과 평화공원이 있다.

난징대학살기념관의 설계는 장동면 집단 학살 유적지의 지형과 특징을 고려하여 광장, 묘지와 묘도라는 형태로 조성하였다. "생(生)과 사(死)", "비(悲)와 분(憤)"을 주제로 만들어졌다.[32]

3) 난징대학살 기념관 3기 확장

난징대학살기념관의 3기 확장공사는 중국공정원(中國工程院) 원사(院士)인 허징탕(何镜堂)과 중국 건축설계의 권위자 니양(倪阳)이 공동으로 구성한 화난 이공대학 건축설계연구원(华南理工大学建筑设计研

---

32) 朱成山 主編,『侵華日軍南京大屠殺遇難同胞紀念館』, 北京, 長征出版社, 2010, 43쪽.

究院)팀이 설계했다. 이들은 상하이 세계 엑스포 중국관과 난징대학살 기념관의 2기 공사를 담당했었다. 난징대학살기념관의 2단계 공사에서는 무거운 분위기와 애도를 강조했지만 3단계 공사의 설계에서는 "원만(圓滿), 승리(勝利), 재생(再生)"을 주제로 하고 있다.[33]

2015년 12월 항전승리기념관과 난징리지샹위안소진열관(南京利濟巷慰安所舊址陳烈館)이 확장되면서 난징대학살기념관의 총면적은 103,000 평방미터, 건축면적은 57,000평방미터, 진열관 면적은 20,000평방미터가 되었고 7개의 광장과 23개의 부조와 17개의 비석 등을 조성하였다.[34]

난징대학살기념관의 서북쪽에 새로운 3기 신관인 항전승리기념관이 만들어졌다. 타원형의 광장은 8,000평방미터이고 10,000명을 수용할 수 있다. 이 타원형 광장의 원래 명칭은 "승리광장"인데 "99광장"이라고도 한다. "99광장"은 1945년 9월 9일 난징에서 중국 주둔 일본군의 항복 의식이 개최되었던 것을 기념한 명칭이다. 승리광장의 주변은 "승리의 벽"이라는 홍색의 철제 벽으로 둘러싸여 있다. "승리의 벽"의 붉은 색은 항일전쟁에서 흘린 피와 불을 의미하고 항전승리는 혁명선열의 선혈과 바꾼 것이라는 의미를 가지고 있다.

3단계 공사로 조성된 승리광장은 2만여 평방미터이고 항전승리기념관은 55,000평방미터이다. 이 건물에는 77개의 기둥이 세워져 있는데 중국의 전면 항전이 시작된 1937년 7·7사변을 상징하는 것이다.

---

33) 「何鏡堂: 勝利紀念與城市生活的交融——侵華日軍南京大屠殺遇難同胞紀念館三期擴容工程」, 2017.08.31, https://www.archdaily.cn/cn/878785/he-jing-tang-sheng-li-ji-nian-yu-cheng-shi-sheng-huo-de-jiao-rong-qin-hua-ri-jun-nan-jing-da-tu-sha-yu-nan-tong-bao-ji-nian-guan-san-qi-kuo-rong-gong-cheng

34) 난징대학살기념관 웹사이트, 「侵華日軍南京大屠殺遇難同胞紀念館」, 2016.09.23, http://www.nj1937.org/zxdt/gybg/bglc/201609/t20160923_4191001.html.

4. 난징대학살 기념관의 전시 변화

난징대학살기념관의 신관은 지하에 난징대학살 사진전을 전시하고 있다. 전시관 지하로 내려가는 입구는 중국 황릉의 연도와 같이 규모가 크지만 어두운 조명을 하고 있다. 기념관 안은 관람객들이 난징대학살의 비극적 사실을 추도하는 분위기를 조성하기 위하여 어두운 조명을 사용하고 있다. 전시관은 입구의 시작 부분의 추도공간에서는 매우 어두운 조명을 사용하고, 전시관을 지나가면서 점차 조명이 밝아지도록 하고 있다.

이러한 조명은 어두운 분위기에서 희생자의 비극적 희생을 추모하고, 낮은 조명 속에서 1937년 12월 난징대학살의 실상을 전시하며, 난징대학살에서 시민들을 보호하거나 학살의 진실을 보도한 언론보도와 도쿄전범재판 등을 전시하면서 밝은 조명을 사용하고 있다. 마지막 부분에서는 자연 채광을 이용하여 어두운 과거를 벗어나 승리와 미래를 강조하려는 것으로 보인다.

지하 전시실로 내려가는 왼쪽 벽에는 난징대학살에서 희생당한 사람들의 명단이 개인 자료의 형태로 장식되어 있다. 정면에는 난징대학살 희생자들이 위에서 아래로 희생자의 이름이 방울방울 떨어지는 모습을 보여주고 있다.

전시실 안의 첫 번째 공간은 난징대학살 희생자를 추모하는 공간이다. 안으로 들어가면 어두운 조명 속에 "난징대학살 희생자 300,000"이라는 조형물이 정면에 자리 잡고 있다. 전시실의 천정은 하늘로 올라간 희생자들을 별로 상징하고 있다.

전시실 입구의 양쪽 벽면에는 난징대학살기념관의 3기 확장 공사 이후인 2017년 9월 30일까지의 난징대학살 생존자의 사진이 붙어 있다.

생존자의 사진은 컬러로 되어 있는데 몇 년 동안 연로한 생존자의 상당
수가 세상을 떠났다. 이미 세상을 떠난 난징대학살 생존자의 벽면사진은
조명을 꺼서 생존자와 구별하고 있다. 2017년 9월 30일 이후 연로한 생존
자들 가운데 다수가 세상을 떠나서 반 이상의 사진에 조명이 꺼져 있다.

또한 좌우 벽면에는 난징대학살 희생자의 사진이 붙어 있고, 그 아래
에는 난징대학살 희생자 명단이 금속 책자에 새겨져 있다. 일본의 우
익들이 아무리 부인하더라도 금속 책자에 새겨진 난징대학살 희생자
의 명단을 통해 난징대학살이 움직일 수 없는 역사적 사실이라는 점을
강조하고 있다.

다음 전시실로 가기 위해서는 사선으로 좁게 배치된 금속문을 지나
가야 한다. 한 사람이 통과할 수 있을 정도로 좁은 금속문이 사선으로
배치되어 있다. 이 금속문에는 무정문(武定門), 우화문(雨花門), 광화문
(光華門), 중화문(中華門), 중산문(中山門), 통제문(通濟門), 수서문(水
西門) 등의 이름이 적혀 있다. 이 문들은 1937년 12월 당시 난징성의
성문들을 상징하고 있다.

관람객들은 어두운 추모관을 지나기 위해서 이 좁은 문을 통과해야
하므로 불편함을 느끼게 된다. 기념관은 관람객들이 어둡고 좁은 길을
통과함으로써 난징대학살 당시의 난징시민들의 힘들고 어려웠던 상황
을 체험하도록 하고 있다. 난징대학살 기념관은 좁은 공간과 기울어진
전시 등의 공간 배치를 통하여 관람객들이 난징대학살이라는 역사적
사실에 좀 더 몰입할 수 있도록 하고 있다.

어두운 추모관의 좁은 난징성문을 통과하면 조금 더 조명이 밝아진
난징대학살 전시실로 들어갈 수 있다. 전시실의 서문(前言)에는 1937년
12월 13일 일본군이 난징을 점령한 후 국제법을 위반하고 학살, 강간,
약탈, 방화 등 전 세계를 놀라게 한 난징대학살을 일으켰으며, 전후 중

국전범재판군사법정의 판결에서 난징대학살 희생자가 30만 명 이상이
었다는 점을 강조하고 있다.

기념관의 첫 번째 전시실은 "난징함락 전의 형세"를 전시하고 있다.
이 전시실의 첫 번째 주제는 "일본이 중국을 침략하는 전쟁의 발발"이
다. 이 전시실에서는 난징이 함락되기 전의 형세에서 일본이 군국주의
의 길로 나아가 1931년 9·18사변과 1937년 7·7사변, 8·13사변을 일으
키며 중국을 침략한 과정을 설명하고 있다.

일본군의 난징 공격에 대해서는 일본군 제16사단 병사 우에바 타케
이치로(羽武一朗)가 손으로 그린 「난징진공경로도(南京進攻經路圖)」가
전시되어 있다. 우에바가 그린 「난징진공경로도」에는 11월 8일 다롄(大
連)에서부터 우시(無錫)를 거쳐 11월 13일 난징의 중산문(中山門)을 거
쳐 12월 14일 난징(南京)에 이르는 과정을 글과 그림으로 자세하게 묘
사하고 있다.

"일본군의 난징 침범"에서는 일본군이 상하이를 점령한 후 진샨(金
山), 쑤저우(蘇州), 우시(無錫), 후저우(湖州), 창저우(常州), 광더(廣德),
장인(江陰), 전장(鎭江), 우후(蕪湖) 등에서 살인과 강간, 약탈을 하였다
고 설명하고 있다.

이 전시실은 당시 전쟁에 참전했던 일본군의 기록을 통해서 일본군
의 중국 침략을 설명하고 있다. 이는 중국 침략 당사자의 기록을 통해
서 일본의 중국 침략을 보다 객관적으로 고발하려는 것으로 보인다.

난징대학살기념관은 "일본군의 난징 침범"에서 컴퓨터 그래픽을 사
용하여 1937년 상하이 8·13항전부터 12월 13일 일본군의 난징 공격과
정을 보여주고 있다. 「일본군 난징 침범 시의도」는 컴퓨터 그래픽으로
일본군이 상하이에서 타이창(太倉), 쑤저우, 우시 등을 거쳐서 난징을
공격해 오는 과정을 실감나게 보여주고 있다. 컴퓨터 그래픽을 사용한

전시는 관람객들이 더욱 시각적으로 일본의 중국침략이라는 역사적 사실을 이해할 수 있도록 하고 있다.

일본해군은 1937년 8월 15일 오후 3시경부터 난징 공습을 단행했다. 일본 해군의 96식 육상공격기 20기는 나가사키의 오무라(大村)기지에서 이륙하여 960km를 4시간 동안 비행하여 난징 시내의 주요 군사시설과 인구 밀집 지역에 육상용 60kg 폭탄을 투하하였다. 일본은 중국의 난징 폭격 사실을 보도하면서 '세계 공전의 도양폭격(渡洋爆擊)'이라는 제목으로 "큰 폭풍우 속에서 감행된 난징 공습은 미증유의 성과와 수많은 미담을 가져오고, '도양폭격'이라는 이름으로 우리 해군항공대의 명성을 급격히 높인 것이다"라고 찬양했다.[35]

이 전시관에서는 1937년 8월 15일부터 시작된 "일본군 비행기의 난징 공습"에 대해서 자세하게 전시하고 있다. 일본의 공습에 대해 "1937년 8월 15일 일본군 비행기는 난징에 공습을 하였다. 이후 난징성은 거의 4개월 동안 계속 폭격을 당하여 참담한 피해를 입었다. 일본군의 공습에 대해 중국공군과 소련의 중국지원항공대에서 용감하게 작전을 하였으나 역량의 차이로 인하여 점차 제공권을 상실했다"고 설명한다.

"일본군 비행기의 난징 공습"에서는 일본군의 폭격으로 인한 피해와 더불어 이에 대응하여 전투 과정에서 희생당한 위에이친(樂以琴 1915~1937)[36]과 다이광진(戴廣進 1914~1937)[37] 등 중국인 조종사에 대

---

35) 가사하라 도쿠시, 『남경사건: 일본군은 왜 남경대학살을 강행했는가』, 서울, 어문학사, 2017, 25~28쪽.

36) 위에이친은 중국공군 제4대대 21대의 부대장(副隊長)으로 "공중4대천왕"의 한 사람이었으며 1937년 12월 3일 일본군이 난징을 폭격할 때 소련 중국지원 항공대와 함께 출격하여 일본군과 전투를 벌이다 전사했다.

37) 다이광진은 중국공군 제4대대 23대 소위로 1937년 9월 19일 난징 칭룽산(青龍山) 공중전에서 일본군의 공격을 받아 기름통에 불이 붙어 추락하여 전사했다.

해 소개하고 있다. 또한 당시 중국을 지원하기 위해 중국에 와서 일본군과 싸우다 희생된 네즈다노프 니콜라이 니키포로비치(Nezhdanov Nicolai Nikiforovich 1913~1937)[38] 등 소련군 조종사의 명단 등을 소개하고 있다.

이는 중국의 "항일전쟁"이 국제적인 반파시스트전쟁의 일환이었다고 하는 중국의 논리를 강조하기 위한 전시로 보인다. 특히 중국의 "항일전쟁"이 국제적인 성격을 가지고 있었고 일본의 침략에 대항한 이 전쟁이 단순히 중국인들만의 전쟁이 아니고 세계적인 반파시스트전쟁의 일환이었다는 점을 강조하고 있다.

과거의 난징대학살기념관의 전시는 전쟁과 같은 국가적 사건과 이에 대한 대응과 피해 등을 보여주었지만 개인의 고통에는 크게 주목하지 않았다. 그러나 3기 확장공사 이후의 전시를 보면 난징대학살이라는 국가적 비극이 당시 난징에 살고 있던 평범한 개인에게 어떤 영향을 미쳤는가를 강조하는 방향을 보여주고 있다.

"일본군 비행기의 난징 공습"전시에서는 일본군의 난징 폭격 과정에서 당시 난징 시민들이 구체적으로 어떤 고통을 당했는가를 전시하고 있다. 전시실에서는 일본군 난징 공습의 대표적인 피해 사례로 난징 중화문 서쪽에 살고 있던 우슈란(吳秀蘭, 1914~2011)의 이야기를 소개하고 있다. 전시관에는 노년의 우슈란 사진과 난징대학살 시기의 젊은 시절 사진, 우슈란의 발자국 동판 등을 함께 전시하고 있다.

1937년 8월 16일 정오쯤 3대의 일본전투기는 난징 중화문 일대에 폭탄을 투하하였다. 당시 우슈란은 6살의 딸과 갓난 딸을 안고 친후이허

---

38) 네즈다노프 니콜라이 니키포로비치(Nezhdanov Nicolai Nikiforovich)는 소련의 중국지원 항공대 대원으로 1937년 11월 22일 난징공중전에서 처음으로 희생된 소련 조종사이다. 기념관 전시 설명에는 네즈다노프 니콜라 니키포로비치(Nezhdanov Nicola Nikiforovich)라고 되어 있는데 오타로 보인다.

(秦淮河) 변을 거닐고 있다가 일본군의 폭격으로 두 딸이 사망하고 우슈란 자신도 왼쪽 다리가 폭격으로 절단되었으며 오른쪽 다리도 부상을 당했다. 이 전시실에는 일본군이 난징 폭격으로 부상을 입었던 난징 주민 차오즈쿤(曹志坤)의 왼쪽 다리에서 추출한 뼛조각을 전시하고 있다.

우슈란의 이야기를 소개한 맞은편에는 일본군 육군항공대 편대가 비행하는 대형 사진을 걸어놓고 그 아래에 우슈란이 어린 두 딸을 데리고 하늘을 쳐다보는 "폭격(轟炸)"이라는 제목의 조각상을 만들어 전시하고 있다. 그리고 다음 전시관으로 가는 중간에는 일본군의 폭격으로 폐허가 된 난징의 모습을 전시하고 있다. 어두운 조명 속에 파괴된 건물과 인력거 등을 통하여 일본군이 폭격한 후의 난징이 당한의 피해를 보여주고 있다.

이러한 전시는 난징에 살고 있던 평범했던 우슈란이라는 개인이 일본군의 난징 공습으로 어떻게 가정이 파괴되었고, 씻을 수 없는 상처를 가지고 살게 되었는가를 유물과 사진, 조각상 등을 연결하여 입체적으로 전시하고 있다. 이러한 전시를 통해서 중일전쟁이라는 국가적 재난이 난징에서 살고 있던 평범한 개인의 삶을 어떻게 파괴했는지를 강조하여 관람객들의 공감을 얻으려 하고 있다.

다음 부분에서는 "일본군의 난징 침범과 난징보위전"을 전시하고 있다. 일본군이 상하이를 점령한 후 중국의 수도인 난징은 일본군의 중점 공격 목표가 되었다. 1937년 11월 국민정부는 "단기 고수(短期固守)"의 방침을 정하고 15만의 병력을 난징 수비에 투입하였다. 일본대본영 육군부는 난징 공격 명령을 하달했고 결국 12월 13일에 난징이 함락되었다.

이 전시실에서는 중국과 일본의 종합적 국력과 군사력, 전투지휘 체계 등을 비교하고 있다. 중국과 일본의 국력과 군사력은 인구와 군대의 병력 규모 이외에는 대부분 일본이 우세했던 것으로 표시하고 있다. 군사력 면에서 중국군 병력 210만, 일본군 병력 38만으로 중국군이 우세했지만 전투기는 중국군 305대, 일본군 2,700대였고, 해군함정은 중국군 66척 5.9톤, 일본군 200여 척 190만 톤 등으로 큰 차이가 있었다는 점을 보여준다.

1937년 난징보위전에 대해서는 컴퓨터 그래픽으로 「난징보위전 시의도」를 통해 일본군이 난징 주변을 포위하여 공격한 과정을 보여준다. 난징보위전을 벌이던 국민당 군대는 일본군의 공세를 방어할 수 없었다.

1937년 12월 12일 오후 중국군 사령관 탕성즈(唐生智)는 난징 철수명령을 하달한다. 그러나 통신 불량과 지휘 체계의 문제 등으로 철수 명령 이후 혼란이 일어나 소수의 부대가 포위망을 돌파하였지만 병력 대부분이 난징성 안에 고립되었다.[39] 12월 13일 일본군은 난징성의 중산문, 중화문, 광화문, 수서문, 태평문 등을 점령하여 난징이 함락되었다.

이 전시실의 한 면에는 1937년 12월 9일 일본군 제9사단 이 3차례 난징의 광화문을 공격하였다는 사실을 소개하고 있다. 이날 중국군은 일본군을 격퇴했지만 12월 10일 일본군의 포격으로 광화문 성벽에 구멍이 뚫렸고 중국군 수비대가 12월 13일 새벽에 철수 명령을 받고 중국군이 철수했다고 설명하고 있다. 이 전시실에서는 당시 난징 광화문 전

---

[39] 철수 명령이 촉박하게 하달되었기 때문에 일부 부대는 회의 출석 통지조차 받지 못하였고, 회의에 출석했다고 해도 전쟁 상황이 긴박해서 지휘관이 명령에 따라 부대를 질서 있게 철수시키거나 포위를 뚫을 겨를이 없었다. 따라서 대량의 부대는 강변에서 무질서하게 모여서 배 쟁탈전을 벌이거나 강을 헤엄쳐 건너려고 시도하였으며 그 과정에서 수많은 비극을 초래하였다. 장시엔원(張憲文)·장롄홍(張連紅)·왕웨이싱(王衛星), 『난징대학살의 역사』, 경인문화사, 2017, 100쪽.

투 과정을 디오라마로 보여주면서 중국 국민당군의 항전을 강조하고 있다.

특히 광화문 전투 전시에서는 이때 희생된 중국군 여단장 이안화(易安華, 1900~1937)의 이야기를 소개하고 있다. 이안화는 제87사단 제259여단의 여단장으로 1937년 12월 자신의 「부인에게 고하는 글」을 쓰고 난징보위전에 참가했다. 이안화는 광화문을 사수하다가 12월 13일 일본군이 광화문에 맹공을 퍼부을 때 전투 중에 38세로 전사했다고 하면서 이안화의 사진과 「혁명열사증명서」를 함께 소개하고 있다. 이는 중국정부가 일본의 침략에 대한 중국의 항전이라는 구도를 강조하고, 1937년 12월 난징을 보위하다 희생된 국민당 군인들의 항전을 긍정적으로 평가한 것이라고 할 수 있다.

"난징에서 일본군의 폭행" 전시에서는 일본군이 난징을 점령한 후에 저지른 만행을 전시하고 있다. 이 전시관은 일본군이 난징을 점령한 후 국제조약을 위반하고 포로와 일반인을 대량 학살하였으며, 나이와 직업, 신분을 가리지 않고 여성들을 강간하고 폭행하여 난징을 점령한 후 1개월 동안 거의 2만여 차례 강간 사건이 일어났다고 소개하고 있다. 또한 일본군은 난징을 점령한 후 재물을 약탈하고 방화를 하여 난징의 번화가와 인구 밀집 지역이 대부분 파괴되었다고 한다.

이 전시관은 "난징에서 일본군의 폭행"이 일어난 원인으로 일본군의 "철저하게 포로를 섬멸"한다는 방침에 따른 것이라고 설명한다. 그 사례로 전시관은 1937년 12월 13일 일본군 제16사단장 나카지마 케사고(中島今朝吾)의 "기본적으로 포로를 남기지 않는다는 방침에 따라⋯ 사시키부대에서 처리한 포로만 약 15,000명이었다"는 일기의 내용을 소개하고 있다.

나카지마 케사고의 12월 13일 일기에는 "오늘 정오에 타카야마 켄시

(高山劍士)가 왔다. 포로 7명을 시참(試斬)했다. 나의 칼을 주고 시참을 하라고 했다. 잘 할 것이라고 기대하지 않았는데 그는 두 명의 목을 베었다."고 소개하고 있다.

포로학살에 대해서『오카무라 야스지(岡村寧次)대장 진중감상록』의 "파견군 최전방 부대는 줄곧 보급품 조달이 어렵다는 핑계로 포로를 대량으로 학살하였고 이미 악습이 되었다. 난징 전투를 치를 때 무려 4, 5만 명을 학살했고 시민을 상대로 약탈, 강간을 자행하는 사람도 많았다. 이것은 사실이다"라는 내용을 소개하고 있다. 난징대학살기념관은 일본군의 침략과 학살행위에 대해서 중국을 침략한 일본군이 작성한 기록을 제시하여 일본군이 저지른 난징대학살을 고발하는 형식을 취하고 있다.

또한 당시 진링대학(金陵大學)의 미국인 교수였던 스메이스가 1937년 12월 27일에 쓴 서신에서 일본군에 의해 몸에 다섯 군데를 베인 상처를 입은 중국인이 대학으로 피신을 왔으며 생명이 위독하다는 등의 내용을 전시하고 있다.

난징대학살기념관은 일본의 우익세력들이 1937년 난징대학살을 부인하는데 대응해서 중국을 침략한 일본군과 당시 난징에 거주하던 외국인들의 기록을 통해서 난징대학살을 고발하고 있다.

1937년 12월 일본군이 난징을 점령한 이후 난징의 여러 곳에서 집단학살이 발생했다. 난징대학살기념관은 난징성 각지에서 벌어진 집단학살을 기념하기 위하여 각 집단학살지의 흙을 유리병에 담아 전시하고 있다.

지금의 난징대학살기념관의 전시관은 집단학살지 가운데 하나인 장동문 학살지에 건립되었다. 장동문은 1937년 12월 일본군이 난징에서 무장해제된 중국군과 민간인을 대량 학살한 곳이다. 난징대학살의 희

생자들의 유해가 대량 발견된 곳에 기념관을 건립하여 역사적 상흔을
가진 공간에서 관람객들이 과거를 기억하도록 하고 있다.

　기념관 내부에는 난징대학살에서 희생된 희생자의 유골들을 발굴
상태로 전시하고 있다. 「일본군 집단학살 주요 지점 시의도」는 일본군
이 난징에서 중국인을 집단학살한 지점들을 보여주고 있다.

　이 기념관은 각종 유물과 사진뿐 아니라 난징대학살과 관련된 조각
이나 그림을 통해서 난징대학살의 상황을 좀 더 생생하게 보여주고 있
다. 기념관 안에는 1991년 리즈젠(李自健)[40]이 그린 「난징대학살: 도
(屠)・생(生)・불(佛)」이라는 유화가 걸려 있다. 높이 2.1미터, 폭 3.2미
터의 이 작품에는 학살당한 시신이 산처럼 쌓여 있다.

　이 그림의 왼쪽 아래에는 두 명의 일본군이 서 있는데 왼쪽의 일본
군은 일본도에 묻어 있는 피를 닦고 있다. 오른쪽에 서 있는 일본군의
군도에는 피가 묻어 있다. 그 바닥에는 학살당한 사람들의 피로 얼룩
져 있고 목이 잘린 중국인의 머리가 굴러다니고 있다. 이러한 희생자
들의 모습은 학살(屠)을 의미한다. 이 그림에는 수많은 시체 더미 속에
서 죽은 어머니를 보면서 울고 있는 어린이가 위에 그려져 있는데 생
(生)을 의미한다. 그 좌측에는 불(佛)을 의미하는 스님이 사람들을 구
하려는 모습을 묘사하고 있다.

　전시관에 걸려 있는 이 그림은 시각적 기록으로 남겨져 있지 않은

---

[40] 리즈젠(李自健)은 광저우미술학원을 졸업한 화가이다. 그는 중국의 유명한 현실
　　주의 유화를 그리는 화가로 중화문화정신을 선전하는 등의 활동을 하고 있다.
　　그는 1991년 미국유학을 할 때 고승 星云大師를 만났다. 성운대사는 난징대학살
　　당시 12살이었는데 어머니와 함께 아버지를 찾아서 난징에 갔다가 난징대학살을
　　겪게 되었다. 리즈젠은 성운대사의 이야기를 듣고 「난징대학살」 그림을 1991년
　　과 2003년에 그렸고, 중국국가박물관과 난징대학살기념관에 전시되어 있다. http
　　s://baike.baidu.com/item/%E6%9D%8E%E8%87%AA%E5%81%A5.

이 전시관에는 외국인의 원조활동을 소개하면서 대표적인 외국인 인물상을 만들어 전시하고 있다. 이 가운데 욘 라베는 군모를 쓰고 망원경을 목에 걸고 전화를 하면서 필기를 하고 있는 모습으로 묘사하고 있다. 이는 욘 라베가 당시에 남긴 사진을 기초로 제작한 것이다. 이와 함께 욘 라베와 욘 라베 부인의 묘비 등도 전시하고 있다.

난징대학살 당시 여성과 어린이의 "수호신"이라고 불렸던 미니에 보트린(Minnie Vautrin)은 1937년 12월 금릉여자문리학원(金陵女子文理學院) 교무장(敎務長)이었다. 전시관에는 미니에 보트린의 입상을 만들어 전시하고 있고, 난징대학살을 실상을 촬영하여 공개한 마기의 두상 등도 전시되어 있다.

난징대학살 기념관은 난징대학살 과정에서 난징시민들을 보호하기 위해 노력했던 난징 거주 외국인들의 활동을 강조하고 있다. 난징대학살 기념관의 제3기 공사 이후에는 난징대학살 당시 중국 난민을 도왔던 외국인뿐 아니라 중국인들도 소개하고 있다. "중국동포의 도움"에서 난징대학살 기간동원 중국인들이 외국인들과 함께 난민들을 지원했다고 한다.

이 전시관은 난징대학살 당시 금릉대학(기숙사) 난민수용소 소장 치자오창(齊兆昌)[43], 난징안전구 국제위원회 식량위원회 주임 한상린(韓湘琳)[44], 안전구 국제위원회 주거위원회 책임자 쉬추안인(許傳音)[45], 금

---

[43] 치자오창(齊兆昌 1880~1955)은 건축사로 난징대학살 기간 동안 금릉대학 기숙사의 난민수용소소장으로 여성과 아동들을 보호하고 구제하였다.

[44] 한상린(韓湘琳 1906~?)은 욘 라베의 비서와 통역으로 난징안전구 국제위원회 식량위원회 주임이고, 지멘스회사 난민수용소를 관리하였다.

[45] 쉬추안인(許傳音 1884~1971)은 1937년 12월 세계적십자회 난징분회 부회장으로 난징안전구 국제위원회에 들어가 주거위원회 책임자가 되었다. 국제안전구가 해산된 이후에도 난징국제구제위원회 위원으로 난민 구제 활동을 계속하였다.

룽여자문리학원 사감으로 보트린을 도왔던 청루이팡(程瑞芳)[46], 2만여 명의 난민을 지원한 숙연법사(菽然法師)[47] 등 난징대학살 당시 주요 난민수용수의 중국인 관리자와 외국인을 도와 중국 난민을 도왔던 중국인들의 활동을 강조하고 있다. 이는 난징대학살 당시 외국인들뿐 아니라 중국인들도 중국 난민을 도왔다는 사실을 강조하려는 것으로 보인다.

"전 세계가 알고 있는 사실과 일본의 은폐" 전시에서는 일본군의 난징대학살에 대해서 국제사회에서 광범하고 지속적으로 보도를 하였지만 일본 당국은 "평화로운 난징"이라는 허구를 선전하여 범죄행위를 은폐했다고 비판하고 있다. 여기서는 일본이 난징대학살을 할 때 미국과 영국, 소련, 스페인 등의 주요 신문이 이 사실을 보도하였다는 점을 강조하고 있다.

해외 언론 가운데 가장 먼저 난징대학살에 대해서 보도한 매체는 미국의 『시카고 데일리 뉴스(Chicago Daily News)』의 기자 아치볼트(Archibald Trojan Steele 1903~1992)의 보도였다. 그는 난징을 떠날 때 300명의 중국인이 강변의 성벽에서 차례로 처형당했고 시신이 버려졌다고 보도하였다.[48]

이 시기 중국언론들도 난징대학살에 대한 보도를 하였다. 『우한일보(武漢日報)』는 12월 23일자 보도에서 일본군이 난징에서 5만 명을 학살했다고 하였다.[49] 이외에도 『신화일보(新華日報)』와 『대공보(大公報)』

---

[46] 청루이팡(程瑞芳 1875~1965)은 금릉여자문리학원 난민수용수가 건립된 후 금릉여자문리학원 사감으로 보트린의 난민수용소 관리를 도왔다.

[47] 숙연법사(菽然法師)는 1935년 치샤사(栖霞寺)의 감원(監院)으로 난징대학살 기간 동안 절에 난민수용수를 만들어 2만 여 명의 난민을 수용했다. 1938년 1월 25일 그는 1938년 1월 4일부터 20일까지 일본군이 치샤사에서 벌인 폭행에 항의 서명을 하여 욘 라베를 거쳐 일본대사관에 보내기도 했다.

[48] Archibald Trojan Steele, 「Massacre Story: Japanese Troops Kill Thousands」, 『Chicago Daily News』(1937.12.15).

등 많은 신문에 난징대학살과 관련된 보도를 하였다.

이 전시관은 난징대학살을 부정하는 일본 우익의 주장을 반박하기 위하여 당시 중국과 해외의 기자들과 언론들이 난징대학살을 보도하였다는 사실을 전시하고 있다. 반면에 일본은 난징대학살을 은폐하는 언론통제와 여론 조직을 하였다는 점을 강조하고 있다.

일본은 난징을 함락한 후 100여 명의 기자와 작가, 평론가로 조직된 "펜부대(筆部隊)"를 난징에 보냈다. 당시 일본군은 난징대학살에 대한 보도와 사진을 검열하고 당시 일본군이 점령하고 있던 난징이 "평화"로 웠다는 것을 강조하였다고 한다. 일본군은 자국의 언론 검열을 통하여 난징대학살을 은폐하고 평화로운 난징이라는 이미지를 보여주려 하였다는 것이다.

전시관에 전시된 "평화로운 난징" 관련 사진은 일본의 매일신문사에서 1998년에 발간한 『불허가 사진(不許可寫眞)』[50)에 수록된 것이다. 이 책에는 당시 일본의 검열로 보도할 수 없었던 사진을 게재하고 있다. 당시 언론에 게재할 수 없었던 사진을 통해서 일본이 어떻게 난징대학살을 부정하고 "평화로운 난징"이라는 이미지를 조작했는지를 파악할 수 있다.

1937년 12월 12일 검열로 불허가 판정을 받은 『오사카매일신문(大阪每日新聞)』의 사진은 다수의 중국인 사망자의 시신을 보여주고 있다. 또한 전쟁으로 파괴된 중국의 가옥을 담고 있는 사진도 불허가 판정을 받았다.

---

49) 「敵在京屠殺難民」, 『武漢日報』(1937.12.23).

50) 『不許可写真: 每日新聞秘蔵 (1) (每日ムック: シリーズ20世紀の記憶) ムック』, 東京, 每日新聞社, 1998; 『不許可写真: 每日新聞秘蔵 (2) (每日ムック: シリーズ20世紀の記憶) ムック』, 東京, 每日新聞社, 1998.

반면에 1938년 4월 1일 일본의 『세계화보(世界畵報)』에 수록된 "난징의 봄풍경(南京春景)" 사진은 일본군이 중국 아동 두 명의 손을 잡고 거리를 걸어가는 모습을 보여주고 있다. "난징 함락 1주일 후"라는 제목의 화보에서는 일본군이 중국 아동들과 웃으면서 탱크나 자동차와 같은 장난감을 가지고 웃으면서 놀고 있는 모습이나 일본군이 중국인을 진료하는 등 일본군과 난징 주민들 사이의 친밀한 모습을 강조하고 있다.

"일본 괴뢰 통치의 건립"에서는 난징이 함락된 이후 대학살의 수습과정과 민중의 생활을 전시하고 있다. 민중의 어려운 생활의 사례로 "국파가망(國破家亡)"이라는 내용으로 국가가 어려움을 겪으면서 가정이 파탄상태가 된 사례를 들고 있다. 난징 한시문대가(漢西門大街)에 살고 있던 장펑즈(臧鳳之)는 잡화점과 인력거 사업을 하면서 잘 살고 있었으나 난징이 함락되자 가족과 점원을 데리고 난민구로 피난을 갔다. 그러나 1937년 12월 14일 일본군이 그의 아들 장용녠(臧永年)과 두 명의 점원을 살해했다. 52세의 장펑즈는 아들을 잃고 점포의 차량을 빼앗긴 후 정신 이상으로 쓰러져 일어나지 못했다고 한다.

이는 일본의 중국 침략과 난징대학살이라는 국가의 재난이 난징의 한 가정을 어떻게 파탄시켰는가를 전시하여 일본의 중국 침략이라는 역사적 흐름 속에서 겪은 개인의 고통을 보여주고 있다. 그러면 이러한 국가의 재난과 개인의 어려움을 극복하고 승리를 가져다 줄 수 있는 존재는 무엇인가? 기념관의 전시는 이러한 복선을 깔고 그 다음 전시를 연결하고 있다.

"전후 조사와 재판" 전시의 설명에서는 1945년 8월 15일 일본이 무조건 항복을 선언한 이후 9월 2일 정식으로 항복문서에 서명하여 중국인민항일전쟁과 세계 반파시스트전쟁에서 승리했다고 한다. 이후 도쿄

전범재판과 중국의 전범재판 군사법정에서 난징대학살에 대한 조사와
전문가의 심리를 통해 일본의 전쟁범죄자 마쓰이 이와네(松井石根)와
다니 히사오(谷壽夫) 등이 재판을 받았지만 아사카노미야 야스히코(朝
香宮鳩彦 1887~1981), 야나가와 헤이스케(柳川平助 1879~1945), 나카지
마 게사고(中島今朝吾 1881~1945) 등은 황족이거나 병사 등으로 재판
에서 벗어났다고 설명한다.

중국은 "항일전쟁" 승리 후 1945년 9월 9일 중국전구의 일본군 항복
의식을 난징에서 거행하였다. 이후「포츠담선언」의 전범처벌 조항에
의거하여 1946년 1월 19일 일본 도쿄 극동국제군사재판에 참여한 중국,
미국, 영국, 소련 등 11개국 법관들은 도조 히데키 등 28명의 A급 전범
을 재판하여, 일본군 화중방면군 사령관이었던 마쓰이 이와네(松井石
根) 등이 교수형에 처해졌다고 소개한다.

특히 극동국제군사재판에 중국 법관이 참여했다는 점을 강조하고
있다. 이 법정에 참여한 중국법관은 칭화대학을 졸업하고 미국에서 유
학한 법학박사 메이루아오(梅汝璈)[51]이다. 이 전시에서는 메이루아오
가 한 다음의 말을 강조하고 있다.

"나는 복수주의자가 아니다. 나는 일본군국주의가 우리들의 피맺힌 부
채를 일본 인민의 장부에 기입하고 싶지 않다. 그러나 나는 과거의 고난을
잊으면 미래의 재앙을 초래할 수 있다는 것을 믿는다."

극동국제군사재판 판결문 가운데 난징대학살과 관련한 학살과 방화,

---

[51] 메이루아오(梅汝璈 1904~1973)는 칭화대학을 졸업하고 미국 스탠포드대학과 시
카고대학을 유학하고 법학 박사 학위를 받았다. 1946년부터 1948년까지 극동국
제군사재판의 법관으로 활동했다. 徐忠友,「梅汝璈 在遠東軍事法庭上審判日本
戰犯的中國首席法官」,『紅廣角』2015-09기, 19~22쪽.

강간, 약탈에 대해서 다음과 같이 요약하고 있다.

> "(학살) 일본군이 점령한 최초 6주 동안 난징 성내와 부근 지역에서 학살한 평민과 포로는 총수가 20만을 넘었다", "(방화)며칠 후 이러한 방화는 일종의 고정적 방식이 되어 버려서 6주 동안 계속되었다. 대략 3분의 1의 도시가 파괴되었다", "(강간)점령한 후 1개월 동안 난징성 안에서 거의 2만 건의 강간사건이 발생했다", "(약탈)일본사병은 그들이 원하는 어떤 물건이든 마음대로 약탈했다"

난징대학살전시관은 "난징전범재판군사법정의 난징대학살에 대한 재판"에서 1946년 2월 15일 "중국육군총사령부 전범재판 군사법정"[52]이 난징에 설립되어 난징대학살 관련 전쟁범죄자를 재판했다는 사실을 전시하고 있다. 이 법정에서 난징대학살과 관련하여 일본군 제6사단장이었던 다니 히사오(谷壽夫)가 사형당했고, 100인 목베기를 했던 일본 전범 무카이 토시아키(向井敏明) 소위와 노다 츠요시(野田毅)도 사형당했다. 300여 명을 학살한 일본 전범 타나카 군키치(田中軍吉)도 사형을 당했다는 사실을 전시하고 있다.

특히 100인 목베기를 한 무카이와 노다, 타나카가 1947년 12월 18일 난징전범재판 군사법정에서 재판을 받는 모습과 1948년 1월 28일 세 사람이 위화타이(雨花臺)에서 총살당하는 모습을 전시하고 있다.

이러한 전시는 일본의 침략에 맞서 항전한 중국이 승리했다는 점을 강조하고 있다. 이러한 전시는 정의가 반드시 승리한다는 권선징악의 흐름에 부합하는 것이다. 이 전시실에서는 당시 난징의 일반 시민 개인의 증언과 사진을 함께 전시하고 있다. 특히 이 전시실은 극동국제군사재판 판결문 가운데 "난징폭행"에 대한 내용을 다시 한번 강조하여

---

[52] 후에 "국방부 전범심판 군사법정"으로 개명된다.

영어와 중국어로 소개하고 있다.

> "일본군이 점령한 최초 6주 동안 난징 성내와 부근 지역에서 학살한 평민과 포로는 총수가 20만을 넘었다. 이 통계는 과장된 것이 아니며 시신 매장 단체와 다른 조직이 제공한 증거로 확인한 것이다. 해당 조직이 매장한 시신은 무려 155,000구에 달한다. 그들 대부분의 희생자는 두 손이 등 뒤로 묶인 채였다고 한다. 뿐만 아니라 이 통계수치에는 불에 타버렸거나 장강에 버려지고 일본군에 의해 다른 방식으로 처리된 시신이 포함되지 않았다."

난징대학살기념관 신관의 마지막 전시실은 "인류의 기억 평화의 비전"을 소개하고 있다. 이 전시실에서는 다음과 같이 인류 공동의 비전을 강조한다.

> "난징대학살은 인류의 대재난으로 전 인류가 반드시 공동으로 기억해야 한다. 이 역사를 기억하는 것은 선량한 사람들이 평화에 대한 지향과 견지를 환기하고, 인류운명공동체 의식을 수립하며 편견과 차별을 배제하고 원한과 전쟁을 없애며, 상호 존중과 상호 평등, 평화로운 발전, 공동의 번영을 위한 것이다. 이는 인류가 추구하는 아름다운 비전이다"

여기서는 중화인민공화국이 난징대학살을 어떻게 조사하여 기록하였는가와 각종 추모활동 등을 소개하고 있다. 또한 난징대학살에 대한 국내외의 관심과 추모활동 등도 전시하고 있다. 여기에는 난징대학살 생존자인 리슈잉(李秀英)이 한 "역사를 기억해야 하고 원한을 기억하지 말아야 한다" 는 말이 쓰여 있다. 이 전시관의 마지막 부분에서는 "전의 일을 잊지 말고 후일의 스승으로 삼자"는 글이 크게 전시되어 있다.

중국은 2014년 2월 27일 전국인민대표대회에서 매년 12월 13일을 난징대학살희생자 국가 기념일로 정했다. 마지막 홀에서는 중국의 시진핑(習近平) 국가주석이 난징대학살희생자 국가기념일에서 한 연설을 보여준다.

이 전시관의 결어는 "중화민족의 위대한 부흥이라는 중국의 꿈을 위해 분투하고 항구적인 평화와 공동 번영의 세계를 건설하기 위하여 세계와 손을 잡고 노력하자!"라고 한다. 결국 중국이 난징대학살이라는 국가적 재난을 극복하고 현재는 중화민족의 위대한 부흥을 위해 노력해야 한다는 것이 결론이라고 할 수 있다.

5. 맺음말

중국은 1950년대와 60년대 일본과의 관계를 고려하여 적극적으로 난징대학살에 대한 조사와 연구를 하지 않았다. 1950년대 말 난징대학 역사과에서 난징대학살에 대한 조사연구가 시작되었지만 그 결과를 공개적으로 출판할 수는 없었다.

그러나 1982년 일본이 고등학교 역사교과서에서 과거의 침략을 약화시키자 이에 중국이 반발하면서 중국인민항일전쟁기념관과 난징대학살기념관 등 중일전쟁 관련 기념관이 설립되었다. 중국에서 중일전쟁 관련 기념관이 설립된 것은 일본에서 우익 세력의 역사인식이 확산된 것과 밀접한 연관성을 가지고 있다.

1980년대와 1990년대 난징대학살기념관은 "생(生)과 사(死)", "고통과 한(恨)"을 강조하면서 일본 군인들의 잔혹한 폭력을 고발하였다. 이에 따라 난징대학살기념관의 전시도 무카이와 노다의 100인 목베기와 난징대학살 희생자의 집단매장지 전시, 희생자 30만 명 등이 강조되었다.

2007년 제2기 기념관 확장 공사로 난징대학살기념관은 "전쟁, 살육, 평화"를 강조하는 형태로 건물의 상징과 전시가 변화하였다. 난징대학살기념관의 건축물과 전시는 "전쟁"과 "살육"을 전시하면서도 "평화"를 강조하는 방향으로 변화하였다. 특히 전시관에서 난징의 국제안전지대를 설치하고 중국난민들을 보호한 욘 라베 등 외국인들의 활동을 강조하였다. 이러한 전시는 일본군의 만행에 대해서 중국인뿐만 아니라 당시 난징에 거주하던 외국인들도 분노하고 중국인들을 보호하였다는 점을 부각시킨 것이었다.

제3기 확장공사 이후 난징대학살기념관은 난징에서 중국 난민들을 구제했던 외국인과 더불어 중국인들의 구제활동도 강조하고 있다. 2015년 제3기 기념관 확장 공사를 한 난징대학살기념관은 "전쟁, 살육, 평화"를 넘어서 "중국공산당이 영도한 항일전쟁"의 승리와 부흥을 부각시키고 있다.

전시관은 조명과 공간 구성과 배치 등을 통해서 난징대학살의 기억을 강조하고 있다. 전시관을 입장할 때는 어두운 조명을 사용하여 추모의 분위기를 조성하다가 점차 밝은 조명을 사용하고 있다. 관람객이 무덤을 내려가는 것 같은 어두운 기념관에 들어가 난징대학살 전시를 관람하면서 점차 밝은 광명으로 나가도록 하였다.

전시관의 공간 구성도 경사와 비좁은 공간을 만들어 인위적으로 관람객들이 불편하게 하였다. 이는 난징대학살 당시의 불편하고 불안정한 상황을 관람객들이 직접 느낄 수 있도록 공간을 구성한 것이라고 할 수 있다.

난징대학살기념관의 전시는 "항일전쟁"과 난징대학살이라는 국가적 재난과 난징에 살고 있던 평범한 개인의 고통을 연결시키고 있다. 1937

년 일본해군 폭격기의 폭격으로 두 딸을 잃고 부상당한 우슈란(吳秀蘭), 일본군과 광화문전투에서 싸우다 전사한 이안화(易安華), 일본의 침략으로 자식을 잃고 쓰러진 장펑즈(臧鳳之), 극동국제군사재판 재판관 메이루아오(梅汝璈) 등 거대한 역사적 흐름 속에서 희생당하거나 저항한 개인의 기억을 끌어 올리고 있다. 과거의 전시가 국가와 공동체의 기억을 강조했다면 최근의 전시는 국가의 기억과 개인의 기억을 연결시키는 공간으로 전시를 활용하고 있다.

전시관의 전시는 학살의 기억과 추모의 장소이지만 동시에 학살과 진실, 기억과 재판, 중국의 저항과 평화, 중화민족의 부흥을 연결시켜 주는 기억의 공간이다. 이 전시관은 결어에서 "중화민족의 위대한 부흥이라는 중국의 꿈을 위해 분투하고 항구적인 평화와 공동 번영의 세계를 건설하기 위하여 세계와 손을 잡고 노력하자!"고 하였다.

난징대학살기념관은 과거 단순히 전쟁으로 인한 학살의 기억에서 평화를 강조하였고, 다시 "항일전쟁"의 승리와 현재 중화민족의 위대한 부흥이라는 중국의 꿈으로 기억을 만들어가고 있다. 이러한 과정을 통해서 중국은 난징대학살에 대한 국가의 기억과 개인의 기억을 연결하고 융합하여 "중화민족 공동체"의 공동의 기억으로 확산시키고 있다.

전시관은 난징대학살의 가해자와 피해자, 지원자와 심판자 등의 상징적인 인물들을 등장시켜 거대한 역사적 서사와 개인의 행위를 연결시키고 있다. 난징대학살기념관은 설립 초기에 일본의 침략과 중국이 당한 피해를 강조하던 경향에서 벗어나 최근에는 중국의 저항과 최후의 승리를 강조하는 방향으로 전시의 방향이 전환하였다.

중국은 난징대학살기념관을 세계적인 민간인 대량학살을 대표하는 기념관으로 만들려는 강한 의지를 가지고 있는 것으로 보인다. 중국에서 항일전쟁은 일본제국주의를 물리치고 중국을 구원했다는 중국공산

미군 점령기 한국과 일본의 민족주의 문제와 자국사 교육의 길항

•

송병권

1. 머리말

제2차 세계대전은 일본의 무조건 항복과 함께 종결되었다. 일본은 연합군의 전면적인 점령 지배를 받아들여야 했다. 일본의 식민지로 편입되었던 한반도도, 해방을 전제로 한 것이었으나 연합군의 점령 지배하에 들어갔다. 한반도는 분할 점령되어 북부는 소련군에 의해 점령되었고, 남부는 미군의 점령하에 들어갔다. 일본 열도의 대부분을 점령한 미군에 의해 사실상 운영된 연합국 최고사령관 총사령부는 이중 구조를 이루고 있었다. 연합국 최고사령관 총사령부를 지휘하는 맥아더를 총사령관으로 한 미국 육군 태평양 방면군 휘하에, 한반도의 남부를 점령한 미국 육군 제24군단이 편입되어 있었다. 따라서 미국 혹은 미 점령군의 점령정책은 일본 열도만이 아닌 한반도 남부에까지 실시되었다고 할 수 있다.[1]

---

[1] 타케마에 에이지, 송병권 옮김, 『GHQ: 연합국 최고사령관 총사령부』, 평사리, 2011, 45~46쪽.

미국이 실시한 점령정책의 핵심은 비군사화와 민주화였다.[2] 이 두 가지 핵심 정책은 일본 열도는 물론 한반도 남부에도 적용되었다. 이 것은 일본의 패전 이전까지 일본은 물론 식민지 조선에서 이루어졌던 역사교육도 비군사화와 민주화를 목적으로 한 점령정책의 적용대상이 되었음을 의미한다고 할 수 있다.

일본의 군국주의 교육을 지원한 역사교육은 일제하 식민지 조선의 교육도 규정하였다. 즉, 일본 민족을 중심에 배치한 국가주의적 '민족 주의' 교육이 시행되고 있었던 것이다. 비군사화와 민주화라는 점령정 책을 수행하기 위해, 점령 당국은 군국주의 교육의 폐지를 요구하였고, 이는 기존의 역사교육에 변경을 가져올 수밖에 없었다. 역사교육에서 비군사화와 민주화라는 이슈가 민족주의 문제를 건드리는 계기가 바 로 이곳에서 발생했던 것이다. 이는 민족주의가 철학이 아닌 일종의 정념인 이상 가질 수밖에 없는 숙명적인 것이기도 했다. 연합국 최고사 령관 총사령부와 주한미군정에서의 역사교육 혹은 교과서 개편 논의 속 에서 드러나는 첫 번째 민족주의 문제는 일제하 군국주의 교육에 들어 있던 '민족주의' 요소의 향방과 관련된 것이다. 여기서 미 점령당국이 고 려한 '민족주의' 문제란, 자민족중심주의, 초국가주의(ultra-nationalism)[3], 전체주의와 연관된 문제이다.

그런데 해방된 한국은 물론, 전후 일본과도 관련된 또 다른 민족주의

---

[2] SWNCC150/4/A "United States Initial Post-Surrender Policy for Japan"(1945.9.21.), RG331: GHQ/SCAP Records; Top Secret Records of Various Sections. Administrative Division; Box No. LS-1: "Top Secret, File No. 1 - Covering the Period from 1 September 1945 thru 19 January 1946" ⟨Sheet No. TS00320-00323⟩, 일본 국립국회도 서관 소장.

[3] 초국가주의에 대해서는 다음을 참조. 丸山眞男, 「超国家主義の論理と心理」, 『丸 山眞男集』 3, 東京: 岩波書店, 1995, 17~36쪽. 초출은 『世界』 5, 1946.5.

문제가 하나 더 남는다. 그것은 해방된 한반도의 경우 국가 건설을 전망하는 민족주의 문제였고, 패전한 전후 일본의 경우 붕괴한 국가를 재건하려는 입장에서 드러난 민족주의 문제였다. 이는 주체 문제와 관련된 민족문제였다. 이는 점령상황에 대응하여 민족적 자긍심과 관련된 문제이기도 했다. 이 두 가지 민족문제는 길항적이자 상보적 관계를 유지한 채 역사교육 내에 여전히 침전한 문제였다.

이 글에서는 점령기 한국과 일본의 자국사 교육 과정의 재건 과정 비교는 물론, 전시기 일본 제국의 역사교육과의 비교를 시도하면서, 점령기 미국의 점령정책과 한국과 일본의 자국사 교육 속 민족주의 사이의 영향 관계를 비교사적 맥락에서 분석하고자 한다.

2. 패전 직후 일본의 자국사 교육 문제

전시기 제국 일본의 민족주의는 초국가주의를 포함하고 있었다. 패전 직후 일본에서는 초국가주의 해체를 위해서 국사 교육을 해체하려는 정책이 제시되었다.

패전 이전 일본의 교육제도를 간단히 살펴보면, 1900년 소학교령의 전면개정(제3차 소학교령) 이래 약 40년간 존속했던 소학교는, 1941년 3월 1일에 소학교령을 개정하고 국민학교령(칙령 제140호)이 발포됨으로써, 1944년부터 국민학교로 변경되었다. 중등학교의 경우 1919년 중학교령 및 동 시행세칙이 개정된 이후, 1943년에 중등학교령이 발포되었는데, 전시단축조치로 중학교의 수업연한을 5년에서 4년으로 단축하였다. 1945년 4월부터는 국민학교 고등과 이상의 모든 학교는 수업을 일절 중지하고 전면적 동원체제에 편입되었다.[4]

전시기 자국사 교육과 관련하여, 국민학교령 제4조 "국민학교의 교과는 초등과 및 고등과를 통해, 국민과, 이수과(理數科), 체련과(體鍊科) 급 예능과로 하고, 고등과에 실업과를 더한다. 국민과는 이를 구분하여 수신, 국어, 국사 급 지리 과목으로 함."[5])에 따라, 국민과가 새롭게 개설되었다는 점은 주목할 만하다. 국민과는 국민학교령 제1조 "국민학교는 황국의 도에 따라 초등보통교육을 실시하고, 국민의 기초적 연성을 함으로써 목적으로 한다."라는 규정에서 알 수 있는 것처럼, '황국민의 연성'이란 국민학교의 목적에 필수적인 과목으로 자리매김하였다.[6]) 국민학교령의 발포 전에 논의된 국민학교안 요강 제4항 1에는 "교육을 전반에 걸쳐 황국의 도에 귀일시켜, 그 수련을 중시하고, 각 교과의 분리를 피해, 지식의 통합을 도모하고, 그 구체화에 힘써야 한다."고하여, 단순한 지식의 전달에 그치지 않고, 인격적 통합을 통해 확고한 일본적 신념을 가지게 한다는 것이 드러나 있었다.[7])

전시기 제국 일본의 국시에 맞추어 국사과는 국민과 내에서도 독자적인 지위를 가지고 있었다. '국사'는 국민성, 국민정신, 국체를 대상으로 하여, 국민도덕(즉 수신)의 근원을 선명히 하고, 국어에 내용을 부여하며, 지리의 풍토적 성격을 밝히는 것으로 파악되었다. 따라서 '국사' 교육은 일본의 전체 역사 속에서 일관되게 '황국의 도'를 밝혀, 현재에 강력한 확신을 부여하면서 장래의 목표를 보여줌으로써, 국체의

---

4) 三和義武, 「戦前・戦後における初等・中等教育制度の変容過程」, 『学び舎 : 教育課程研究』 9, 愛知淑徳大学教育学会, 2013, 53~55쪽.

5) https://www.mext.go.jp/b_menu/hakusho/html/others/detail/1318023.htm, 일본 문부과학성 포털.

6) https://www.mext.go.jp/b_menu/hakusho/html/others/detail/1317696.htm, 일본 문부과학성 포털.

7) 長谷川喜三郎, 『国民学校国民科国史の教授形態』, 東京, 第一出版協会, 1940, 20쪽.

정화를 선명하고 철저한 국민정신을 함양함을 숙명으로 한다는 것이
었다. '국사' 교육은 자연과 의례로 시작하여, 신화와 영웅숭배 단계를
거쳐 조국정신(肇國情神)[8]의 일관된 이해, 문화사적 단계로 고양될
것이었다.[9]

　　이런 기조는 패전직후에도 일본에 유지되었다. 전후 최초의 히가
시쿠니노미야 나루히코(東久邇宮稔彦) 내각이 1945년 8월 18일에 보여
준 국사의식은, "국체호지(國體護持)의 신념 앙양은 우리나라 국난의
시기에 더욱 강조되어야만 하며, 거기에는 빛나는 바른 역사를 국민에
게 보여주어야 한다."고 밝혔는데, 이는 전시기와 다르지 않았다.[10]

　점령기 미국의 대일정책 중 교육정책을 형성한 원안으로 먼저, 전시
기에 작성된 「일본·군정하의 교육제도」(CAC-238:1944.7.15./PWC-278a:
1944.11.6)를 들 수 있다. 이 문서는 초국가주의·군국주의의 배제를 철
저히 할 것을 계획하면서도, 일본의 자주적인 교육개혁을 기대한다는
방향성이 강하게 깔려 있었다.[11] 또한 미국은 삼부조정위원회 결정으
로 점령정책 중 교육제도의 개혁방침을 명확히 했다. SWNCC 문서 「일
본의 교육제도의 개혁방침」(1946.8.27.)이 그것이다. 이 문서에서는 시
사문제와 세계정세, 그리고 국제협력 과목을 설치할 것을 제안하였
다.[12] 이 문서들은 군국주의 교육을 담당했다고 평가된 수신, 일본사,

---

　8) 조국정신은 건국정신과 같은 말로, 만세일계(萬世一系)의 황통(皇統) 확립과 그
　　무궁함, 일군만민의 가족적 국가관을 기반으로 하고 있었다고 할 수 있다. 始良
　　郡教育會 편, 『日本肇國の大精神』, 鹿兒島, 鹿兒島縣教育會印刷局, 1936, 1~14쪽.
　9) 長谷川喜三郎, 위의 책, 1940, 44-45, 72~85쪽.
　10) 歷史教育者協議会 편, 『歷史教育50年のあゆみと課題』, 東京, 未来社, 1997, 27쪽.
　11) 坂口京子, 「戦後新教育における経験主義国語教育の研究 : 経験主義教育の摂取
　　と実践的理解の課程」, 2006, 早稲田大学大学院教育学研究科博士学位審査論文, 1
　　2쪽.

지리 교과 폐지를 명령하게 한 원안이었다고 할 수 있다. 비록 역사와 지리의 사회과 도입을 명시적으로 보여주지는 않았으나, 이 문서를 통해 미국의 점령정책 중 교육정책은 역사, 지리를 포함한 형태의 사회과 설치를 예고했다고 할 수 있다.

전후 일본의 역사교육은 전시기 교과서의 초국가주의적인 기술 내용의 개편과 함께 새롭게 설치될 사회과와의 적합성을 확보해야 할 이중의 과제에 직면했다.[13] 일본을 점령한 연합국 최고사령관 총사령부는 1945년 10월 22일에 「일본교육제도에 대한 관리정책」을 각서로 발표하였다. 1945년 12월 31일에 연합국 최고사령관 총사령부는 GHQ 지령 '수신, 일본사, 지리 수업 정지에 관한 건'을 발표하여, 군국주의, 초국가주의, 봉건주의에 대한 반대의견을 명확히 보여주었다. 이 지령을 통해 점령당국은 수신, 일본사, 지리 교육 등 세 교과가 군국주의, 극단적인 국가주의, 신도(神道) 사상과 깊은 관계가 있다며 수업의 정지를 명령하였고, 이들 교과서의 폐지와 새 교과서의 편찬을 지시하였다. 1946년 3월에 일본을 방문한 제1차 미국교육사절단도 군국주의·국가주의 교육을 부정하는 자세를 명확히 보여주었고, 또한 '개인 가치의 존엄'을 확립할 교육을 시행하기 위해, 중앙집권적 교육행정의 부정, 교육위원회 제도의 시행 등 교육제도의 구체적인 개혁을 권고했다.[14] 비록 제1차 교육사절단이 내놓은 보고서에서 사회과로의 계기성은 애매하게 처리되었지만, 사절단 제2위원회 보고서를 통해 미국식의 사회

12) 片上宗二, 「アメリカ側の内部構造と社会科の成立過程 : わが国における社会科成立史研究」, 『社会科教育研究』 43, 1980, 31쪽.
13) 田中武雄, 「書評 : 梅野正信著『社会科歴史教科書成立史―占領期を中心に』」, 『社会科教育研究』 96, 2006, 50쪽.
14) 大槻健·尾山宏·徳村敏夫 편, 『教科書黒書』, 東京, 労働旬報社, 1969, 179~180쪽.

과 교육이 강조되어 있었다.

일본의 연구사 속에서는 미 점령당국이 강조한 '국사'교육의 폐지와 '사회과'(Social Studies)로의 통합과정은 자발성보다는 미국의 점령정책에 의한 규정력을 더욱 강조하고 있다. 즉, 사회과는 친미적, 생활교육 중심의 통합교과를 구성하여, 기존의 공민, 역사, 지리를 대체하려는 정책의 연장선에 있었다는 것이다.

1946년 10월 이후, 연합국 최고사령관 총사령부는 이후 GHQ 지령을 통해 '국사' 즉 일본사 수업 재개를 허가하였다. 이는 신화적 서술을 삭제하고, 식민정책에 대해 비판적 시각을 유지하며, 황국사관이 아닌 사회구성사 즉 사회경제사에 의한 시기구분에 의거한 서술 등의 내용을 담았다. 이는 역사교과서가 비군사화에 적합한 교재로 개편되어야 한다는 점을 전제로 한 것이었다.

일본 정부 문부성은 1945년 9월 15일에 「신일본건설의 교육지침(新日本建設の教育指針)」을, 그리고 9월 20일에 문부성 통달 「종전에 수반한 교과용 도서 취급에 관한 건」(終戰ニ伴フ教科用教科書取扱方ニ關スル件」을 발표하였다. 수신과 역사 교과서에 대해 이 문건들은, 신도와의 관계, 전의 고양, 야마토 타마시(大和魂), 무사도의 예찬, 충효의 찬미나 민족 우월성을 설파한 문장, '조국(肇國) 정신을 고취한 곳, 애국 존황을 설파한 문장' 등을 먹으로 지우는 등의 조치를 하도록 지시하였다. 이는 군국주의적 사상과 시책을 제거하고, 평화 국가 건설을 목표로 삼겠다는 점을 선명히 했다고 할 수 있다. 이 조치는 교과서에서 초국가주의적인 민족주의의 탈각을 목표로 한 것이었지만, 결국 자국 중심의 민족주의라는 입장으로부터의 저항을 불러왔다.

이른바 스미누리 교과서(墨塗り教科書) 문제는 미 점령당국의 역사 교육에 대한 입장을 명확히 보여준 상징적인 사건이었다. 스미누리 교

과서에서는 국가주의를 강조하고, 전의를 고무하는 내용이 지워졌다. 기기신화(紀記神話), 황기(皇紀), 천황중심 서술을 초국가주의 이데올로기라며 불허하였던 것이다. 그러나 교과서에 먹을 칠하더라도, '국체호지', '도의 확립', '교육칙어'가 여전히 필요하다고 강조하는 등, 미국의 방침에 대한 저항이 나타났다.[15] 이와 같은 흐름과 함께 1945년 11월 2일에 설치된 공민교육쇄신위원회가 '사회문제'를 철저한 실증적 합리적 정신에 입각한 역사적 인식에서 파악해야 한다는 답신을 제시하여[16], 새로운 역사인식의 관점을 제시하는 등 일본 내부의 새로운 움직임을 보여주기도 했다.

1946년 5월 29일에, 문부성은 신교육지침을 발표하여 교원조합의 결성 허용, 생도의 민주적 교육, 교사의 민주적 소양 축적 등을 제시했다. 6월부터 지리, 11월부터 일본역사 수업이 재개되었다. 새로운 국정교과서로는 사회과 교과서로, 1946년 9월 소학교용인『쿠니노아유미(くにのあゆみ) 상·하』, 중학교용으로『일본의 역사(日本の歷史) 상·하』, 12월에는 사범학교용으로『일본역사(日本歷史) 상·하』가 발행되었다.[17] 교과서 기술의 내용적 개편 시도는『잠정초등국사(안)(暫定初等国史(案))』과『쿠니노아유미』를 통해 이루어졌다. 그러나『잠정초등국사(안)』의 경우에는 신화에 대한 기술이 여전히 남아 있었고, 결국 초국가주의적인 기술 내용의 개편과 사회과로의 적합성을 극복하지 못한 채, 결국 발행되지 못했다. 이를 대체할 학습지도요령에서 예정했던 '국사' 분야도 결국 완성되지 못했다.[18] 한편,『쿠니노야유미』는 '잘못

---

15) 大槻健·尾山宏·德村敏夫 편, 위의 책, 1969, 178~179쪽; 歷史教育者協議会 편, 앞의 책, 1997, 17쪽.

16) 歷史教育者協議会 편, 위의 책, 1997, 31~32쪽.

17) 大槻健·尾山宏·德村敏夫 편, 앞의 책, 1969, 180, 182~183쪽.

된 황실중심주의'는 제거하였으나, '낡은 전제주의'를 일소하지 못했으며, 전쟁에 대한 반대, 평화주의를 고양하는 내용을 담고 있었으나, 민족성이 결여되어 있다는 비판을 받았다.[19]

1947년 3월에는 「교육기본법」이 공포되어, 교육의 목적으로, '진리와 평화를 희구하는 인간의 육성'(전문), '인격의 완성을 목표로 하고, 평화적 국가 및 사회의 형성자로서, 진리와 정의를 사랑하고, 개인의 가치를 존중하며, 근로와 책임을 중시하고, 자주적 정신에 충만한 심신이 모두 건강한 국민의 육성'(제1조) 등이 제시되었다. 「학교교육법」에서는 인간 상호관계의 이해, 자주·자율의 정신, 사회·자연·국어·직업 등에 기초적인 이해와 기능, 습관과 심신의 조화로운 발달, 공정·건전한 비판력의 양성 등을 교육의 목표로 삼았다. 일본에서는 6·3·3·4제라는 신학제를 근간으로 학교교육법을 공포한 후 1947년판 『학습지도요령 일반편(시안)』을 발행하였다. 여기에 수신, 공민, 지리, 역사 등의 내용을 통합하여 사회과를 신설했다. 역사는 사회과의 일부로 학습하게 되었다. 여기에는 사회과는 '사회생활의 근본에 잠재된 인간다운 생활을 추구하는 만인의 열망을 알고, 기본적인 인권의 주장에 눈뜨게 하여, 민주주의 사회의 건설에 어울리는 사회인을 육성'한다는 것이 설파되었고, 전쟁의 방지를 위해 노력할 것이 강조되었다.[20]

---

18) 이때 개발단계에 머물러 최종적으로 발행되지 못했던 '국사' 교과서는 "Textbook of Japanese History in the Lower Secondary School"이란 제목의 영문원고 형태로 연합국 최고사령관 총사령부 민간정보교육국 볼즈 관계문서(Luana J. Bowles Papers)에 남았는데, 그 내용은 일본 전후에 검정교과서가 등장한 이래 오늘날까지 이어지는 중학교 사회과 역사교과서의 원형을 이루는 것이었다고 한다. 梅野正信, 『社会科歴史教科書成立史―占領期を中心に』, 東京, 日本図書センター, 2004, 10, 133, 194쪽; 이찬희·박진동 편, 앞의 책, 2010, 166쪽.

19) 大槻健·尾山宏·德村敏夫 편, 위의 책, 1969, 183쪽.

20) 大槻健·尾山宏·德村敏夫 편, 위의 책, 1969, 181쪽.

사회과의 설치는 1947년 5월 5일에 발행된 『학습지도요령 사회과편 I (시안)』에서 구체화되었다. 1947년 6월 22일에는 신제 중학교(제7학년부터 제10학년)용 『학습지도요령 사회과편 II (시안)』이 발행되었다. 신제 고등학교용으로는 1947년 7월 16일에 『학습지도요령 동양사편(시안)』, 1947년 10월 4일 『학습지도요령 서양사편(시안)』이 발행되었다.[21]

1947년판 『학습지도요령 사회과편 I (시안)』에 따르면, 사회과 교과목의 편제는 주입식 교육을 배제하기 위해 내용을 고정하지 않고 아동에게 절실한 문제를 아동이 해결하도록 유도함으로써, '사회생활을 이해시켜 그 진전에 힘을 쏟는 태도와 능력을 양성'할 것을 그 임무로 했다. 따라서 사회과는 생활과정으로서의 수업을 조직하기로 하였기 때문에, 교과 내외의 내용을 포괄하는 초광역적인 교과가 되었다. 그 내용은 넓게 인류학, 경제학, 역사학, 지리학, 정치학, 사회학 등을 포괄하는 다양한 분야를 살펴보고, 이를 서로 연관 지어 보다 넓은 영역의 일부를 이루는 것이란 관점에 서 있었던 것이다. 1948년 9월 15일 발행된 『소학교 사회과 학습지도요령(보설)』에 나타난 주요 목표는 훌륭한 공민적 자질을 발전시키는 것이었다. 역사교과서로 발행된 『쿠니노아유미』는 보조교재로서 일종의 참고서로 취급해야 한다고 했다.[22]

신제 소학교의 경우 역사는 총합사회과에 융합된 단원 속에서 배우게 되었다. 역사 교과의 폐지와 미국식 통합형 사회과 체제에 대한 반발도 만만치 않았고, 1947년 시점에서 '사회과'와 별도로 '국사'가 설정되었다. 신제 중학교에서 총합사회과와 별도로 '국사'를 필수교과로 삼았는데, 중등교육부터 통합교과라는 기초 위에 역사 교과서를 독립 편

21) 이찬희·박진동 편, 『한·일역사과 교육과정 비교연구』, 경인문화사, 2010, 32쪽.
22) 이찬희·박진동 편, 위의 책, 2010, 85~86, 88쪽.

찬하기로 변경되었던 것이다. 이것은 사회과와 역사 교육 사이의 이질
성을 상징적으로 드러낸 사건이기도 했다. 한편, 신제 고등학교에서는
총합사회과의 선택과목으로 인문지리, 시사문제와 함께 동양사와 서양
사를 개설하였지만, '국사'가 제외되었다. 실제 사회과 수업은 소학교,
중학교에서는 1947년 9월부터, 신제 고등학교는 1948년 4월부터 개시
하였다.[23]

〈표 1〉 1947년 일본의 중학교 고등학교 사회과 과목 편제

학교	학년	편제 및 시수			
고등학교	3학년	인문지리(5)	시사문제(5)	동양사(5)	서양사(5)
	2학년				
	1학년	사회과(5)			
중학교	3학년	사회과(4)		국사(2)	
	2학년	사회과(4)		국사(1)	
	1학년	사회과(5)			

자료: 이찬희·박진동 편, 『한·일역사과 교육과정 비교연구』, 경인문화사, 2010,
167, 190쪽.

신제 중학교의 역사 교육과정은 통합된 사회과 체제 속에 흡수되어,
역사, 지리, 사회가 통합단원으로 구성된 총합사회과 형태로 존속하였
지만, 별도의 독립과목으로 '국사' 과목은 여전히 존속했다. 여기서 2학
년 1시간, 3학년 2시간의 역사수업이 이루어져, 역사 과목의 독자성이
유지되었다.[24] 이처럼 신제 중학교에서 '국사'가 사회과와 별도로 설치
되었던 이유는 역사교과 독립을 강하게 요구하는 목소리가 있었기 때
문이었다. 이는 신제 고등학교에 '국사'가 설치되지 않은 것에 대한 역

---

23) 이찬희·박진동 편, 위의 책, 2010, 31~32쪽.
24) 이찬희·박진동 편, 위의 책, 2010, 126쪽.

사 교사와 대학의 역사학자들의 강한 불만 제기 등 역사교과 독립론의 일관된 흐름이 있었기 때문이기도 했다.[25] 이 시기 일본의 사회과에는 역사과목을 사회과로 통합하여 총합사회과로 운영하겠다는 원칙이 정해졌으면서도, 독립교과로 '국사' 과목이 존재했다는 점, 사회과 학습내용이 너무 다양하고 선택 권한을 학생과 교사에 위임함으로써 표준화된 학습성과를 추출해내기 어려웠다는 측면이 있었다. 그러나 국가가 일률적으로 강제하는 획일적 교육에 대한 비판적 인식이 전제되어 있었다는 점도 간과할 수 없을 것이다.[26]

한편, 신제 고등학교에서는 '국사' 즉 일본사 과목이 개설되지 못한 채, 2~3학년이 배우는 4개 과목 중 한 과목만을 선택하도록 하였다. 이 1947년판 학습지도요령은 세계 문화의 발전에 대한 이해와 더불어, 서양문명을 부각한 현대세계의 특성과 과제에 대한 이해가 강조되었다. 일본사의 특수성과 우월성을 내세운 이전까지의 역사교육과 비교하여 근본적인 변화를 추구했다고 볼 수 있다.[27]

1949년부터는 '일본사'를 병치하였고, 1951년 학습지도요령으로 일본사를 독자적 교과로 편성하였다. 1948년에 10월 11일에 통첩 「신제 고등학교 교과과정의 개정에 관하여(新制高等学校教科課程の改正について)」를 계기로, 신제 고등학교에 사회과의 선택과목인 동양사와 서양사를 없애고, '국사'가 세계사와 함께 도입되었다.[28]

1951년 12월 1일에 간행된 『중학교 고등학교 학습지도요령 사회과편

---

25) 이찬희 · 박진동 편, 위의 책, 2010, 31~33쪽.

26) 이찬희 · 박진동 편, 앞의 책, 2010, 126, 168쪽.

27) 이찬희 · 박진동 편, 앞의 책, 2010, 191, 246쪽.

28) 片上宗二, 「書評 : 梅野正信著, 『社会科歴史教科書成立史ー占領期を中心に』」, 『社会科研究』 63, 2005, 54쪽.

Ⅰ: 중등사회과와 그 지도법(시안)』, 이어서 1952년 3월 20일에 발행된
『중학교 고등학교 학습지도요령 사회과편Ⅲ (a) 일본사, (b) 세계사(시
안)』, 같은 해 10월 20일에 발행된 『중학교 고등학교 학습지도요령 사회
과편Ⅱ 일반사회과(중학 1년~고등학교 1년, 중학교 일본사를 포함)(시
안)』 등을 통해, 사회과 전체의 학습지도요령 개정작업이 완료되었다.[29]
1951년판 제1차 개정 학습지도요령에는, 신화와 전설에 대한 기술을 삭
제하는 등의 과학적 편찬과 함께, 왕후, 귀족의 역사만이 아니라 인민의
역사를 서술하면서, 좁은 일본만이 아니라 세계사적 입장에서, 전쟁/정
변의 역사보다 사회경제문화의 역사를 교육하려는 의도가 포함되었다.

3. 해방 직후 한국의 자국사 교육 문제

일제 말기에 '국사'는 일본은 물론이고 식민지 조선에서도 일본의 역
사를 가리키는 용어였다. 중일전쟁 이후 일제 말기에 이르기까지의 '국
사' 즉 일본사 교육은 황국신민화 정책의 수단이자, 일제의 전쟁동원을
위한 도구로 활용되었다. 일제 말기 '국사' 교육 즉 일본사 교육의 상황
을 살펴보면, 일본뿐만 아니라 식민지 조선에서 황민화 교육, 내선일체
를 강조하고 있음을 알 수 있다.

1938년 3월 3일에 제3차 조선교육령을 통해, 보통학교/소학교, 고등보
통학교/중학교, 여자고등보통학교/고등여학교로 이원화되었던 학교명
을 소학교, 중학교, 고등여학교로 통일하였다. 내용적으로는 조선어 및
조선사를 수의 과목으로 바꾸고, 일본 국체의 특질과 존엄성을 이해하여

---

29) 이찬희·박진동 편, 앞의 책, 2010, 33~34쪽.

황국신민의 정신을 함양시킴으로써, 일본 국민으로 사명을 자각하게 하려는 의도가 들어있었다고 할 수 있다. 또한 '중학교규정'(1938.3.15)을 통해 충량한 황국 '신민' 교육을 강조하였는데, 그 중심은 '조선사' 교육을 폐지하고, '국사' 즉 일본사 교육만 시행하기로 했다는 점에 있었다.

제3차 조선교육령(1941.3.25)을 개정하여, 황국신민화 교육은 더욱 강화되었다. '국민의 기초적 연성(鍊成)'이란 명목하에 소학교를 국민학교로 바꾸는 국민학교령을 공포하고, 역사를 국민과로 통합하였다. '중등학교령'(1943.1.20.)을 통해, '국민'을 연성하는 것이 주요 목표로 제시되었으며, 중등학교 역사는 이제 일본 본토의 교육당국인 문부성이 편찬한 중등교과서를 사용하게 하였다.

제4차 교육령(1943.3.8.)을 통해, 제3차 교육령 아래에서 수의 과목으로 남아 있던 조선어가 완전히 퇴출되었다. 일제는 '중학교규정'(1943.3.27)을 신설하여, 일본 본토는 물론 식민지 조선에서도 역사를 '국민과'에 포함시켰다. 국민과는 수신, '국어'(일본어), 역사 및 지리 과목으로 구성되어, 국민정신을 함양하는 등 황국식민화 정책의 중심 교과로 자리매김하였다.[30] 일본의 패전 후, 점령 당국이 수신, 역사, 지리 과목을 폐지하고, 사회생활과로 재편하려 한 점령정책은 바로 이 국민과를 표적으로 한 것이었다. 이 부분은 중요한데, 비군사화 및 민주화라는 미국의 점령정책의 적용대상이 된 군국주의 역사교과서가 일본 본토는 물론 식민지 조선에서도 사용되고 있었다는 것을 의미하기 때문이다.

해방과 함께 일제의 식민지 조선 지배가 붕괴하자, 조선총독부의 황민화 정책에 따른 '국사' 즉 일본사 교육은 한국사 교육으로 대체되어야 했다. 그것은 왜곡된 '국사' 교육을 정상화하는 것이기도 했다.[31] 남

---

30) 김상훈, 『해방 직후 국사교육 연구』, 경인문화사, 2018, 3, 73~74, 76쪽; 정선영·김한종·양호환·이영효, 『역사교육의 이해』, 삼지원, 2001, 278~280쪽.

한 지역은 일제의 식민지에서 분리되었으나, 미군에 의해 점령된 지역
으로, 미군의 남한 주둔 시 연합국 최고사령관 및 24군단 사령관의 정
책 및 지시에 의거한 교육과정의 개정이 이루어졌다. 1945년 8월 29일
에 남한 주둔을 앞둔 점령당국은 교육 분야에서 미군정이 착수할 내용
으로, 모든 교육행정기관의 관리 및 통제, 초등학교를 제외한 모든 교
육기관 폐쇄, 교원의 자격심사와 더불어 "연합국 최고사령관(맥아더)
및 본 군단사령관(하지)의 정책 및 지시에 의거한 교육과정의 개정"을
제시하였다. 이는 미군정이 점령정책의 하나로 수행할 교육정책에 따
라 남한의 교육과정을 전반적으로 개정하겠다는 것을 의미했다. 미 점
령당국의 개정 목적은 일제의 군국주의 교육의 흔적을 제거하고, 미국
식 민주주의 국가 및 친미적인 국가로 한국을 재건하는 것이었다.[32]

이런 기조는 미국의 한국에 대한 점령정책의 최고결정 문서를 생산한
삼부조정위원회(SWNCC)에서 초안이 작성된 「한국의 미군 점령지역 내
민간행정업무에 대하여 태평양 방면 미군 최고사령관에게 보내는 최초
기본훈령」에서 확인할 수 있다. 그 내용은 "과거 일본 군국주의와 침략
행위의 대변자였거나, 계속하여 군사점령 목적에 적극적으로 반대하고
있는 모든 교사들은 빠른 시일내에 해임되어 만족할만한 유능한 한국인
후임자들로 교체되어야 한다. (……) 각 급 학교로부터 일본의 영향이
사라지게 할 책임을 지게 될 것이다."라는 것이었다.[33] 여기서 맥아더는

---

[31] 김상훈, 앞의 책, 2018, 3쪽.

[32] 김상훈, 위의 책, 33, 110쪽.

[33] "SWNCC 176/8: Basic Directive to the Commander in Chief, U.S. Army Forces,
Pacific, for the Administration of Civil Affairs in Those Areas of Korea Occupied by
U.S. Forces", Department of State, *Foreign Relations of United States* 1945, vol. 6,
Washington D.C.: Government Printing Office, 1969, p.1181; 김상훈, 위의 책, 2018,
34쪽.

연합군 최고사령관으로서, 하지를 사령관으로 한 남한 지역 점령군인 제24군단을 휘하에 두고 있던 태평양방면 미군 최고사령관을 겸하고 있었으므로, 이 문서는 맥아더 사령부를 거쳐, 하지 사령부로 전달되었다.

해방 직후 한국의 교육사 관련 연구사를 살펴보면, '자발성'을 기본적인 흐름으로 강조하고 있다. 즉, 해방 직후 남한의 교육이념과 교육제도에 대해서는, 미군정의 점령정책이 가진 규정력보다는, 듀이를 신봉했던 미군정 담당자와 오천석, 김활란 등 컬럼비아 대학에서 듀이의 교육학에 영향을 받았던 제자들의 협력을 더욱 강조하고 있다.[34] 그러나 이러한 정책은 한반도 남부에만 적용되었던 특수한 사례가 아니었고, 미국의 대일점령정책의 중심에 놓인 비군사화와 민주화 정책과의 관련성 속에서 이해되어야 할 것이다.

1946년 6월의『미군정활동보고서』에 따르면, "일본인 교사, 각급 학교에서 일본적 영향을 배제하고, 한국인 교사를 양성하여 대체"하기로 하였고,[35] 새로운 역사교과서 50,000부가 중등학교에 배부되는 등[36], 미군정의 교육정책은 계획대로 추진되기 시작했다. 여기서 미군정기 교육정책 중 중요 변화로 '사회생활과'라는 새로운 과목이 1946년 9월부터 시작되는 신학기 교육과정에 포함되었다.[37] '사회생활과'(Social Studies)는 1946년 9월에 초등학교, 1947년에 중학교에 창설되었다.

---

34) 김상훈, 앞의 책, 2018, 70쪽.

35) General Headquarters Commander-in-Chief, United State Army Force, Pacific, *Summation of U.S. Miltaray Government Activities in Korea*, No. 8, 1946.05, p.83.

36) General Headquarters Commander-in-Chief, United State Army Force, Pacific, *Summation of U.S. Miltaray Government Activities in Korea*, No. 9, 1946.06, p.11.

37) 김상훈, 앞의 책, 2018, 108쪽. 김상훈이 미국 콜로라도 주의 사회생활과 교과과정에 주목한 것은, 문교부 편수국 번역사 이상선과, 서울사대 부속초등학교 교감 심태진의 다음과 같은 저술에 따른 것이었다. 이상선,『사회생활과의 이론과 실제』, 금룡도서문구주식회사, 1946; 심태진,「사회생활과교육론」,『조선교육』1, 1946.

1947년 중등학교 교수요목 (사회생활과에 포함된 역사)의 편제 및 목표에는, "우리나라의 역사와 제도에 관한 지식을 얻게 함"이 제시되었다. 역사교육을 단지 지식전달 교육이란 목표 설정에서, 당시 한국사회가 당면하고 있는 식민 잔재의 청산과 신국가 건설, 그리고 민족문화에 대한 자긍심 고취라는 시대적 과제를 제대로 반영하지 못한 당시 교육현실을 볼 수 있다. 그러나 민족사를 중심으로 세계사를 이해하고, 민족문화의 전통을 계승하며, 국제사회와의 협력을 강조한 것은 해방 이후 한국에서의 자국사 교육이 내린 잠정적 결론이기도 했다.[38]

〈표 2〉에서 나타난 바와 같이 4학년은 민족의 기원과 문화에 대한 개괄적 내용을 교수하고, 5학년에는 원시사회 모습과 4대 문명 발상지 등 세계사 관련 내용과 우리나라 문화와의 관련성을 교수하며, 6학년에게는 정치사와 문화사 중심의 한국사 전반을 6단원에 걸쳐 교수하는 것으로 되어 있었다. 해방 직후 독립운동사 관련 서술은 '일본인의 압박과 해방' 단원에서 다루는데, 일제 침략사보다 훨씬 적은 분량이 배당되었다.[39]

〈표 2〉 교수 요목 중 국민학교 역사분야 내용

학년	주제	단원명
4학년	우리나라의 생활	우리 민족의 유래와 고유문화
5학년	다른 나라의 생활	원시인의 생활, 고대문명
6학년	우리나라의 발달	원시국가와 상고 문화 삼국의 발전과 문화 남북조의 대립과 그 문화 고려와 그 문화 근세 조선과 그 문화 일본인의 압박과 해방

자료: 이찬희 · 박진동 편, 앞의 책, 2010, 56쪽.

---

38) 이찬희 · 박진동 편, 앞의 책, 2010, 55쪽.
39) 이찬희 · 박진동 편, 위의 책, 2010, 56쪽.

중학교 사회생활과 편제를 살펴보면, 각 학년당 5시간씩 공민과 역사, 지리 등이 통합되어 교수하도록 편제되어 있었다. 2학년에서 세계사를 학습한 후, 3학년 우리나라 생활에서 자국사를 배우도록 하였다. 중학교 역사는 사회생활과의 일부로 편성되어, 미국식 사회과 교육을 지향하였다. 설문식으로 제시된 교수요목 대주제는 국사와 세계사가 별도 영역으로 설정되었고, 학년이 올라가면서 이웃나라 생활(동양사) →먼 나라 생활(서양사)→우리나라 생활(국사) 순서로 학습하도록 배치되었다.[40] '교수상의 주의'에서는 과거의 사실을 현재와 관련하여 이해시켜, 당면문제 해결에 도움이 되어야 함을 강조하였다. 세계사 교육은 이런 목표에 따라 사회생활에 지극한 필요한 지식으로 우리나라 역사의 '호상 관련성'에 유의하여 교수할 것을 강조하여, 사회생활과의 목표를 충실히 반영하고 있었다. 한편, '국사'는 '민족의 자주정신과 도의 관념의 함양 및 문화의 전승 발전'에 기여하는 동시에, '완전 자주 독립'에 이바지하도록 지도할 것을 강조하였다. 이 때문에 교수요목 중학교 3학년 국사 영역은 고대사 비중이 단연 높았다. 이는 일제에 의해 훼손된 민족적 자긍심을 회복하고 자주적인 민족의식을 되찾고자 하는 해방 이후 시대적 분위기가 반영된 것으로 볼 수 있다.[41]

중학교 4학년(고등학교 1학년) 때는 '인류문화의 발달'이라는 이름으로 다시 세계사를 배우고, 5학년(고등학교 2학년) 때는 '우리나라 문화'라는 이름으로 '국사'를 배우게 하였다. 교수요목 상에는 현대사를 강조한다고 밝혔으나, 실제로는 고대사 분량이 60% 이상인 교과서가 많았다. 중학교 4, 5학년에서 지리, 역사, 공민을 셋으로 나누어 과목이

---

40) 이찬희 · 박진동 편, 위의 책, 2010, 125~126, 211쪽.
41) 이찬희 · 박진동 편, 위의 책, 2010, 142, 212쪽.

편성되었고, 중학교 6학년에는 통합적인 과목이 제시되었으나, 실제로 교과서는 없었고, '국사'와 세계사 과목을 연장해서 학습했다. 한편 세계사는 서양사의 비중이 높고, 동양사에서는 중국사의 비중이 높았다. 반면에 일본사 단원은 없었다.[42]

〈표 3〉 1946년 교수요목 중 중등학교 사회과 과목 편제

학년	편제 및 시수		
6	인생과 사회(4)	시사문제(1)	
5	우리나라 문화(국사)	인문지리(2, 1), 자연지리(2, 1)	경제문제(2)
4	인류문화의 발달(세계사)		정치문제(2)
3	우리나라 생활(2): 역사영역	우리나라생활(2): 지리영역	공민생활Ⅲ
2	먼 나라 생활(2)	먼나라 생활(2)	공민생활Ⅱ
1	이웃나라 생활(2)	이웃나라 생활(2)	공민생활Ⅰ

자료: 이찬희·박진동 편, 앞의 책, 2010, 125, 190쪽; 정선영·김한종·양호환·이영효, 앞의 책, 2001, 280~281쪽.

미군정은 사회생활과 편제 속에서, 식민지하에서 운용되었던 공민, 역사, 지리를 사회생활과 편제 속에 통합하였다. '사회생활과' 개설과 운영을 강조하는 그룹에 속한 오천석은, 일제하의 군국주의 교육을 포함한 기존의 교육이 지식 흡수에만 중시하고 있었다고 비판하며, 새로운 교육을 건설할 것을 주장하였다. 이들에게 중요했던 것은 아동 중심, 생활 중심의 실천을 중시하는, 민주사회의 공민을 양성할 것을 목적으로 한 교육이었다. 이들 '미국식 민주주의'를 지향한 교육세력은 '사회과'(Social Studies)를 도입하여, 지리, 공민과 함께 역사를 가르치고자 했다. 이에 대한 비판적인 교육사상을 보유한 그룹은 '민주주의'보

---

[42] 정선영·김한종·양호환·이영효, 앞의 책, 2001, 283쪽; 이찬희·박진동 편, 위의 책, 2010, 190, 210~212쪽.

다는 '민족주의'에 방점이 찍혀있었다. 민족주의적 관점에 선 교육자들은 민주적 '민족' 교육론을 주장했던 것이다. 이들의 주장은 역사교육이나 교과서에도 영향을 미쳤다. 이 그룹에 속한 황의돈은, 친미 교육 즉, 미국식 교육제도를 모방함으로써 자국사 교육의 정체성 위기가 초래될 것이라는 점을 경계하며 민족주의적 교육의 중요성을 강조한 교육을 실천해야 한다고 주장했다.[43] 실제 미군정 문교부 최초의 역사 편수사였던 황의돈은 사회생활과 도입 목표가 일본식 교육제도를 미국식으로 대체하는 것에 불과한 것으로, 사회생활과의 도입으로 인해 자국사 교육의 정체성이 위협받는 것이라며 반대했다.[44]

최종적으로 사회생활과 교과서 편찬은 사실상 불가능해졌고, 역사 교과서가 다시 등장하게 되었다. 국민학교에서 국사 교육의 중요성이 강조되었던 상황과 함께, 대다수가 중등학교에 진학하지 못하는 당시의 현실적 여건을 고려하여, 6학년에서 통사 체계의 국사교육이 이루어졌던 것이다. 중등역사교육도 분과적으로 운영되었다.[45]

한편, 일제말 학교교육에서 조선사 교육이 전면적으로 폐지되었기때문에, 군국주의적 기술을 먹으로 지우면서라도 역사 교재를 사용할 수 있었던 일본의 경우와 달리, 해방 직후에 한국에서는 '국사' 즉 한국사를 가르치기 위해 사용할 수업 교재가 전혀 없었다. 미군정은 서둘러 교재 편찬에 착수하였다. 1945년 12월에 국민학교용 교재가 만들어졌는데, 황의돈이 집필한『초등국사』는 1946년 1월 22일을 전후하여 전국적으로 배부되어, 1946년 11월 14일 현재 192,983권이 배부되었다고 한

---

43) 김한종, 『역사교육으로 읽는 한국현대사』, 책과함께, 2013, 75~94쪽; 민성희, 「해방직후(1945~1948) 황의돈의 국사교육 재건 활동」, 『역사교육연구』21, 2015, 93쪽.
44) 민성희, 위의 논문, 2015, 115쪽.
45) 이찬희·박진동 편, 앞의 책, 2010, 21~22쪽.

다. 사회생활과 국사교재인『우리나라의 발달』(6학년용)은 1947년 3월
에야 정식으로 발간되었다.

중등학교용으로는 진단학회가 편찬한『국사교본』(1946.05.), 황의돈
이 편찬한『4판증정 중등조선역사』(1946.04.), 신동엽이 편찬한『국사
첫걸음』(1946.11.)이 대표적인 것들이었다. 해방 후 최초의 '국사' 교재
였던『국사교본』은 민족사 입장의 서술 의도에도 불구하고, 사화나 당
쟁을 강조하고, 역사변화에서 외국의 영향을 중시하는 등 일제 식민사
학의 영향에서 벗어나지 못했다는 평가를 받았다.[46] 황의돈은 1945년
9월『중등국사』를 출간하였는데, 이는 일제하『중등조선역사』를 일부
수정하여 간행한 것이었다.[47]

1948년 정부수립 이후에 발행된 검정 교과서에는 '민족의 사명과 자
각'이 강조되었다. 이는 개인의 향상과 발전보다는 민족과 국가를 위한
대의를 위해 이를 자제해야 한다는 기조를 이어갔다고 볼 수 있는 부
분이다.

1946년 미군정청 문교부에서 제정한 각급 학교 교육의 목적을 보면,
미군정기의 교육 이데올로기가 '공민교육', '민주교육'과 '국민정신'의
강조가 병립상태에 놓여 있었음을 알 수 있다. 국민학교의 경우에는
홍익인간의 정신, 애국정신, 민주국가의 공민 육성을 강조하였고, 중학
교의 경우에는 국가에 유익한 중견공민, 민족적 자존 등을 강조하여,
민족주의와 국가주의가 주된 이념으로 자리 잡고 있었음을 알 수 있
다.[48] 미 군정기의 사회생활과 편제는 아동 중심, 생활 중심의 민주시

46) 정선영·김한종·양호환·이영효, 앞의 책, 2001, 282쪽.
47) 민성희, 앞의 논문, 2015, 15, 94, 112쪽.
48) 허재영, 「국어」교과서 정책과 이데올로기 변천」, 강진호 외,『국어 교과서와 국
가 이데올로기』, 글누림, 2007, 42~43쪽.

민 양성보다는, 시민보다 국가를 우위에 둔 성실하고 유능한 국민의 양성을 목표로 한 것이 되었다.

　미국의 점령정책인 비군사화와 민주화라는 핵심과제에도 불구하고, 일본의 구 식민지이면서, 해방된 지역으로 간주된 한국은, 일본과 달리 비군사화 정책이 탈민족주의를 강제했던 것은 아니었다. 따라서, 민족주의가 강렬하게 표출될 수 있는 공간이 존재할 수 있었고, 개인보다는 민족에 중심을 둔 담론이 주류를 이루게 되었다고 할 수 있다. 이런 상황이 오히려 일제하에서 전시기 군국주의적 색채 즉, 개인을 민족 아래에 파묻어버리는 전체주의적 역사인식이 오히려 온존되는 계기가 형성될 가능성이 존재할 수 있었던 것이라고 볼 수 있다. 식민지에서의 해방이란 조건에서 국가 건설이란 과제가 국가주의 비판을 덮어 버리는 계기가 되었으며, 역사교육은 국가발전을 당면과제로 삼은 국가주의적 교육으로 정향되어 버릴 가능성이 높았다. 황의돈은 민족의 혈통을 강조하며 '단군국조론'을 드러내는 등 강렬한 민족주의적 성향을 가지고 있었다.[49] 이런 측면에서 일제하 신화적 역사에서 이어지는 단일민족주의를 강조한 역사교육의 일본적 맥락은 온존했던 것이라 할 수 있다. 황의돈이 문화민족주의를 내세우고, 민족의 주체성과 위대함을 강조하는 것은 이런 맥락에서 다시 살펴볼 여지가 존재하는 것이다.

4. 해방/패전 직후 한일 역사교육에 함축된 문제

　제2차 세계대전 이후, 일본은 제국/식민지의 다민족 제국에서 일민

---

[49] 민성희, 앞의 논문, 2015, 100, 110, 123쪽.

족 국가로 회귀하게 되었다. 해방된 남한에서는 식민주의의 흔적을 없애기 위해서, 패전한 일본에서는 군국주의 교육의 청산을 위해[50] 초국가주의적 교육을 청산할 필요가 있었다. 그러나, 일본에서는 국가의 재건을 위해 자국중심주의가 강화되어, 이제는 외국으로 바뀐 외지 즉 구식민지와의 관계를 외면할 가능성이 커졌고, 한국에서는 국가의 건설을 위해 민족을 지상의 이념으로 설정한 채, '군국주의'적 역사교육의 잔존으로 이어질 가능성이 컸다. 이때, 군국주의적 자국중심주의가 어떻게 변주되는지가 역사교육 문제에서 다루어져야 하는 것이다.

해방/패전 이후 한일 양 지역에는 외부로부터 점령군이 진주하였고, 비군사화와 민주화라는 점령정책이 추동하는 점령개혁의 하나로 역사교육의 개편이 시행되었다는 점은 다음과 같은 두 가지 문제를 함축하고 있었다고 볼 수 있다.

먼저, 점령 공간에서의 '국사'와 사회과의 관계 설정과 관련된 문제이다. 점령기 미국의 비군사화 및 민주화 정책의 기조는 교육정책 속에서 '사회생활과'의 추진과 연동되는 것이었다. 이는 곧 민족/국가의 재건 혹은 건설에 복무할 '국사'의 억압을 수반하는 것이었다. 패전 일본은 이제 붕괴한 국가를 추슬러 국민국가의 재건을 도모해야 했으며, 해방된 남한에서는 국가 없던 민족을 통합하여 새로운 민족국가를 건설하는 데 힘을 모아야 했다. 이런 의미에서 패전/해방 이전의 '국사'와는 달라야 할 것이지만, 여전히 '국사' 교육이 중요했던 것이다. 여기서 점령 당국과 피점령 민족/국가 사이에 자국사 교육을 둘러싼 긴장이 존재하게 되었다. 이는 외부적 시각이라고도 할 수 있는데, 점령자와 피점령자 사이의 갈등이며, 역사교육을 둘러싼 구조변경의 문제이기도 했다. 여기서

---

50) 이찬희·박진동 편, 위의 책, 2010, 43쪽.

는 무엇을 소거할 것인가라는 배제의 문제가 발생한다.

다음으로, 전후 제국/식민지의 탈식민(decolonization) 과제[51] 속에서의 자국사의 위치 설정에 관련된 문제이다. 일본의 경우에는 식민지 제국에서 국민국가로, 식민지 조선의 경우에는 신생 분단국가로 전환되는 과정에서 각자 다른 의미에서의 탈식민지화의 문제가 발생한다는 점이다. 탈식민 과제는 주체의 자기 결정과 그 전망의 문제와 관계를 맺는다. 여기서는 무엇을 남겨놓을 것인가라는 보전의 문제가 발생한다.

군국주의적 자민족중심주의의 영향력 배제는, 일본과 한반도 남부에 미국 및 점령당국이 새로운 역사교육의 대안으로 '사회생활과'를 실시하게 된 배경이기도 했다.

미국의 남한, 일본 점령기에 신설된 각각 사회생활과와 사회과는 역사교육에서 커다란 영향을 주었다.[52] 사회생활과나 사회과는 생활 중심의 교육을 통해 공동생활에서 책임과 의무를 다할 줄 아는 생활인으로서의 민주시민의 양성을 목적으로 한 교과목이었다. 이것이 점령기 미 점령당국이 '역사' 교육에서 창출하고자 했던 것이었다.

그런데, 군국주의적 교과서와 사회(생활)과 내에서의 역사 교과서는, '역사 교과서'의 정치적 역할이란 '보편적 개념' 속에서는 동일한 구조

---

51) 탈식민 문제를 식민지의 해방과 독립과 관련된 과제와 더불어 식민지 제국의 탈제국화 과제와 관련해서 파악해야 한다는 미타니 타이치로의 지적은 자국사의 위치 설정 문제를 고찰하는데 주목할 만한 입각점을 제공하고 있다. 田澤晴子·平野敬和·藤村一郎, 「三谷太一郎氏インタヴユー記録: 「大正デモクラシー」研究をふり返る」, 『社会科学』48-2, 同志社大学人文社会科学研究所, 2018, 315~316쪽; 三谷太一郎, 「戦時体制と戦後体制」, 『岩波講座 近代日本と植民地 8: アジアの冷戦と脱植民地化』. 岩波書店, 1993, 356쪽.

52) 이찬희·박진동 편, 위의 책, 2010, 43쪽; 정선영·김한종·양호환·이영효, 앞의 책, 2001, 282쪽.

를 가진다고 할 수 있다. 그것이 군국주의적 '신화'이든 민주주의 '이데
올로기'이든 정치적 이데올로기로서의 '역사교과서'의 역할은 보존되는
것이다. 군국주의적인 측면은 단지 일본이 주체가 되었기 때문에 그러
했던 것이 아니므로, 일반 군국주의가 일반 민족주의를 포함할 수 있는
측면이 다분히 있을 수 있었다. 여기서는 그 반대로 한민족이 중심이
된 민족주의가 자민족 중심주의적인 측면을 드러냄으로써, 일본 중심
의 군국주의가 보여준 자민족 중심주의를 일부나마 복제하게 되었던
측면이 존재할 가능성에 대한 의구심을 지울 수는 없다. 즉 '국사' 등
'국학'의 중흥이 가져오는 자민족 중심주의라는 측면이다.

　미군 점령이라는 역사적 환경 속에서 과거 제국이었던 일본은 외국
의 지배를 받는 '식민지성'을 자각하게 됨으로써, 세계시민으로서만이
아닌 '민족'의 자각으로 나아가는 것이었고, 이는 전전의 초국가주의
적 역사의식으로 회귀할 가능성이 다분히 존재할 민족 '다시' 만들기
과정을 수반하는 것이기도 했다. 그러나 점령하에 놓였다 할지라도
일본이란 국가는 소멸한 것이 아니었으므로, 국가 건설이 아닌 국가개
혁을 통해 제국 일본의 초국가주의를 제거하고 여기에 세계시민성을
갖춘 새로운 민족을 다시 만드는 것에 중점이 놓이게 될 것이었다. 이
는 주어는 그대로 둔 채 서술어를 새롭게 바꾸어 주는 자국사 교육이
될 것이다.

　패전 이후 일본에서는 사회과로의 통합에 대한 저항 속에서 전전의
역사교육이 다음과 같은 방식으로 재편되었다. 먼저, 군국주의적 성격
을 제거한, 즉 초국가적인 '구' 민족주의를 역사교육에서 삭제함으로써,
군국주의적 색채를 뺀 민족주의를 강조하는 방향이었다. 이를 통해 군
국주의 혹은 자민족중심주의가 아닌 민족사의 존재를 모색하는 것이
었다. 이는 '국사'에서 군국주의를 제거한 '일본사'로의 변경을 추구했

다고 할 수 있다. 결국, 일본에서는 비군사화를 통해 탈민족주의를 도
모하여, 개인을 강조하는 담론이 중요한 성향으로 나타나게 되었다. 이
는 〈그림 1〉과 같은 과정으로 표현할 수 있을 것이다.

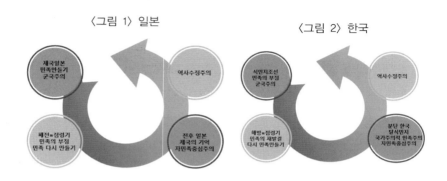

〈그림 1〉 일본 　　　　　　〈그림 2〉 한국

　식민지 조선에서 자국사 교육은 점차 축소되고 종국에는 폐절되어,
'국사' 교육은 일본의 '국사' 교육을 의미했다. 한국에서는, 위만조선, 한
사군, 임나일본부, 수·당의 침략, 임진왜란으로 구성되면서, 중국, 일
본 등 강대국의 지배가 숙명이었다는 조선사의 타율성이 강조되는 등
식민지하에서 부정되었던 민족의 자주성을 '재생'할 필요가 있었다.[53]
민족국가 혹은 국민국가를 단위로 서술되는 '국사' 교과서의 속성상, 민
족 구성원으로서의 자각과 세계시민으로서의 자각은 서로 경쟁과 갈
등을 동반하는 것이기도 했다. 한국은 탈식민지화를 거쳐 민족의 재출
발을 도모해야 했고, 이를 위해서 식민지화로 좌절되었던 민족국가 건
설을 위해, '다시' 민족 만들기에 착수해야 했다. 해방된 한국에서의 자
국사 교육은 새롭게 '국사'를 창출해야 하는 과정이었다. 이는 강렬한

---

53) 梅野正信, 앞의 책, 2004, 110~111쪽.

국가주의를 온존시킨 채, '일본민족'이란 주체를 '한민족'이란 주체로 변경시키는 작업이 더욱 중요했다는 것을 의미한다. 즉 서술어보다는 주어를 바꾸는 공적인 자국사 교육을 통한 민족주의 창출이 모색되던 것이다. 이는 〈그림 2〉와 같이 표현될 수 있을 것이다.

미국 점령당국이 실시한 교육정책의 핵심 중 하나였던 사회생활과의 창설 의지에 따라, 남한은 물론, 점령하 일본에도 '사회생활과' 혹은 '사회과'가 창설되었다. 사회생활과 창설의 기본 방향성은 군국주의, 초국가주의적 교육의 배제를 위한 수단으로서의 기능이었다. 이를 통해 미 점령당국의 교육정책에는 남한에도 민족주의 교육보다 민주주의 교육을 강조하려 한다는 혐의가 존재했던 것이라고 할 수 있다. 미국의 점령 통치는 한일 양 지역에서 거의 전일적 점령지배라는 동일성이 존재한다. 군국주의에 연결될 '과도한' 민족주의 교육 억제 경향은, 일본의 국수적 민족주의뿐만 아니라, 한국의 민족국가 건설 욕망에서 파생되는 '과도한' 민족주의 억제 경향이 공존했다고 볼 수 있다.

그런데, '사회과' 혹은 '사회생활과' 교육이 과연 낯선 과목이었는가라는 점에는 의문이 든다. 일제하에서 남한은 물론 일본에서 개설되었던 '국민과'라는 과목 자체가 그 목적에는 차이가 있을지언정 통합교과라는 속성 자체는 동일했던 경험을 이미 가지고 있었다. 또한 사회과 내에 민족교육, 개인보다는 전체를 강조하며 민족과 국가에 봉사하는 개인 양성을 목적으로 했던 한국의 제1공화국의 사회과 교육에 미친 안호상의 민족교육론의 영향을 보아도 이는 분명히 드러난다고 할 수 있다.[54] 또한 국민과 내에서도 '국사'가 갖는 독자적 지위는 전시기에도 드러나 있었다.

---

54) 유종열, 「안호상의 민주적 민족교육론이 사회과 교육에 미친 영향」, 『사회과교육연구』 21-2, 2014, 8~12쪽.

따라서 사회생활과 혹은 사회과의 창설에도 불구하고, 점령당국도 결국 '국사' 즉, 한일 양 지역에서 자국사 교육의 독자적 지위를 부정할 수 없었던 것은, 자국사 교육의 주요 목적 중 하나가 여전히 민족적 아이덴티티, 민족적 자부심, 주체성과 연관된 민족공동체 의식의 고취에 있기 때문이었다고 볼 수 있다.

〈그림 1〉, 〈그림 2〉에서 표현한 것처럼, 이러한 경향은 자민족의 문화와 전통에 대한 미화는 물론 수치스런 역사의 은폐 등으로 나아갈 수 있다. 민족을 중심에 놓은 역사는 자칫 국수주의적 경향으로 인해 타민족에 대한 배타성을 드러낼 수도 있다. 독일의 반유대주의나 일본의 황국사관과 같은 국가주의적 편견에 입각한 역사 인식은 물론 민족사적 이해를 독점한 정치집단의 권력유지 수단으로 이용당할 수도 있다. 따라서 역사교육의 가치를 민족의 정체성 확립이나 민족적 긍지의 고취 혹은 문화유산의 전승과 같은 전통적인 것보다는 역사적 사고력이나 판단력 혹은 개방적 태도와 같은 포괄적 가치에 두는 것이 필요하다는 것은 반박의 여지가 없을 것이다.[55]

5. 맺음말

점령기 미국의 점령정책은 해방된 한반도 남부와 패전 일본에서 재편될 역사교육에서 비군사화와 민주화, 그리고 민족주의 문제에 영향을 미쳤다. 연합국 최고사령관 총사령부와 주한미군정에서의 역사교육 혹은 교과서 속에서의 민족주의 문제를 분석했다. 이 글에서는 전

---

55) 정선영 · 김한종 · 양호환 · 이영효, 앞의 책, 2001, 35, 38~39쪽.

시기 제국 일본은 물론 식민지 조선에서 이루어졌던 군국주의 교육에 들어있는 민족주의적 요소가 해방 및 패전 이후 어떻게 재편되었는가에 관심을 기울였다. 여기서 민족주의 문제는 두 가지 문제를 포함하고 있었다. 먼저, 자민족중심주의, 초국가주의, 전체주의와 연관된 문제를 고찰했다. 또 다른 민족주의 문제는 국가 건설 혹은 국가 재건이란 입장에서 주체 문제와 관련된 민족문제이다. 즉, 점령상황에 대한 민족적 자긍심과 관련된 문제를 분석했다.

연합국을 대표하여 시행한 미국의 대일점령 정책의 핵심은 비군사화, 민주화에 두어졌다. 일본이 다시는 미국에 대항할 침략전쟁을 일으키지 못하도록 하는 것이 목표였던 것이다. 비군사화는 침략전쟁에 동원될 인적, 물적 자원의 군사적 이용으로의 전용을 봉쇄하겠다는 것이었다. 한편 민주화는 침략전쟁을 일으키는 것이 불가능하도록 일본의 전체주의를 민주화시키는 것이었다.

점령정책의 대상으로서의 '국사' 즉 전전의 일본사 교과서는 군국주의, 자민족중심주의, 민족주의를 강조하고 이를 국민화하는 주요 기제로 파악되었다. 따라서 일본의 민족주의를 억압하고, 군국주의가 제거된 역사교육을 실시하는 것이 중시되었다. 그러나 미 점령당국의 민족주의 억압은 민족주의로부터의 반동을 가져왔다. 패전 후 일본은 국가 재건을 위해 민족주의를 부정할 수 없었던 것이다.

초국가주의적인 '국사'교육을 배제하는 것이 미국의 점령정책의 연장선상에 존재했지만, 패전 이후 일본에서 자국사로서의 일본사를 부정할 수는 없는 일이었다. 그것은 민족의 부정에 대한 저항을 불러일으켰다. 초국가주의를 부정하면서 동시에 민주주의와 공산주의 등과 같은 정치 이데올로기에 의한 왜곡을 거부하는 실증주의 그룹은 물론, 역사학연구회와 같은 마르크스주의 역사학 그룹도 '사회(생활)과'에서

'국사'를 분리할 것을 주장하였다. 그들은 '봉건적 군국주의 지배를 떠받치는 기둥'으로서의 역사교육을 청산해야 한다고 주장하면서, '민족 전체의 즉 인민대중의 역사' 교육을 주창하였던 것이다.

한편, 해방된 한국에서 일제하 문부성이 발간한 일본사 교과서를 '국사' 교과서로 사용할 수는 없는 일이었다. 일본 열도의 경우 그것이 군국주의 교과서라 하더라도 자국사를 다루고 있었다는 점에서 일본과는 다른 사정이 존재했다고 할 수 있다. 국사 즉 당시의 일본사 교과서 속에 군국주의적 요소를 먹으로 지운 스미누리 교과서 자체를 해방된 한국에서는 사용할 수 없었다. 일제하의 '국사'는 이제 외국사인 일본사였으므로, 다른 '국사'가 필요했고, 그것은 완전히 새롭게 조선사를 '국사'로 만들어야 했던 과제로 남았다. 사회생활과이건 역사이건 이런 과제를 수행해야 하는 점에서는 차이가 없었다고 할 수 있다.

그런데, 식민지기 '남의 나라 역사'의 주입에서 벗어나, 해방 이후 '우리 역사'의 성립이 지향했던 역사교육의 가능성에는, 민족의 자존감을 고취하는 교육이나, 자민족중심주의의 유지 가능성이 다분히 존재할 여지가 있었다. 식민지하 군국주의적 일본사 교육에 대한 저항 속에서 한국에서의 민족주의는 개인주의, 시민을 중시하는 민주주의 이념과 함께 집단적 민족주의가 잔존할 수 있는 계기가 존재했다.

이런 측면에서, 일제 하부터 존재했던 지리, 역사, 공민을 합한 통합 교과 지향이 신국가건설 과정에서 민족주의 교육을 담당할 국사 과목의 고유성을 훼손해서는 안 된다는 저항감이 존재했던 것은 무리가 아니라 아닐 것이다. 그러나 민족주의 교육을 강조하게 된 역사교육이 새롭게 창출되면서, 기존의 '국사' 즉 일본사 교육 속에 자리 잡았던 군국주의적 요소가 새롭게 무에서 유를 창출하는 과정에서 얼마나 걸러질 수 있었는지는 다시 따져 보아야 할 문제이기도 했다.

탈식민지화 과정에서 해방된 한국의 국가재건 과정에서 '국사' 교육에 기대한 민족주체성 중시라는 측면을 무시할 수는 없다. 이점에서는 일본의 '국사'(일본사) 교육에서도 민족주체성의 재건이라는 측면은 마찬가지였다. 그러나 민족주체성을 강조한 역사교육이 가져올 국가주의적 폐해의 위험성도 공존하고 있었다. 이런 측면에서 민족주체성의 강조와 국가주의적 폐해 사이의 자장 속에 자국사 교육은 길항하고 있었다고 할 것이다.

한국사 정체론 비판과
1960년대 한국사 발전론의 확립

•

도면회

1. 머리말

한국사 학계에서 '한국사가 정체되었다'는 표현은 금기 사항이다. 한 국사의 어느 시대에 대해서건 발전하지 못하고 정체되었다고 서술하 면 식민주의 역사학의 혐의를 쓰게 된다. 친일파, 민족 배신자 등의 비 난을 받을 수도 있다. 한국사는 항상 발전해 왔다고 서술해야 한다. 삼 국 시대 이래 생산력은 끊임없이 발전해 왔고 외세의 침략은 그 발전 을 저해하는 해악적 원인으로 거론되어 왔다. 외세 침략으로 인해 생 산력이 발전했다든지 경제가 성장했다는 서술은 금기시되었다. 발전 은 항상 '주체적' '내재적' 발전이어야 했다.

그렇지만 지금부터 60여 년 전인 1950년대 후반까지만 해도 한국의 역 사가 정체되어 있다고 서술하는 것이 상식적이었다. 오랜 전제 군주정으 로 인하여 또는 그 심층적 원인으로서의 아시아적 생산양식으로 인하여 인도 · 중국은 물론 한국의 역사가 정체되어 왔다는 서술이 일반적이었다.

변화는 1960년대 초부터 시작되었다. 식민주의 역사관이 비판되고 미국발 근대화론이 지배적 담론으로 수용되는 한편, 사적 유물론이 '내재적 발전론'이라는 외양을 띠고 부활하였다.[1] 한국사에 나타나는 어떠한 발전적 현상이라도 타율적, 외부적 원인에 의한 것은 인정하려 하지 않게 되었다. 항상 발전은 내재적 원인에 의한 것이어야 했다. 왜 이렇게 강박적 역사 서술 태도를 갖게 되었을까? 아울러, '내재적 발전'이 있으면 '내재적 퇴보' '내재적 정체'라는 표현도 있을 법한데 왜 그런 표현은 사용되지 않았을까?

역사 서술 또는 인간의 집단 기억 속에서 '발전', '진보'라는 용어를 사용한 것은 그리 오래되지 않았다. 『조선왕조실록』이나 조선 후기까지의 문집들을 검색해 보아도 '발전'이라는 용어는 발견할 수 없다. '진보'라는 용어는 발견되지만, 주로 조선시대 선비들의 도덕적, 학문적 변화를 의미하는 말로 사용되었을 뿐이다.[2] '발전', '진보'는 모두 유럽

---

[1] '내재적 발전론'이라는 용어는 1990년경까지는 근대화론과 사적 유물론을 통합하여 지칭하는 개념으로 사용되어 왔지만, 최근 들어서는 대체로 '한국적으로 변용된 사적 유물론'이라고 이해하는 경향이다(물론, 여기서 '한국'은 '남한 사회'를 말한다). '내재적 발전론' 용어에 대한 개념적 정의, 발생과 발전 과정, 비판론까지 정리한 이영호는 내재적 발전론을 광의와 협의의 두 가지로 나누어 정리하고 있으나, 내재적 발전론을 광의로 정의할 경우에는 사적 유물론, 미국발 근대화, 문화적 민족주의론 등 모두를 동일시할 우려가 있다. 당초 이 용어를 학문적 용어로 정착시킨 일본인 역사학자들의 용례를 보더라도 '한국적으로 변용된 사적 유물론'이라는 협의로 사용하는 것이 적절하다고 생각한다. 아래 이영호의 사전적 정리에 언급된 김인걸, 이영호, 김정인, 신주백의 글에서는 '내재적 발전론'을 '한국적으로 변용된 사적 유물론'의 의미로 사용하고 있는 것으로 보인다. 이영호, 「내재적 발전론」, 한국학중앙연구원 편, 『한국학술용어사전』, 한국학중앙연구원, 2020, 413~441쪽.

[2] 노관범, 「대한제국기 진보 개념의 역사적 이해」, 『한국문화』 56, 2011. '진보'라는 말은 대한제국기 이후 '문명진보', '개명진보' 등의 용례로 사용되었는데, 이때 '개명'과 '문명'은 대체로 유럽과 같은 자본주의 사회경제 또는 국민국가 수립을 지칭하는 의미였다.

에서 기원한 'development', 'progress'의 번역어로 사용된 것이다. 유럽에서도 이들 개념을 역사에 적용하여 '역사가 발전 또는 진보한다'는 표현을 사용한 것은 시민혁명과 산업혁명 등 정치·사회적 근대화가 진행된 18세기 이후의 일이었다. 즉, '발전', '진보' 등은 근대 역사학 출발 이후의 역사 서술 용어이고, 한국 지식인들은 이를 갑오개혁 이후 일본을 통해 수용한 것이다.[3]

식민주의 역사학에서 논하는 한국사의 정체론, 타율성론에 대한 반박이 한국사 연구자들에 의해 이루어져 "한국사가 정체되지 않고 끊임없이 내적으로 발전해 왔다"라는 명제로 정립된 지 약 60년 정도가 흘렀다. 식민주의 역사학을 비판하고 '내재적 발전론'을 입증하는 연구 역시 꾸준히 축적되었다. 본고는 그간 축적된 연구 성과에서 아직도 해결되지 않는 두 가지 문제를 분석하고자 한다.

첫째는, 식민주의 역사학의 두 기둥 중 하나인 한국사 정체론이 과연 일본 정부와 관학파 학자들의 침략적 지배 의도에서 나온 것일까라는 의문이다. 침략적 지배 의도라기보다는 그들이 살았던 시대적 담론 내에서 주어진 사료를 객관적·합리적으로 분석한 결과일 수도 있지 않을까 하는 의문이다. 왜냐하면, 한 사회를 발전 혹은 정체로 구분하는 것은 침략적 지배 의도에서 나오는 것이 아니라 문명을 선진과 후진으로 나누는 근대 유럽 시민혁명 이래의 지적 산물이기 때문이다. 그렇다면 현재까지 축적된 한국사 연구 성과가 한국사 정체론에서 언급된 내용들을 과연 적확하게 논파했다고 볼 수 있을까라는 의문이 든다. 따라서, 이를 살펴보기 위해서는 우선 한국사 정체론의 핵심적 내용, 즉 일본인 역사학자들이 무엇을 정체와 퇴보로 보았는지를 다시 점검

---

3) 도면회, 「한국에서 근대적 역사 개념의 탄생」, 『한국사학사학보』 27, 2013.

해 볼 필요가 있다고 본다.

둘째는, '내재적 발전론'을 '한국적으로 변용된 사적 유물론'이라고 한다면 그 핵심적 내용은 사적 유물론이다. 이 지점에서 의문을 가질 수 있다. 분단과 전쟁 이후 반공 이념이 지배적이었던 한국 사회에서 사회주의 국가의 이데올로기로 알려진 사적 유물론이 어떻게 한국사 서술의 지배적 역사 이론으로 등장할 수 있었을까라는 의문이다. 이에 대해서는 '내재적 발전론'이 미국발 근대화론과 마찬가지로, 근대 사회는 곧 자본주의라는 전제 위에서 조선 후기를 중세 해체기이자 근대 이행기라 보고 그 속에서 자본주의적 맹아를 강조함으로써 같은 결론에 도달했기 때문이라는 답변이 있다. 즉, 자본주의 비판과 극복을 지향했던 사적 유물론에 의한 한국 역사 서술이 미국발 근대화론과 똑같이 자본주의의 진보성을 부각시키면서 '주체적 민족사관' 수립에도 작용함으로써 유신체제의 이론적 기반을 제공했다는 것이다.[4] 그렇다면 '주체적 민족사관'과 근대화론, 사적 유물론이 어떻게 연관되는지를 밝힐 필요가 있을 것이다. 이를 위해서 본고에서는 근대화론과 사적 유물론이 모두 역사 발전을 지향하는 역사이론이라는 공통성을 지니고 있으므로 양자를 '발전론'이라는 개념으로 추상하고,[5] 양자를 구속 또는 순치하고 있는 배후 담론으로서 민족주의의 관련 양

---

[4] 이세영, 「현대 한국 사학의 동향과 과제」, 학술단체연합심포지움준비위원회 편, 『80년대 한국 인문사회과학의 현단계와 전망』, 역사비평사, 1988, 82쪽, 85쪽.

[5] 최근 한국 역사학계에서도 역사학에서의 '발전' 패러다임을 논의하는 움직임이 나타나고 있는데, 이들 논의는 대체로 미국발 근대화론을 중심으로 논의를 하고 있어서, 경제적 사회구성의 변화를 발전으로 설명하는 사적 유물론은 논외로 하고 있다. 오경환, 「발전경제학의 계보학: 발전의 상상과 경제학의 기술정치」, 『역사비평』 132, 2020; 김상현, 「'발전'을 문제 삼기: '발전사' 연구의 전개와 동향」, 『역사비평』 134, 2021; 이상록, 「민주주의는 개발주의에 어떻게 잠식되어 왔는가: 1960년대 한국 지성계의 '발전'에 대한 강박」, 『역사비평』 134, 2021.

상을 분석해 보고자 한다.

2. 일본 통치하 한국사 정체론과 한국사 발전론 성립

1) 지배 수단으로서의 한국사 정체론

주지하다시피, 1960년대 이래 한국사 연구자들은 일본 근대 역사학의 한국사 연구 성과를 '식민주의 역사학', '식민사관' 등으로 지칭해 왔다. '한국사 정체론' 또는 '한국사 정체성론'은 한국사 타율성론과 함께 '식민주의 역사학'을 구성하는 핵심 이론으로 간주되어 왔다.[6] 한국사 정체론을 최초로 학문적으로 정립한 인물은 후쿠다 도쿠조(福田德三)로 알려져 있다. 그는 독일에 유학하여 쉬몰러, 뷔허 등의 역사학파 경제학을 계승한 신역사학파 경제사학자 루오 브렌타노의 지도를 받고 귀국하여 동경상과대학 교수로 재직 중이었다.[7] 그는 러일전쟁 직전인 1902년 여름 수십 일 간 한국을 여행하면서 전 원산항 감리 윤치호 등 여러 한국인들을 만나 면담하고 자료를 수집하여 1903년 9월부터 1904년 1월까지 세 번으로 나누어 「한국의 경제조직과 경제단위」라는 논문을 발표하였다.[8]

---

6) 윤해동 「식민주의 역사학과 근대 역사학」, 윤해동·이성시 엮음, 『식민주의 역사학과 제국』, 책과 함께, 2016 참조.

7) 방기중, 『한국근현대사상사연구』, 역사비평사, 1992, 52~53쪽.

8) 旗田巍, 「朝鮮史像と停滯論」, 野原四郎 外 편, 『近代日本における歷史學の發達』下, 靑木書店, 1976, 20쪽; 福田德三, 『經濟學研究』, 同文館, 1907, 188~189쪽, 223쪽. 이태훈, 「일제하 백남운의 부르주아 경제사학 비판과 맑스주의 역사인식의 형성과정」, 『한국사상사학』 64, 2020, 303쪽.

후쿠다 도쿠조는 신역사학파 경제학자로 분류되는 만큼, 마르크스주의의 사적 유물론에 대해 입장을 달리하고 있었다. 그는 경제상의 변천이 항상 먼저 일어나고, 정치상의 변동이 이에 따른다는 사적 유물론의 주장을 지지하지 않는다고 했다. 또한 그 반대로 선배 역사학파인 구스타브 쉬몰라의 주장, 즉 경제상의 번영은 정치상의 우세보다 한 세대 또는 두 세대 지체되는 것이 일상적이라는 견해도 지지하지 않았다. 그는 정치, 법률상의 권리와 경제상의 가치는 모두 동일한 대상의 차별적 발현에 불과하다고 하여 정치상 조직과 경제상 조직은 상관적으로 발전해간다고 하였다.[9]

그는 독일의 칼 람프레히트의 문화발전 단계론을 받아들여 한국에서 '봉건제 결여'의 역사적 의미를 밝혔다. 람프레히트의 문화발전 단계론에 의하면, 독일의 민족정신 또는 민족혼은 고대부터 물질문화와 함께 아래 〈표 1〉과 같이 병행 발전해 왔으며, 이러한 시대구분은 유럽의 다른 민족사에서도 발견된다는 것이다.[10]

〈표 1〉 독일민족의 문화 발전 단계

시대	정신문화	물질문화
	정령주의(원초)	집단적 – 점유 경제
象徵시대	상징주의(서기 900년까지)	개별적 – 점유 경제
模型시대	유형주의(900~1200년)	마르크 공동체적 자연경제
假設시대	인습주의(1200~1400년)	장원경제적 자연경제
個人시대	개별주의(1400~1750년)	조합적 화폐경제
主觀시대	주관주의(1750~1900년)	개인적 화폐경제

출전: 각주 9)의 책, 220쪽 및 각주10)의 글, 184쪽의 표를 합성하여 작성.

---

9) 福田德三, 『經濟學硏究』, 同文館, 1907, 208~209쪽.

10) 문기상, 「람프레히트 방법논쟁'과 '문화사」(下). 『역사학보』 129, 1991, 180~184쪽.

후쿠다는 이 발전 단계론을 받아들인 것이다. 그의 주장에 의하면, 한국은 아직 위 〈표 1〉의 '가설시대'에 들어가지 못하고 오랫동안 '모형시대'에 머물러 있다. 유럽 국가들은 대개 12세기 이후 이 '가설시대' 동안 장기간의 봉건제도라는 교육 시대를 통과하여 '개인시대', '주관시대'로 진입한다고 하였다. 봉건제도는 토지에 대해서는 假占有(Precarium)를 통해서 은대지(Beneficium)를 낳고, 인간에 대해서는 노예의 해방으로부터 家人制(Ministerialität)를 통하여 신속관계(Vassalität)를 맺어 유지되면서, 자본주의 경제를 담당할 경제단위를 발전시킨다고 하였다.[11]

한국의 사회조직에서 경제단위로서의 지위와 자격을 가진 것은 양반밖에 없는데, 이들 양반의 가족 제도를 보건대 개인이 존재하지 않는다고 하였다. 그뿐 아니라 일본의 戶에 해당하는 한국의 호는 족제상 독립 단위를 이루지 않고 거대한 동족의 일부로 존재한다. 방대한 단위인 한 개의 성씨, 한 개의 本貫 안에 공동 담보가 존재하여 한 사람이 죄를 범하면 일족이 모두 이에 연좌되고 1인이 출세하면 일족이 모두 거기에 관여하여 구호 부양을 받는다. 이들 양반은 영지를 갖지 않고 사회적 특전만 가지며, 가신으로 복속하는 인간은 없고 노예만 가질 뿐이다. 토지에 대해서는 막연한 공유 관념이 있을 뿐, 토지소유의 관념이 없고 토지 소유자가 없다. 굳이 소유자가 있다면 왕실뿐이다. 양반들은 가축 같이 사역시킬 수 있는 노예를 갖지만, 일단 유사시에 身命을 버리고 자기에게 봉사할 만큼 충절한 臣屬은 한 명도 없다. 이처럼, 유럽 봉건제도처럼 토지와 인간을 결부시키고 그리고 이것을 집중하는 시대가 있었던 적이 없다고 하였다.

또한, 근대의 국가와 그 국민경제 조직은 도쿠가와 막부와 같은 전제

---

11) 福田德三, 앞의 책, 223~226쪽.

적 경찰국가로부터 출발하는 것인데, 전제적 경찰국가는 그보다 앞선 장기간, 더욱 엄정한 가마쿠라 막부 같은 봉건교육 시대를 경과한 후 비로소 전망할 수 있다고 하였다. 한국은 봉건적 교육을 받지 못하여 전제적 경찰국가 단계를 결여할 수밖에 없었고, 따라서 '국민경제'라는 영역에 도달할 수 없었다. 일본도 후지와라 시대가 계속 유지되었다면 한국과 똑같은 수준에 머물러 있었을 것이라고 하였다.

이 같은 봉건제도의 결여로 인하여 한국에서 경제 단위의 발전 수준은 일본 및 서구에 비하여 수백 년 이전에 속하고 그 결과 다음과 같은 경제적 특징을 갖는다고 하였다. 한국에는 토지 소유권이 없기 때문에 매매 현상 또한 존재하지 않는 것이 당연하다. 한국에서는 토지에 대한 권리의 이전은 구문기 및 신문기라고 칭하는 서류의 수수로 행한다. 모두 장기간 존속한 실제의 사용 수익을 근거로 하는 증권이란 뜻이다. 한국의 농업기술이 극히 유치하고 그 수확이 매우 적은 원인도 여기에 있다.[12]

한국에는 상인도 존재하지 않는다. 정기적으로 각 장소에서 윤번제로 열리는 장시와 이 장시에 출입하는 행상 대부분은 부보상과 그들이 상대하는 생산자 또는 소비자들이 구성하는 것일 뿐이다. 서울, 평양, 개성 등 중요한 도읍에 있는 상업과 상인은 직접 생산자를 상대하는 소매상 아니면 관청에 진공할 물품 매매를 업으로 하는 어용상인일 뿐이다. 전자는 어느 나라에나 공통적으로 존재하지만, 후자는 한국에만 존재하는 특유한 사례라고 하였다.[13]

공업이라고 칭할 만한 사회적 분업이 존재하지 않았다. 존재하는 것

---

12) 위의 책, 227~228쪽.
13) 위의 책, 228쪽.

은 도급제 임가공이나 가내 수공업 정도일 뿐이며, 토지에서 떨어져 공업기술만 가지고 생존하면서 권리와 지위를 보유하는 수공업자는 중요한 도회지에서만 볼 수 있을 뿐이다. 서울의 육의전 같이 대부분 관청 소요를 충당함으로써 일종의 특권적 지위를 갖는 契 또는 都中이라는 것을 도처에서 볼 수 있었다고 하였다.[14]

그런데 후쿠다는 이처럼 한국에 봉건제도가 결여하여 경제 단위의 발전 정도가 매우 낮은 이유가 한국민의 '국민적 특성'에 있다는 특수성론은 배격하였다. 어떤 민족이든지 봉건적 교육에 바탕을 둔 근세의 교통 경제의 세례를 받으면 경제 단위가 발전할 수 있다고 하였다.[15] 현재 한국에 가장 급한 일은 근대 국민경제의 2대 요소인 토지와 인민의 두 가지에 대해 '자본주의적 동원'을 수행하는 것이다. 토지를 해방하여 자본으로 삼고, 인민을 해방하여 진정한 개인성을 환기시켜야 한다. 토지의 해방은 먼저 토지 사유제가 일어나야 하며 진정한 개인성을 발생하려면 근대적 경제 계급의 발생, 빈부의 분화가 필요하다. 한편에서 자주, 자유, 독립, 자존의 노동자와 다른 한편에 냉정, 과단 유력한 기업가가 필요하다고 하였다.[16]

마지막으로, 후쿠다는 이러한 두 가지 요소를 해방시켜 자본주의로 나아가는 데 필요한 일을 한국인 스스로 할 수 없다면 이 두 가지 요소를 질서있고 점진적이고 계발적으로 해나갈 수 있는 외국에 의존할 수밖에 없으며, 최대 적임자는 다음과 같은 조건을 갖춘 일본 민족이라고 하였다.

---

14) 위의 책, 229~230쪽.
15) 위의 책, 232~237쪽.
16) 위의 책, 238~239쪽.

한국에 허다한 경제적 설비를 베풀고 수천 년간 通交로 얻은 양해와 동정으로 한국인을 사역하는 데 익숙하고 한국의 토지를 사실상 그 私有로 삼고 서서히 농사경영을 시도하고 나아가 그 생산품인 米·大豆의 최대 고객인 우리 일본인은 이 사명을 충족시키는 데 가장 적당한 자가 아니겠는가. 게다가 우리 일본 민족의 경우, 봉건적 교육은 세계 문화사상 가장 完美한 것 중 하나이며, 토지에 대해서는 가장 집중적인 농업자이고, 인간에 대해서는 한국인에게 가장 모자란 용감한 무사 정신의 대표자이다. 비록 국경선을 인접한 편리함이 없고 정치상 이를 필요로 하는 사정이 없지만, 봉건적 교육과 그에 기초한 경제단위의 발전을 결여한 한국과 한국인에 대해서는 그 극도의 부패 쇠망으로 달려가는 '민족적 특성'을 근저로부터 소멸시키고 그럼으로써 동화시킬 수 있는 자연적 운명과 의무를 가진 '유력우세한 문화'의 무거운 사명을 맡을 만한 자가 아니겠는가.[17]

후쿠다의 한국사 정체론의 핵심은 봉건제도의 결여로 인하여 개인의 인격적 발달이 이루어지지 못하여 방대한 친족적 공동 담보 상태를 유지하는 양반만이 경제 행위를 할 수 있는 단위로 존재한다는 것이다. 나머지 한국인의 경제는 자급경제 수준이며, 토지 소유권도 발달하지 못하여 농업이나 공업이 발전할 수 없었다는 것이다.

오늘날의 시점에서는 그의 연구에 대해 사실 인식의 점이나 이론 구성면에서 결함을 얼마든지 지적할 수 있다. 그러나 오늘날 이를 문제 삼는 것은 그의 연구에 의해 한국 사회 연구의 하나의 전형이 만들어지고 이 전형이 뿌리 깊게 유지되어 왔기 때문이다. 그의 논의의 핵심을 점하는 봉건제도 결여론은 이후 한국사가 정체되었다고 주장하는 수많은 연구에 계승되었다. 이후 黑正巖, 四方博, 鈴木武雄 등의 학자들이 한국의 발전 수준을 기원후 7~8세기보다 더 높은 경지로 잡는 등 개선이 있었지만, "한국사가 정체되었다"라는 명제는 전혀 수정되지 않았다.[18]

---

17) 위의 책, 239~240쪽.

패전 이후 일본 정부가 극비로 진행한 연구 프로젝트인『일본인의 해외활동에 관한 역사적 조사』에서도 이를 확인할 수 있다. 이 조사는 총 35책으로 발간되고 그 중 식민지 조선에 대해서는 10책이 배정되었는데, 그 내용은『조선총독부시정연보』스타일로 일본의 통치 업적을 정리해 놓은 것이라고 할 수 있다. 여기서 제1장 4절「이조사회의 '정체성'의 참된 의의」와 제1장 8절「개항 직전 조선의 모습」의 서술을 인용하면 다음과 같다.[19]

후쿠다 도쿠조가 말한 정체성이라는 단어는 매우 직관적인 대략적 의미로 쓴 말이라고 생각한다. 역사에 全的으로 停止라는 것은 있을 수 없고 사회생활의 전반적 퇴보라는 것은 쉽지 않은 일이다. 여기서 말하는 정체성이란, 극히 진전이 느리다, 또는 보통 건전한 사회가 보일 만하고 豫期될 만한 발전이 인식되지 않는, 경제생활에 대해 말하자면 생산이나 소비 양상에 순환적 경향이 현저하다는 정도의 의미로 이해할 수 있다.

우리가 본 개항 전야의 조선에는 자본 축적도 없고, 기업적 정신에 충만한 계급도 없고, 대규모 생산을 감당할 만한 기계도 기술도 없었다. 아니, 이러한 것들의 존재를 희망하는 사정도 필연화시킬 만한 조건도 구비되어 있지 않았다. 최대 인구를 점하는 농민은 단순한 쌀과 보리의 생산자로서 극히 낮은 생산력에 의해 간신히 국민을 기아와 생존의 경계선을 유지시키고 있었다. 수공업자는 여가노동 영역을 크게 넘지 않는 단계에서 일용 필수품과 근소한 고급품 제작에 종사했다. 상인은 잉여생산물 및 수입 사치품 교통자로서, 필요악의 최소한도에 압축된 채 그 대가인 특권 위에 안주하고 있었다. 이들 위에 있는 관리 양반은 모든 권리를 향유하고 모든 잉여를 흡수하면서 자신도 역시 살찌우지 못하는 척박한 토지 위의 존재

---

18) 旗田巍,「朝鮮史像と停滞論」, 野原四郎 外 편,『近代日本における歴史学の発達』下, 青木書店, 1976, 23~24쪽.

19) 大藏省管理局,『日本人の海外活動に關する歷史的調査』通卷第二册 朝鮮篇 第一分册, 大藏省管理局, 1946, 59쪽, 97~98쪽.

였다. 자본주의 사회의 방문으로서의 조선 개항은 이러한 사회로 들어간 불청객으로 출현한 것이다.

즉, 한국의 사회 경제가 후쿠다가 말했던 만큼 정체된 것은 아니지만, 그가 여행했던 1902년부터 40여 년 지난 동안 이룩된 연구 성과를 돌이켜 보더라도, 1876년 개항 직전의 한국 사회경제는 후쿠다가 서술한 수준보다 크게 달라진 점이 없었다는 것이다.

이러한 정체론은 단순히 한국의 후진성을 말하는 것만이 아니었다. 일본의 선진·발전과 한국의 후진·정체를 대비시키고, 한국의 정체·낙후를 강조하여 한국이 자력으로 발전할 수 없는 것을 명분으로 내세워 일본의 한국 지배를 정당화하는 담론으로 이어졌다. 이후 일본의 한국사 연구자들은 표면적으로 정체론을 말하지 않더라도 연구 내용은 정체론으로 귀착하는 경우도 많았으며, 정체론을 비판하는 역사학자 자신도 정체론에 사로잡혀 있다고 고백할 정도였다. 즉, 정체론은 일본인의 한국 인식의 체질이라고도 할 수 있는 것이었다. 이는 해방 이후에도 일본인 학자는 물론 정부와 지배층에게도 계승되어 한일협정 당시의 '망언'을 비롯하여 지금까지 일본의 한국 지배를 정당화하는 핵심 이론으로 기능해 왔다.[20]

2) 사적 유물론과 한국사 발전론의 성립

후쿠다 도쿠조 등 일본인들의 한국사 정체론에 대해 일제 통치기에는 주로 마르크스주의 경제학자 또는 사회학자들의 비판이 있었다. 최

---

[20] 旗田巍, 「朝鮮史像と停滯論」, 野原四郎 外 편, 『近代日本における歷史学の發達』 下, 靑木書店, 1976, 33~35쪽.

남선, 황의돈, 장도빈, 현채 등 민족주의적 역사학자들은 주로 정치 외교사 또는 문화사를 중심으로 서술하였기 때문에 후쿠다 도쿠조나 그 이후의 일본인 경제학자, 역사학자의 정체론에 대해 언급하지 않았다.[21]

일본인 역사 연구자들의 한국사 정체론에 대한 비판과 그 반박으로서 한국사 발전론은 1930년대 이후 마르크스주의 연구자들에 의해 이루어졌다. 최초의 작업은 일본 동경상과대학에 유학한 백남운에 의해서 이루어졌다. 그는 연구 방법론으로 다음과 같이 후쿠다의 신역사학파 경제학 이론을 거부하고 마르크스의 사적 유물론을 채택했다.

> '특수사관'이라는 하나의 박래품을 일본에서 수입한 것도 우리 선배일 것이다. 그 특수사관이라는 역사학파의 이데올로기는 신흥 독일 자본주의가 영국에 대항하는 국민적 운동의 소산이었는데, 이것이 신흥 일본의 자본주의적 국정과 적합했기 때문에 대량 수입한 결과 일본의 사학계는 어쨌든 비약적으로 발전하였던 것이다.[22]

백남운은 독일 역사학파의 영향으로 일본 학계가 특수적 경제사관을 갖게 되었지만 이로 인하여 일본 학계는 허다한 민족, 허다한 국가에 일일이 특수적 고찰을 해야 할 것이라고 하였다. 그는 이러한 특수사관적 방법은 무능한 것이라 규정하고 마르크스주의의 사적 유물론을 받아들여 한국사 발전 과정을 다음과 같이 정리하였다.

> 우리 조선의 역사적 발전의 전과정은, 비록 지리적 조건, 인종학적 골상, 문화형태의 외형적 특징 등 다소의 차이를 인정할 수 있다고 해도, 외관적인 모든 특수성은, 다른 문화민족의 역사적 발전의 법칙과 구별될 수 있는

---

21) 도면회, 「일제 강점기 일본인과 한국인의 '한국 근대사' 서술」, 『사림』 60, 2017.
22) 白南雲, 『朝鮮社會經濟史』, 改造社, 1933, 6쪽.

독자적인 것이 아니라, 세계사적인 일원론적 역사법칙에 의해, 다른 제민
족과 거의 동궤적인 발전과정을 거쳐 온 것이다. 그 발전과정의 완만한 템
포, 문화 양상의 특수적인 농담은 결코 본질적 특수성은 아니다. …(중
략)… 즉 조선 민족의 발전사는, 그 과정이 아무리 아시아적이라고 해도,
사회구성의 내면적 발전법칙 자체는 전혀 세계사적인 것으로서, 삼국시대
의 노예제 사회, 신라 통일기 이래의 동양적 봉건사회, 이식자본주의사회
는 금일에 이르기까지 조선역사의 기록적 총 발전단계를 표시하는 바의
보편사적 특징(!)이며, 그 각각은 각각 특유한 법칙을 가지는 것이다. 여기
에 있어서 조선사 연구의 법칙성이 가능해지고, 그리고 세계사적 방법론
하에서만 과거의 민족생활 발전사를 내면적으로 이해할 수 있음과 동시에,
현실의 위압적 특수성에 대해 절망을 모르는 적극적인 해결책을 찾을 수
있을 것이다.[23] (이하, 밑줄은 인용자)

이 글에서 보듯이, 백남운은 지리적 조건, 인종학적 골상, 문화 형태
등의 차이로 인하여 한국사가 완만한 발전 과정, 엷은 문화 양상을 보
인다고 하더라도 그것이 본질적 특수성은 아니라고 하였다. 게다가 한
국 역사가 '아시아적 특수성'을 갖는다 해도 다른 민족들과 거의 유사
한 발전과정, 즉 〈노예제 사회〉 → 〈동양적 봉건제 사회〉 → 〈이식자본
주의 사회〉로 사적 유물론에서 언급된 일련의 경제적 사회 구성을 모
두 밟아 왔다고 주장하였다. 한국 민족사의 내면적 발전 법칙 자체가
이처럼 세계사적 보편성을 갖기 때문에 결코 정체되지 않았다고 주장
한 것이다.

지금까지 한국사 연구자 대부분은 백남운이 이러한 주장과 뒤이은
저서의 논증 과정을 통해 한국사에서 보편적인 역사 발전 법칙을 입증
했으므로, 후쿠다의 한국사 정체론을 효과적으로 비판했다고 설명해
왔다.[24] 그러나, 후쿠다의 논문에서 인용된 칼 람프레히트의 문화 발전

---

[23] 白南雲, 위의 책, 9쪽.

단계론에서 보았듯이, 역사학파는 특수사관, 사적 유물론은 보편사관
이라고 규정하기 어렵다. 역사학파 역시 자신들의 이론이 독일뿐만 아
니라 다른 국가들의 역사에도 적용할 수 있는 보편성을 띠고 있다고
주장했기 때문이다. 게다가, 백남운 역시 '아시아적 특수성' '동양적 봉
건사회'라는 용어에서도 드러나듯이, 마르크스가 언급했던 '아시아적
정체성'이라는 명제에서 완전히 탈피하지 못하고 있었다.

이는 비슷한 시기 사적 유물론에 입각하여 '한국사 정체론'을 비판하
고자 했던 이청원, 이북만, 김광진, 모리타니 가츠미(森谷克己) 등도 마
찬가지였다. 이청원은 한국사가 원시공산제사회 → 아시아적 노예제
사회(삼국~고려) → 아시아적 봉건제사회(조선시기) → 이식자본주의
(일본 통치기)로 발전해 왔다고 서술하였다.[25] 백남운이 봉건제에 대
해서만 '아시아적 봉건제'라고 표현하여 특수성을 인정한 반면, 이청원
은 '아시아적 노예제' '아시아적 봉건제'라고 하여 두 개의 시대에 모두
특수성을 인정하였다. 이에 반해 이북만, 김광진, 모리타니 가츠미 등
은 한국사에서는 노예제 사회구성의 성립을 인정할 수 없다고 하여,
3~4세기까지 씨족제 공동체 사회구성으로부터 5세기경 국가 형성으로
봉건제 사회로 직접 이행했다는 견해도 제출하였다.[26]

이처럼 백남운 이하 마르크스주의 연구자들 역시 사적 유물론에 입
각하여 한국사 정체론을 부정하고자 했지만, 마르크스가 아시아적 생
산양식이라고 명명한 아시아적 또는 한국적 특수성을 인정함으로써

---

[24] 대표적인 저작으로 방기중, 『한국근현대사상사연구』, 역사비평사, 1992를 들 수
있을 것이다.

[25] 李淸源, 『朝鮮社會史讀本』, 白揚社, 1936. 이 책에는 원시 고대부터 1910년대 후
반까지 서술되어 있다. 이청원은 이후 1920년대의 역사까지 추가 서술하여 1937
년 『朝鮮歷史讀本』으로 제목을 바꾸어 출간하였다.

[26] 방기중, 위의 책, 168~169쪽.

사실상 '한국사 정체론'을 전면적으로 부정하지 못했다. 특히 한국사 전시기에 걸쳐 지속된 중앙집권적 정치제도와 토지 국유제 문제로 인하여 한국사가 유럽·일본에 비해 정체되었음을 부정하지 못하였다. 그 결과 한국사가 세계사의 보편적 법칙에 따라 발전하기는 하지만 아시아적 특수성으로 인하여 유럽이나 일본보다 완만하게 발전하여 왔으며, 더 나아가서는 일본에 의해 자본주의가 이식됨으로써 '이식 자본주의 하에서의 발전'이 진행되었다고 인정하고 있었다.

다만, 백남운이나 이청원 등 마르크스주의자들의 연구는 한국사도 세계의 여러 나라와 같은 궤도로 발전한다는 사적 유물론의 공식을 입증하려 했다는 점, 특히 후쿠다가 결여되었다고 하는 봉건제가 생산양식으로 존재했음을 입증했다는 점에서 '한국사 발전론'을 성립시킨 주체라고 인정할 수 있을 것이다.

우선, 사적 유물론의 고전적 서술인 마르크스의 『정치경제학비판』 서문을 검토해 보자.

> 인간은 그들 존재의 사회적 생산에서, 그들의 의지로부터 독립한 특정한 관계, 즉 그들의 <u>물질적 생산력의 일정한 발전 수준에 조응하는 생산관계</u> 속으로 들어간다. 이 생산 관계 전체가 사회의 경제적 구조, 즉 실질적 토대를 이루며, 이 위에 법적이고 정치적인 상부구조가 세워지고 일정한 사회적 의식 형태들이 이 토대에 조응한다. <u>물질적 생활의 생산양식이 사회적, 정치적, 정신적 생활의 일반적인 과정을 조건지운다.</u> <u>인간의 의식이 그들의 존재를 규정하는 것이 아니라, 반대로 그들의 사회적 존재가 그들의 의식을 규정하는 것이다.</u> 사회의 물질적 생산력은 어떤 발전단계에 이르면 그들이 지금까지 그 안에서 움직였던 기존의 생산관계, 또는 이것의 단지 법률적 표현일 뿐인 소유관계와 충돌하게 된다. 이들 관계는 지금까지 생산력의 발전 형태였으나 이제 질곡으로 전환된다. 그러면 사회적 혁명기가 도래한다. 경제적 토대의 변화로 인하여 조만간 거대한 상부구조 전체가 변혁된다.

…(중략)… 대체로 말해서, 사회의 경제적 구성에서의 진보를 보여주는 시대로서 아시아적, 고대적, 봉건적, 그리고 근대 부르조아적 생산양식을 들 수 있다. 부르조아적 생산양식은 사회적 생산 과정의 마지막 적대적 형태이다. 개인적 적대감의 의미에서가 아니라 개인들의 사회적 생존 조건으로부터 발생하는 적대감의 의미에서 적대적이라고 하는 것이다. 그러나, 부르조아 사회 내에서 발전되는 생산력은 동시에 이 적대감을 해결하기 위한 물질적 조건을 창조한다. 따라서 이러한 사회적 구성과 더불어 인간 사회의 전사(前史)는 종결된다.[27]

인간은 자신의 의지와는 무관하게 특정한 생산관계 속에 들어가고 생산관계가 규정한 수준에서 물질적 생활의 생산양식이 인간의 사회적, 정치적, 정신적 생활을 규정하며, 인간의 의식이 아니라 인간의 사회적 존재 양상이 그들의 의식을 규정한다. 이렇게 작동하는 생산양식은 역사적으로 보자면 아시아적, 고대적, 봉건적, 부르주아적 등 네 가지가 있었으며, 인류 역사는 이러한 순서로 발전해 왔다는 것이 사적 유물론의 핵심적 명제라고 할 수 있다. 백남운은 이러한 사적 유물론의 명제를 한국 경제사에 적용하여 후쿠다 도쿠조와 다른 주장을 하고자 한 것인데, 여기서 우리는 1960년대에 등장하는 '내재적 발전론'이라는 용어를 연상할 수 있다.

우리가 의미하는 조선 경제사는 조선 민족의 사회적 존재를 규정했던 바 각 시대에서의 경제조직의 내면적 관련, 내재적 모순의 발전 및 그로부

---

[27] Karl Marx, "Preface" *A Contribution to the Critique of Political Economy*, Progress Publishers, 1977. 이 문헌의 각주에 의하면, 마르크스와 엥겔스는 아시아적 생산양식이라는 관념을 쓸 때, 처음에는 헤겔의 저서 『법철학』중 제3장 국가 중 세계사를 다룬 부분에서 "#355 The Oriental realm(동양 지역)"이라는 항목에서 나오는 내용을 따랐으나, 나중에는 독특한 아시아적 생산양식이라는 개념을 버리고, 종족적, 고대적, 봉건적, 자본주의적 등 4개의 기본 형태만 유지하였다. https://www.marxists.org/archive/marx/works/1859/critique-pol-economy/preface.htm

터 일어나는 생산관계의 계기적 교대의 법칙성과 불가피성을 과학적으로
논증하는 것이다. 좀 더 구체적으로 말하면, 조선 민족의 출발점인 <u>원시
씨족 공산사회</u>, 3국(고구려 백제 신라) 정립시대에 있어서의 <u>노예 경제</u>, 신
라의 통일기 이래 최근에 이르기까지의 <u>아시아적 봉건제</u>, 현재 진행 중인
<u>상품 생산제</u>, 이 네 가지 사회적 구성이야말로, 우리의 연구 대상이 되는
것이다. 즉 …(중략)… <u>역사적 생산양식의 발전과정</u>을 구체적으로 확증하
는 것, 이것을 즉 조선경제사의 임무로 하지 않으면 안 된다.[28]

마르크스는 원시 공산사회 이래 네 가지 생산양식이 발전해 왔는데,
그 내부에서 작동하고 있던 생산력과 생산관계(또는 그 법률적 표현인
소유관계)가 충돌하면서 사회 혁명 시기가 도래하고, 이로써 법적 정치
적 상부구조 전체가 변혁된다고 하였다. 백남운은 "각 시대에서의 경제
조직의 내재적 모순의 발전, 생산관계의 계기적 교대의 법칙성과 불가
피성" 나아가서 "역사적 생산양식의 발전 과정"을 구체적 연구 대상으
로 한다고 하였다. 즉, 경제조직의 내재적 모순이 발전하여 생산관계가
반드시 다른 생산관계로 교체된다는 것, 여기에서 '내재적 발전론'의 원
형을 볼 수 있겠다. 단적으로 말해서, 사적 유물론이 곧 '내재적' 발전론
인 것이다.

백남운은 일본 통치 시기 한국의 경제적 사회구성을 위의 2개 인용문
에서 보다시피 '이식 자본주의' 또는 '상품 생산제'라고 표현했다. 이를
통해 그가 일본의 식민지 통치 이전 한국 사회도 자본주의 경제로 발전
할 수 있었다는 '자본주의 맹아론'을 전제하고 있었음을 볼 수 있다.

그는 1926년 1월 초에 발표한 짧은 에세이에서 다음과 같이 한국 근
대사 개요를 정리하였다. 1894년 이후 자유사상이 싹트기 시작하고 신
분 질서가 이완하여 권력과 富力이 분화되면서 최고 권력계급이 상당

---

28) 백남운, 앞의 책, 10~11쪽.

한 부를 취득하면서 제1계급이 되고, 鄕班계급과 吏胥계급이 제2계급
으로 떠올랐다. 그런데 권력의 비호 없이 경제적 신흥계급이 떠올랐으
니 이들을 제3계급이라고 할 수 있는데, 도시의 시전상인과 농촌 신흥
계급이 여기 속한다고 하였다. 그리고 이어서 다음과 같이 말했다.

> 조선 사회가 만일 동질적으로 순조롭게 산업화하엿드면 前記한 제3계
> 급은 실로 조선의 金權黨이 되었을지도 모를 것이다. …(중략)… 갑오년
> 이후로 점차 자유사상이 萌動되는 동시에 신분적 계급이 해이되고 따라서
> 富力이 分化되어 현대적 제3계급이 형성되었다는 결론에 귀착된다. 그리
> 하여 제1 제2 제3 계급이 실질적으로 조선의 단일 유산계급의 진용을 구비
> 한 것이다. 그렇다면 前記한 조선의 단일 "부르주아지"의 前途는 외국의 그
> 것만큼 행운이었을까?[29]

한국에도 유럽의 부르주아지 계급에 해당하는 신흥 계급이 발생하
여 제1, 제2 계급과 함께 단일한 유산계급으로 형성되었다는 것이다.
1910년 일본의 통치 이후에는 정치적 자유가 박탈되고 조선의 전 부르
주아지는 권력과 근본적으로 분리되었다. 다만, 식민통치 당국으로서
는 한국의 실력 계급을 조종할 필요가 있어 처음에는 회유책을 사용,
이들이 장애 없이 발전하였다. 이후 식민 통치가 정돈되면서부터 일본
의 자본력이 치밀어 들어옴에 따라 조선의 부르주아지는 순조롭게 발
전하지 못하였고 현재는 겨우 목숨을 부지하는 정도라고 하였다. 오늘
날 우리가 조선 후기에 발생했다고 보는 자본주의 맹아에 해당하는 사
회계급이 1894년 이후에 등장했다는 취지이지만, 한국사 역시 발전하
고 있었음을 주장했다는 의미에서 주목할 만한 글이라고 할 것이다.
　백남운이 『조선사회경제사』『조선봉건사회경제사』로 고려 시대 말

---

29) 백남운, 「朝鮮社會力의 動的考察」, 『조선일보』 1926.01.03. 신년호부록, 1면.

까지 한국사를 서술한 데 비해, 이청원은 1936년 『조선사회사독본』에서 원시사회(삼한, 부여 등) — 노예사회(고구려, 백제, 신라, 고려) — 봉건사회(조선) — 이식 자본주의(일한합병 이후)의 순서로 한국사 전 시기를 사적 유물론에 맞추어 서술하였다. 이청원의 저서는 백남운과 달리 단군이나 실학을 강조하는 민족주의 역사학에 대해 매우 비판적인 논조를 보여주었다. 그는 민족적 표지 일체를 모두 국수적인 것으로 매도하고 1930년대 초반 이래 등장한 조선학, 조선 인식의 의의 자체를 무시하는 계급 중심주의적 경향으로 치달았다.

> 최근의 국제적 국내적 일련의 사정은 필연적으로 '조선의 과거와 현실'을 이해하려는 기운을 높였다. 그러나 유교 훈화적인, 정책적인, 반봉건적 '조선학'은 조선의 역사적 과정을 세계사와는 전혀 별개 독립적인 고유의 신성불가침적인 '오천년간의 얼'을 탐구하느라 열심이고, 그 公式의 천재는 '단군'으로 粉飾하고, 그 전체적인 영웅은 이순신의 옷을 빌려 입고, 그 재간있는 사람들은 정다산의 가면을 쓰고 역사를 왜곡하고 있다. 이리하여 <u>얼에 의하여 이루어진 신비적인 역사</u>가 나온 것이다.
> …(중략)…<u>역사과학은 단순히 조선을 여러 가지로 해석할 뿐만 아니라 현실의 조선을 발전적으로 이해하기 위한 활동이다.</u> 바꿔 말하면 가장 뒤떨어진 문화와 가부장적 생활의 조선을 지양하는 것이다. 그러나 그것은 종래의, 그리고 현재의 정책적인 조선학의 騎士 諸君이 할 수 없는 바이다. 그리고 역시 외국인에 의해서는 용이할 수 없다.[30]

그는 조선학 연구자들이 단군, 이순신, 정약용 등을 활용하여 역사를 왜곡하고 '조선의 얼'을 이용하여 역사를 신비화시켰기 때문에 조선을 해석하고 발전적으로 이해하여 조선의 뒤떨어진 문화와 가부장적 생활을 지양하려는 역사과학을 제대로 수행할 수 없다고 한 것이다.

---

30) 이청원, 앞의 책, 1~2쪽.

이청원도 1894년을 중시하였는데, 백남운과는 달리 동학농민전쟁을 높이 평가하였다. '동학란'으로 불리었던 이 사건에 대해 '갑오혁명'이라는 수사를 붙여 주고 중국의 '태평천국혁명'과 맞먹는 위치를 부여하였다.

> 무장한 동학당원에 의해 조선의 남부는 점령되고 토지 기록은 剿滅되었다. 이 사실에만 의하더라도 이미 그들이 토지로부터 중세기적 劃壁을 청소하려고 한 것임을 보이고 있다. 이 '동학천국운동'은 본질에서는, 외국자본주의에 의한 대중의 가중된 零落에 의해 감내할 수 없게 된 바 여러 제도에 대한 적어도 <u>최초에는 자연발생적인 농민적 淸掃의 기도였다.</u> 따라서 이 지상천국운동의 결정적 약점은 의식성의 미약이었다. …(중략)… 농민 대중은 자신의 계급적 이데올로기, 자신의 참된 지도자를 탄생시킬 수 없었다. 그들은 여전히 失業·失意의 관료 및 상업층 중의 인연있는 자들의 도움을 빌렸다. …(중략)… 조선에서 참된 밑으로부터의 <u>농민 자신에 의한 부르주아 데모크라시 운동</u>으로서의 이 농민운동은 무참하게도 파괴되었다. 이 운동의 강력적 파괴에 의하여 조선 자신의 손에 의한 자본주의의 발달은 불가능해졌다. 단지 외국자본주의의 식민지·반식민지 공작과 결부해서만 비로소 가능했다.[31]

이청원은 동학농민전쟁을 '농민 자신에 의한 부르주아 민주주의 운동'으로까지 높이 평가하였으나, 당시의 역사 발전 단계를 그만큼 높이 평가하는 것은 아니었다. 그는 1894년 이전 일본과 청 상인의 한국 침투 이래 확대되어 가는 자본주의적 상품화폐 경제로 인하여 한국 사회가 자본주의화된 것은 아니고 구래의 자연경제가 침탈당하는 모습이 확대되는 모습일 뿐이라고 하였다.

---

31) 위의 책, 245~247쪽.

자본제적 상품=화폐경제가 자연경제를 대신하였다. 더구나 이는 <u>농촌</u>
<u>에서의 자본주의의 발전을 의미하는 것이 아니라</u>, 모든 선행하는 생산형태
에 단지 '문명적'인 자본주의적 의상을 입혀, 봉건적=관료적 및 고리대적
수취의 모든 형태를 부활하고 소생시켜, 이리하여 그들에게 광범한 존재의
여지를 준 데 불과하다. 이리하여 이 외국자본주의의 침입은 농민을 이중
삼중의 색색가지 형태에 의한 수취에 의해 영락시키고, 종래의 농촌가내공
업과 농업의 직접적 결합을 파괴했다.[32]

백남운이 갑오개혁 이후 자본가 계급이 성장하고 있다고 평가한 반
면, 이청원은 개항 이후의 역사 발전 단계를 저평가했다고 볼 수 있다.
이러한 차이는 있었지만, 양자 모두 한국 사회가 사적 유물론에서 말하
는 바 봉건적 사회구성 단계에 있었다고 주장함으로써 보편적 법칙에
의하여 발전해 왔다는 점은 공통적으로 인정하였다. 그리고 일제 통치
하의 사회에 대해서도 자본주의의 법칙이 통용된다는 전제 하에 '이식
자본주의'라는 용어를 사용함으로써 후술하는 '밖으로부터의 근대화'
'외세에 의한 근대화' 논리를 열어둠으로써 한국사 발전론의 토대를 성
립시켰다.

3. 1960년대 한국사 발전론의 확립

1) 근대화론 수용과 민족주의적 반발

1945년 해방을 맞이하자 마르크스주의 역사학과 신민족주의 역사학
이 역사학계를 주도해 가는 듯했다. 그러나 분단 정부 수립 이후 1950

---

32) 위의 책, 243쪽.

년대 후반까지 남한에서 마르크스주의 역사학자들은 대부분 월북하였
고, 신민족주의적 역사학도 그 주창자였던 이인영·손진태가 납북당함
으로써 명맥을 유지할 수 없었다.[33]

　남한에서는 1950년대까지 여전히 일본 통치하에서 구성된 한국사 정
체론이 유지되고 있었다. 그러나 그 정체론은 봉건제가 결여되었다는
의미의 정체론은 아니었다. 아시아적 생산양식으로 인해 다른 봉건제보
다 뒤처졌다는 의미에서의 아시아적 봉건제론에 규정된 정체론이었다.

　예컨대, 1953년경 김용덕은 잡지 『사상계』에 기고한 글에서 한국사
회가 북방 민족의 침략 관계와 농업에서의 물 관계로 인해 한국에는
'동양적 집권적 봉건제도'가 성립하였다고 하였다. 그 하부의 토지 국
유제는 시간이 지남에 따라 관료들의 대토지 사유, 중간 지주층의 발생
발전, 토지의 사적 점유 등으로 집권적 봉건사회를 마비시켜 갔다고 했
다. 그 결과 농업사회의 보수적 속성, 상업의 미발달로 시민계급이 결
여되어 유럽과 같은 자본주의 경제로 발전하지 못하였다고 했다.[34] 후
쿠다 도쿠조가 언급했던 '봉건제 결여론'을 벗어난 한국사 정체론인데,
이는 일본 통치하 백남운이 최초로 언급한 아시아적 봉건제로부터 영
향받은 역사서술이라고 할 수 있다. 즉, 한국사가 정체되었다고 하지
만, 일본에게 병탄당하기 이전의 한국 사회는 노예제 사회가 아니라 봉
건제 사회라는 주장인 것이다.

　대부분의 논자들은 일본에 의해 한국에 자본주의가 이식되었다는
입장을 취하고 있었다. 일본에 의한 소위 '외부로부터의 근대화' '밖으
로부터의 근대화'가 진행되었으며, 그 결과 식민지가 되었지만 봉건적

---

33) 해방 직후의 한국사학계 상황에 대해서는 김정인, 「식민사관 비판론의 등장과
　　내재적 발전론의 형성」, 『사학연구』 125, 2017, 10~21쪽에 상세하다.
34) 김용덕, 「國史의 基本性格: 우리 社會의 停滯性을 中心으로」, 『사상계』 7, 1953. 11.

요소들이 불식되고 사회적 개혁도 하나의 전환기를 이루었다는 입장이었다.[35] 이러한 입장은 식민지 지배에 의해서도 사회가 자본주의적 체제로 변화할 수 있다는 것으로서, 오늘날 우리에게 익숙한 '식민지 근대화론'과 일맥상통한 관점이었다. 또한, 1950년대 사회를 바라볼 때에도 한국사회가 근대화하여 제도상으로는 시민사회화가 되어 있어도 봉건적 사유와 관행이 남아 있으므로 완전한 근대를 지향해야 한다든지 비근대적 요소를 제거하는 데 집중해야 한다는 '근대주의'적 관점을 보이고 있었다.[36]

'근대주의'적 관점은 1960년 전후부터 미국발 근대화론이 수용되면서 '근대화'라는 말과 함께 전국으로 확산되어 갔다. 특히 미국 케네디 대통령의 보좌관이었던 로스토우의 근대화론은 한국 내의 학자, 정치가, 관료들에게 엄청난 영향을 미쳤다. 1960년 1월 『사상계』와 국내의 신문을 통해 로스토우의 저작과 이론이 소개된 이래 경제 발전 계획과 관련된 거의 모든 논문과 글들이 로스토우의 이론에 대해 언급하였으며, 중고등학교 교과서에도 소개되었다.[37] 이전까지 '근대화'라는 용어는 자본주의 경제로의 이행, 기술·장비의 혁신, 정치·사회·경제·문화의 혁신 등을 의미하였지만, 이제는 한 사회가 전통 사회로부터 선행조건 충족 단계, 도약 단계, 성숙 단계, 고도대중 소비단계로 진화 발전하는 전 과정을 의미하는 것으로 확대되었다.[38]

---

35) 천관우, 「甲午更張과 近代化」, 『사상계』 17, 1954년 12월; 조기준, 「한국경제의 근대화과정」, 『사상계』 67, 1959.02.

36) 홍정완, 『전후 한국의 사회과학 연구와 근대화 담론의 형성』, 연세대 박사학위논문, 2017, 176~191쪽 참조.

37) 위의 글, 296쪽.

38) 도면회, 「1960년대 한국의 근대화론 수용과 인문학계의 변화」, 『역사와 현실』 120, 2021, 310~311쪽.

로스토우의 근대화론은 마르크스의 사적 유물론과 유사하면서도 다른 측면을 가지고 있었다. 첫째, 로스토우는 자신이 설정한 경제성장 단계인 〈선행조건 충족〉, 〈도약〉, 〈성숙〉, 〈고도대중 소비〉 등 각 단계가 사적 유물론에 설정된 〈봉건주의〉, 〈부르주아 자본주의〉, 〈사회주의〉, 〈공산주의〉와 각각 대응하는 단계라고 하였다.[39]

둘째, 마르크스가 자본주의로 이행하는 과정에서 부르주아지가 핵심적 역할을 수행하였다고 함으로써 일국적 또는 내재적 발전론을 설정한 데 반해, 로스토우는 선진제국의 침략에 대해 반발하는 민족주의적 엘리트가 근대과 과정에서 중요한 역할을 한다고 함으로써 국제적 외재적 발전론을 설정했다. 즉, 선진 열강의 침략으로 인한 인간적 국민적 존엄성 모욕에 대한 반발로 인하여 전통적 사회의 다양한 계층들이 단합하여 식민주의 내지 준식민주의 세력과 결탁한 정치 집단과 싸우면서 독립한 근대 국가를 창립하고자 했다는 것이다.[40]

셋째, 마르크스는 인간은 경제적 이해관계에 의해 지배되며 생산양식 또는 역사의 변화는 계급 투쟁 또는 혁명에 의해 진행되는 것으로 보았다. 이에 반해 로스토우는 인간은 경제적 이익뿐만 아니라 권력과 모험을 추구하는 한편, 자기 가족, 고장, 민족 문화의 가치, 인류애 의식 등 사적 유물론에서 말하는 상부구조에 의해 움직일 수도 있는 존재라고 보았다.[41]

로스토우의 근대화론은 5·16쿠데타로 등장한 박정희 정권에 의해서 일련의 경제개발계획을 뒷받침하는 이론으로 활용되었다. 이로 인하여 1960년대 이후 근대화는 주로 공업화 또는 산업화를 지칭하는 용

---

39) W. W. 로스토오, 이상구·강명규 공역, 『경제성장의 제단계』, 법문사, 1961, 239쪽.
40) 위의 책, 57~60쪽.
41) 위의 책, 239~245쪽.

어로 받아들여졌다.

한국 민족주의에 천착했던 정치학자 차기벽, 서양사학자 민석홍 등은 다른 여러 측면도 중요하지만, 근대화의 제일의적 중점은 산업화, 공업화, 나아가서 경제 건설과 성장이라고 언급하였다.

> 우리는 근대화란 다름 아닌 <u>산업화</u>임을 명심하고 경제건설에 총력을 기울여 경제 자립을 서둘러야 한다.[42]

> 근대화의 여러 과업 중 무엇이 가장 급하냐고 묻는다면 나는 '<u>공업화</u>'라는 말에 압축되어 있는 경제성장이라고 말하지 않을 수 없다.[43]

역사학계에서는 근대화론을 받아들여 먼저 자본주의 국가로 이행한 유럽과 유사한 현상을 조선 후기 이후의 한국사에서 찾아내고자 했다. 그리고 여기에는 물론, 일본 침략에 의한 외부적 자본주의화 현상도 근대화 현상으로 인정하고자 하는 경향도 존재하였다. 먼저, 북학파를 비롯한 실학사상과 천주교 전파, 동학사상 창도, 순조대의 공노비 혁파, 갑오개혁기의 공노비·사노비 혁파, 외국무역과 京商·灣商·松商 등 대상인과 장시 등 상업 발달 등 서유럽의 계몽주의 사상이나 개신교의 흥기, 농노 해방, 상업자본 축적과 상업·무역 발전에 비견되는 사건들을 추적하였다.[44]

그런데 이같이 근대화론에 입각한 연구 경향에 대한 민족주의적 반발이 나타났다. 근대화가 중요하지만, 외세의 영향이나 압력 하에서 이

---

[42] 차기벽, 「한국민족주의에의 도전과 시련」, 『국제정치논총』 6, 1967, 62쪽.
[43] 閔錫泓, 「歷史의 現段階」, 『사상계』 182, 1968.06., 22쪽.
[44] 김용덕, 「高麗·朝鮮社會의 比較: 韓國近代化過程 研究序說」, 『사상계』 134, 1964.05., 216~223쪽.

루어진 근대화, 즉 타율적 근대화 또는 '밖으로부터의 근대화'는 외세
특히 일본을 위한 것이고 한국인을 노예 상태로 만들었으므로 인정할
수 없다는 관점이었다.

『사상계』 1963년 2월호에 게재된 「씸포지움: 한국사관은 가능한가?:
전환기에서 본 民族史眼」을 보자. 경제학자 최문환은 과거 한국인의
역사 연구가 "일본인에게 대항한다는 데서 공공한 민족정신 일관의 정
신사관에 치우쳐가고 결과적으로는 외래적인 것을 그대로 적용하는
넌센스"를 보인다고 했다. 역사학자 천관우도 "사관, 주체성, 이런 문제
가 나올 때 항상 민족 이야기가 우선 나오기 쉽다. …(중략)… 민족 중
심으로 보는 사관도 좋지만 반드시 그것만 옳다고 할 근거도 없다"라는
등으로 민족주의에 집착하는 태도를 비판하면서, '밖으로부터의 근대
화'에 대해서도 주목해야 한다고 언급하였다.

역사학자 홍이섭은 토지조사사업을 기형적이나마 한국 근대화의 계
기로 볼 수 있다는 최문환의 언급에 대해서 "경제사를 연구한 이들이
'나타난 것'에만 치중하는 면이 있다. 한국 전토의 막대한 토지가 총독
부 소유로 넘어간 것을 유의하여 이 점을 이야기해 주어야 할텐데 자
꾸만 '근대화'라는 간판 밑에서 정말 보아야 할 큰 덩어리를 빠뜨리고
있다. 그렇기 때문에 막연히 서구적인 '근대화'라는 말만 갖다 놓는다
는 것은 본질적인 것을 인식하는 데 저해가 된다"라고 비판하였다.[45]

'밖으로부터의 근대화론'과 민족주의적 관점의 대립은 근대화론의
아시아 수용 양상을 종합적으로 검토하는 장이었던 1965년 고려대 아
세아문제연구소의 국제 학술대회에서도 나타났다. 당초 학술대회의
취지서에 의하면, "한국 근대화의 역사는 1876년 일본과의 강화도조약

과 함께 시작되었다고 할 수 있다. 일본 식민통치하 36년 동안 수동적인 근대화가 민족 독립을 위한 투쟁과 더불어 진행되었다. 그러나 이는 지배당하는 한국인들보다는 식민 권력에 유리한 근대화 형태를 가져왔다."라고 하여,[46] 일본의 식민 통치를 일종의 근대화로 해석하고 있었다.

그런데, 역사학자 이선근은 「일본의 한국에 대한 식민정책이 근대화에 기여한 정도」라는 제목의 발표문에서 "다른 두 나라보다 근대화에 급속하게 앞선 일본이 그 이웃인 한국의 진보에 얼마나 많은 기여를 할 수 있었는지가 의문이다. 결론적으로 말하면 일본의 식민 통치는 한국의 근대화에 혜택보다 더 많은 해악을 끼쳤다." "수탈에 중점을 두었기 때문에 일본인 식민 관료와 이민자들이 그렇게 자랑하던 근대적 시설은 한국인들에게 큰 도움이 되지 못했다. 일본인들이 철도와 항만 시설을 건설하고, 전신, 전화, 전등을 도입하며, 상하수도를 시설하고, 은행, 회사, 병원, 학교를 건립한 것 등은 모두 그들의 군사적 안보적 목적 때문이며 이민자들의 편의를 위한 것이었다."[47]라고 하여, 일본의 식민 통치는 한국의 근대화에 기여한 바가 없다고 했다. 오늘날 한국사 교과서의 주류적 견해인 식민지 수탈론의 전형적 논리가 이 시기부터 개진되고 있음을 볼 수 있다.

흥미로운 점은, 일본의 근대화를 높이 치켜세웠던 미국의 일본사 연구자 마리우스 잔센이 토론한 내용이다.[48] 그는 인도네시아, 필리핀 등

---

[46] Asiatic Research Center, "Prospectus of the International Conference on the Problems of Modernization in Asia", *International Conference on the problems of Modernization in Asia*, Korea University, 1965, p. 5.

[47] Lee, Sun-keun, "The Extent to Which the Japanese Colonial Policy toward Korea Contributed to her Modernization", Asiatic Research Center, *International Conference on the problems of Modernization in Asia*, Korea University, 1965, p. 324, p. 330.

과거 대부분의 식민지에서는 무정형이었던 지역에서 국가를 만들어내는 등의 근대화가 이루어졌다고 할 수 있지만, 한국은 식민지화 이전에 잘 발전된 민족국가로 보인다고 전제했다. 한국에서는 일본의 철저한 통제로 인해 갈등이 극대화되고 상호 경멸로 인해 더욱 복잡화되었고, 이로 인하여 한국은 1단계 근대화가 이루어진 대부분의 서구 식민지 사례와 결정적으로 달라 보인다라는 취지로 이선근의 주장을 수용했다. 그러면서도 그는 일본이 한국에 실시한 공업화 시설들에 대해 언급하면서 일본으로서도 비용이 많이 들어가는 것이기도 했다는 등 식민지 근대화론의 입장을 남겨 두었다.[49] 이후 한국사 연구에서 일본의 통치 시기에 대해 '밖으로부터의 근대화'와 같은 표현은 1980년대까지 등장하기 어렵게 되었다. 강력한 민족주의적 관점으로 인하여 일본의 식민 통치기에 실재했던 근대적 변화에 눈을 감아버리게 한 것이다.

2) 사적 유물론의 부활과 민족주의적 순치

근대화론이 수용되는 시기를 전후하여 사적 유물론도 일부 역사학자와 경제학자 등을 통해 '자본주의 이행론'이라는 형태로 부활하기 시

---

[48] 1960년대만 해도 미국의 역사학계에서 한국사는 일본사의 주변부로 취급되고 일본인의 연구 성과를 통해 전달되는 상황이었기 때문에 잔센은 한국사에 대해 불충분한 지식을 가지고 토론할 수밖에 없었다.

[49] *Op. Cit.*, p. 338. 식민지에서 근대화를 위한 선행조건 충족이 어느 정도 이루어졌다는 입장은, 로스토우 근대화론에서도 확인할 수 있다. 즉, 제국주의 열강이 정책적으로 추구하지는 않았지만, 항만·부두·도로·철도의 건설, 중앙집권적 조세제도의 도입, 도시화, 무역을 위한 근대적 경제활동, 서구식 교육의 개방 등으로 반쯤 근대화된 환경 속에서 식민세력의 철수를 강요할 만큼 정치적 군사적 압력을 가하는 현지민의 민족주의적 단합이 이루어질 수 있다라고 했다(로스토오, 앞의 책, 58쪽).

작하였다. 여기에는 1930년대 이후 마르크스주의 역사학의 존재도 영향을 미쳤겠지만, 그보다는 1950년대 국제적으로 이루어진 '자본주의 이행 논쟁'의 효과가 더 컸다고 보인다.

1946년 영국의 모리스 돕이 출간한 저서 Studies in the Development of Capitalism에 대해 미국의 폴 스위지가 1950년 잡지 『Science and Society』에서 비판을 가한 이후 일본, 영국, 프랑스, 소련, 폴란드 등의 학자들이 참여하면서 국제적인 논쟁이 진행되었다.[50] 논쟁 과정을 통하여 마르크스가 제시했던 '봉건적 생산양식으로부터 자본주의로의 이행이 이루어지는 두 가지 길'을 둘러싼 논의가 이루어지고, 일본측 참가자 다카하시 고하치로는 그 결과를 다음과 같이 정리하였다.

자본주의로의 이행 유형은 ①생산자가 상인과 자본가가 되는 길, ②상인이 생산을 직접 지배하여 산업자본가가 되는 길의 두 가지 길이 있는데, 이 두 가지 길이 시민혁명과 밀접하게 연결된다. 유형 ①은 영국·프랑스를 포함한 서유럽에 해당한다. 여기서 시민혁명은 자본제 상품 생산을 지향하는 사회 그룹과 자본의 생산을 저지하는 사회 그룹 사이의 국가 권력 쟁탈을 위한 격렬한 투쟁이었다. 전자는 자유로운 독립 자영농층 = 중산적 생산자층(소시민층)을 기반으로 그 분해 과정 속에서 자생적·필연적으로 형성된 그룹이다. 후자는 봉건적 토지귀족이나 독점상인·특권기업가 등 상층 부르주아가 주도하여 형성된 그룹이다. 이 투쟁의 결과 서구에서는 전자가 후자를 격퇴시켰다. 이 고전적 시민혁명은 봉건적 토지소유와 길드 규제로부터 생산자를 자유롭

---

[50] 김대환 편역, 『자본주의 이행논쟁』 동녘, 1984. 모리스 돕의 저서의 핵심 부분, 돕이 논쟁의 전체적인 경과를 편집한 Transition from Feudalism to Capitalism, 그 이후의 관련 논저를 추가하여 번역한 책이다. 이보다 앞서 한국 사회에 이 논쟁을 소개하고 한국 근대화 과정에 적용하고자 한 시도는 주종환, 「봉건제로부터 자본주의로의 이행」, 『경제학 연구』 21, 1973 참조.

게 하는 것을 목표로 하였으며, 시민혁명 결과 이들은 자유롭고 독립적인 상품생산자가 되었다.

이에 반해 유형 ②에 해당하는 독일(프러시아)과 일본에서는 사정이 전혀 달랐다. 이들 나라에서 봉건적 토지소유는 그대로 남아 있었고, 자유롭고 독립적인 농민과 중산 시민층은 발달하지 못했다. '농민해방'과 명치유신에서의 '지조개정'과 같은 부르주아 개혁은 융커의 토지소유와 반봉건적 토지소유의 지위를 법률적으로 확인시키는 과정을 포함하였다. 이들 나라에서 자본주의 형성은 유럽과 반대로 주로 前貸制 상인자본의 산업자본으로의 전화 과정을 통해 이루어졌다. 근대 민주주의 성립을 위한 사회경제적 조건은 나타나지 않았다. 반대로 자본주의는 과두 체제 안에서 그 길을 찾아야 했으며, 전제적 과두 지배자들은 자유주의와 민주주의를 억누르려고 하였다.[51]

다카하시의 정리 방식은 1930년대 이래 일본 자본주의 발달 과정을 둘러싸고 논쟁을 벌여온 강좌파와 노농파 등 일본의 마르크스주의 그룹 중에서 강좌파의 입장을 계승하는 한편, 막스 베버의 이념형을 받아들여 영국 자본주의 발달사를 정리한 오츠카 히사오의 근대주의적 정리 방식을 절충한 것이었다. 일본 강좌파는 명치유신의 기본적 성격을 부르주아혁명으로 보지 않고, 천황제 국가권력의 본질을 절대주의로 간주하였다. 일본의 경제적 사회구성은 자본주의와 반농노제적 기생지주제라는 이질적 경제제도가 구조적으로 결합하고 있는 상태로 규정하였다. 일본 자본주의는 1890년대 후반 이후 확립기에 들어감과 동시에 제국주의로 전화하여 군사적 성격을 강화시켜 전체적으로 군사적 · 반농노제적 자본주의라는 특수한 형태를 형성하고 있다는 입

---

51) 高橋幸八郎, 「돕-스위지 논쟁에 부쳐」 김대환 편역, 위의 책, 167~175쪽.

장이었다.[52]

　오츠카는 전근대 사회 체제 내에서 그 지배 질서를 돌파하여 자유로운 소상품 생산농민(중산적 생산자)층이 탄생하고 이들이 자본가와 임노동자로 양극 분해하고 사회적 분업의 진전과 국지적 시장권의 성립이라는 '이행' 과정을 통해 근대적 산업자본이 발전 궤도에 오른다는 절차를 정식화하였다. 그는 일본에서는 봉건적 소농민이 자유로운 소상품 생산자로 전화하는 것이 곤란하여 양극 분해가 기생지주 – 소작농 관계로 귀결해 가는 데 주목하였다. '근대' 사회의 성립 과정에서 영국과의 유형 차이를 확인하여 패전 이후 일본이 이 약점을 어떻게 극복하여 전형적인 근대를 실현할 것인가를 과제로 삼아야 한다고 생각하였다.[53] 즉, 어떻게 해야 일본의 '의사적 근대'를 영국 같은 '전형적 근대'로 변혁시킬 것인가라는 문제의식을 제시한 것이다.

　이러한 이론은 일본 통치기부터 활동했던 연구자들의 진단학회보다 해방 이후 역사학계에 입문한 연구자들이 조직한 역사학회 또는 한국사학회에서 먼저 수용하였다.[54] 대표적인 작업이 김용섭과 강만길의 연구라고 할 수 있겠다. 김용섭은 전봉준 공초의 분석을 통해 "동학란은 …(중략)…봉건적 지배층에게 무질서하게 반항해온 이 광범한 농민층을 수습하고 그들에게 혁신 원리를 부여함으로써 자연발생적인 민란을 사회개혁 운동의 수준에까지 이끌어 올리려고 노력한 것은 동란의 이론적 지도자이고 실천자였던 전봉준이었다"라 하여 앞서 진행된

---

52) 永原慶二, 『二十世紀日本の歷史學』, 吉川弘文館, 2003, 93쪽. 한국어 번역서는 하종문 역, 『20세기 일본의 역사학』, 삼천리, 2011 참조.

53) 永原慶二, 위의 책, 154쪽.

54) 1950~60년대 한국사학계의 학회 조직 변화상에 대해서는 김정인, 앞의 논문 참조.

자본주의 이행 논쟁의 성과를 한국사에서도 확인하려 하였다.[55] 이어서 조선후기 양안을 분석한 「양안의 연구」에서 영국 농업 근대화의 세 가지 계급인 지주 – 부농 – 농업노동자 중 부농에 해당하는 '경영형 부농' 개념을 추출하였다.[56] 강만길은 조선 전기의 수공업 체제의 분석을 통해 "조선 후기에는 왕조의 지배체제가 초기 같이 강화되지 못하여 철저한 관장제가 부활하지 못한 사실 등으로 미루어 보아 이들 私匠이 후기 수공업계의 주인공으로 등장할 것이라"고 전망함으로써 생산자가 자본가가 되는 자본주의 이행의 제1의 길을 한국사에서 추적하는 모습을 보이고 있다.[57]

유럽 자본주의 이행 과정에서 나오는 부농의 존재, 민간 수공업의 발전 등을 통해 소위 '자본주의 맹아'가 한국에도 존재했다는 학설이 이때부터 한국사 연구자들을 자극하기 시작했다. '봉건제 결여론' 이래 지배적이었던 한국사 정체론을 극복할 수 있다는 자신감이 팽배하게 퍼졌으며, 이러한 자신감에 입각하여 발표된 여러 연구 성과들을 집약하는 장으로서 1967년 12월과 1968년 3월 〈한국사의 시대구분 문제〉라는 제목의 학술대회 및 종합토론이 각각 진행되었다.

이들 논의에서 주목해야 할 점이 있다. 우선, 기존의 한국사 연구단

---

55) 김용섭, 「전봉준 공초의 분석」, 『사학연구』 2, 1958, 48~49쪽.

56) 김용섭, 「양안의 연구(하): 조선후기의 전호경제」, 『사학연구』 8, 1960, 118쪽. 김용섭은 중학교 5, 6학년 시절 사회과 선생님으로부터 영국 자본주의 성립사를 개괄적으로 배웠다고 하는데, 그 회고 내용은 위의 오츠카 히사오의 논리와 매우 유사하다. 그밖에 김용섭의 석사논문 발표 과정 회고를 보면 자본주의 이행 논쟁, 아시아적 생산양식에 대해 천착하고 있었음을 알 수 있다(김용섭, 『역사의 오솔길을 가면서』, 지식산업사, 2010, 88~99쪽, 106~112쪽).

57) 강만길, 「朝鮮前期 工匠考」, 『사학연구』 12, 1961, 71~72쪽. 강만길 역시 김용섭과 마찬가지로 일본 통치기 마르크스사학의 성과와 국제적으로 진행된 자본주의 이행 논쟁의 성과를 읽으면서 자본주의 맹아론 연구의 일환으로 수공업 연구를 했음을 밝히고 있다(강만길, 『역사가의 시간』, 창비, 2010, 166~175쪽).

체가 아니라 창립된 지 5년밖에 안 된 한국경제사학회가 주최했음에도 불구하고 한국사, 경제학, 정치학 등 관련 학계의 중진들이 모두 모였다는 점, 마르크스주의 사적 유물론을 본격적으로 도입하여 한국사 전체의 흐름을 논의하였다는 점이다.

경제사학회 회장이었던 고려대 경제학과 조기준 교수는 다음과 같이 한국의 학문 수준이 사적 유물론을 극복하지 못하고 있음을 토로하였다.

> 19세기 말엽부터 20세기 초기에 걸쳐서 마르크스의 유물사관은 유럽의 사회경제사학을 석권하여 왔고, 이 사관은 일본과 한국에도 도입되어 1930년대 이래의 한국 사회경제사 연구에서도 금과옥조로 삼아왔다. 해방 후의 한국 사회경제사가들은 유물사관은 이미 낡은 것이라고 하고 그로부터 탈출하려는 노력으로 일관하고 있다. 그러나 현재 한국의 사회경제사학은 이 낡은 사관의 테두리에서 얼마만큼이나 벗어났다고 할 수 있을 것인가.[58]

이러한 성찰은 한국사의 시대구분에 관한 기존의 여러 연구를 정리한 이기백의 발표에도 나타났다. 그는 일본 통치기 이래 출간된 한국사 개설서들을 분석한 결과, 시대구분의 기준을 6개로 나누어 볼 수 있지만, 그중에서 사회발전 단계를 기준으로 한 백남운, 이청원, 전석담, 손진태, 경성대학 조선사연구회, 한우근·김준철 등의 저서에 사용된 시대구분법을 가장 높이 평가하였다. 이 시대구분은 기존의 최남선, 이병도, 진단학회 등의 시간 원근에 의한 구분(고대－중세－근대)을 비판하는 데서 출발한 것으로, 시대구분에 사회형태 혹은 사회구성이라는 기준을 넣은 점, 한국사회의 발전을 세계사의 발전법칙이라는 공동분

---

[58] 한국경제사학회 편, 『한국사시대구분론』, 을유문화사, 1970, 2쪽.

모 위에서 저울질해 보려고 한 점에서 한국사학의 커다란 발전이라고
평가하였다.

> 이 시대구분법은 한국사의 발전이 세계사적 관점에서 정상적인 것이었
> 다고 주장하려 한 점에서 정체성 이론에 대한 비판을 내포하고 있으며, 따
> 라서 강한 민족주의적 색채를 띠고 있다. 민족의 열등의식을 불식하는 효
> 과를 노리기도 하는 이 방법은 한국의 민족주의 사관이 지향해야 할 방향
> 의 하나를 제시해 준 셈이기도 하다.[59]

여기서 흥미로운 점은, 서슬 시퍼런 국가보안법이 맹위를 떨치고 있
던 1960년대 후반에[60] 사적 유물론을 동원한 시대구분, 다른 말로 하자
면 한국 역사도 사적 유물론에서 말하는 법칙대로 발전해 왔다는 주장
이 민족의 열등의식을 불식해 주어 향후 한국의 민족주의 역사학이 지
향해야 할 방향을 보여준다고 한 점이다.

또 한 가지 주목할 점은 사적 유물론의 명제를 받아들인 시대구분을
하면서도 학술대회 전체 발표문을 통해서 지배계급과 피지배계급의
계급투쟁이나 대립, 또는 사회 혁명을 언급하는 내용은 보이지 않는다
는 점이다. 고대부터 근대까지 경제구조나 생산관계를 논의하면서 지
주와 전호, 노비와 노비주 개념은 언급하지만 계급 투쟁 관련 사건은
언급하지 않는 경향이었다. 다시 말해 생산에 종사하는 피지배계급과
그 잉여 생산물을 취득하는 지배계급이 대립 충돌하는 국면에 대해서
는 언급이 없다는 것이다. 이는 곧 생산력 발전 중심으로, 계급적 이해

---

59) 이기백, 「한국사의 시대구분 문제」, 한국경제사학회 편, 『한국사시대구분론』, 을
유문화사, 1970, 12쪽.
60) 1960년대 후반에는 동베를린 유학생 간첩단 사건, 북한 게릴라부대의 청와대 습
격 및 울진·삼척 지구 침투 사건, 푸에블로호 납치사건, 통일혁명당 사건 등 북
한의 무력 도발 및 간첩단 사건이 연속 발생하고 있었다.

관계의 민족으로의 수렴을 통한 '평화로운' 내재적 발전으로 한국 역사
를 서술하게 만들었다.

이처럼 계급 대립을 민족으로 수렴하는 방식의 사고는 이보다 1년
전인 1966년 10월 말 한국국제정치학회 주최로 정치학, 경제학, 역사학,
사회학 등 학계의 중견 연구자들을 동원하여 사흘 동안 개최된 〈한국
민족주의〉 학술대회에서도 일반적인 경향으로 나타났다.[61] 기조 발제
를 맡은 정치학자 이용희는 1960년대 후반 시기까지도 일제에 저항하
던 '저항적 민족주의' 입장에 서서 새 정권과 대치한다는 것은 근대국
가'화'되는 과정에서 낙오되는 길이라고 하여 민족주의의 저항성을 완
화시키고 국가권력과 민족주의의 화합을 간접적으로 요구하였다.[62]
그는 종합토론 과정에서도 근대적 능률주의 덕분에 정상적 효율적 자
본 축적이 이루어지는 한편에서 사회 정의가 유지되는 까닭은 능률주의
를 넘어서는 근대 국민 곧 민족국가의 목표가 설정되고 그것이 국민 전
체에 공감되기 때문이라고 하면서 민족적 화합을 다시 주문하였다.[63]

사회학자 고영복은 후진국 민족주의에서 민족국가를 1차적 준거집
단으로 설정하는 몇 가지 이유가 있는데, 그 중 하나는 민족국가가 계
급 간 타협을 중재하는 기능을 갖고 있기 때문이라고 하였다. 즉, 민족

---

[61] 「27일부터 심포지움 한국국제정치학회」, 『동아일보』 1966.10.22., 5면. 사흘 동안
발표된 주제와 발표자는 다음과 같다. 「기조논문: 한국민족주의의 제문제」(이용
희 서울대 외교학과); 「한국민족주의의 역사적 성격」(홍이섭, 연세대); 「경제개
발계획과 한국의 민족주의」(박희범); 「한국 민족주의의 주도층과 리더십」(고영
복); 「한국민족주의에의 도전과 시련」(차기벽); 「미국의 외교정책과 한국의 민족
주의」(박봉식). 이들 발표문과 종합토론은 모두 『국제정치논총』 6, 1967에 수록
되었다.

[62] 이용희, 「한국 민족주의의 제문제」, 『국제정치논총』 6, 1967, 25~26쪽.

[63] 이갑섭, 박희범 등, 「토론 제2부 경제개발계획과 한국의 민족주의」, 『국제정치논
총』 6, 1967, 129쪽.

국가는 계급 이해 관계의 갈등을 민족 이익 속에 흡수하는 역할, 즉 계급질서를 고정시키는 것도 아니고 평준화를 하는 것도 아닌, 타협을 모색하는 역할을 하기 때문이라는 것이다.[64]

정치학자 차기벽은 1960년 이후 다시 등장한 민족주의는 한국 보수 세력과 그 도피처였던 자유민주주의에 대한 비판이며 우리 자신의 역사적 과제 해결에 대해서는 지극히 소홀해 오던 여태까지의 한국 민족의 태도에 대한 반성을 의미한다고 주장했다. 이 같은 민족의 주체의식 발현은 곧 실용적인 국가 이익의 추구와 근대화, 특히 경제 발전의 추진으로 나타나고 있으므로, 근대화의 원동력은 민족주의에서 찾아야 한다고 언급하였다.[65]

박정희 정권 초기의 경제 참모였던 박희범도, 19세기의 어떠한 후진국의 근대화 과정을 보더라도 민족주의적 접근 없이 근대화를 달성한 나라를 찾아보지 못하였기에, 경제 개발과 민족주의라는 것은 후진국 경제에 하나의 대전제이다. 현재 한국 정부가 그러한 경제적 민족주의를 어떻게 추구하고 있는가를 주목해야 한다고 문제를 설정하였다.[66]

이러한 민족주의를 실현하는 과정에서 지도자와 지도층과 민족 대중의 관계가 어떠해야 할 것인지에 대해서도 언급되었다. 토론 과정에서 철학자 박종홍은 이용희가 기조 발표에서 위의 3자가 합쳐야 한다는 말을 강조했는데, 중간층이 힘을 가지고 계몽에 임하면서 정치에 영향을 줄 수 있는 治者 정치, 정권을 장악하지는 못할망정 그런 태도로 강하게 나갈 필요가 있지 않은가라고 하여 민족 단결 과정에 중간층의 역할을 강조하였다.[67]

---

64) 고영복, 「한국민족주의의 주도권과 리더십」, 『국제정치논총』 6, 1967, 46~47쪽.
65) 차기벽, 「한국 민족주의에의 도전과 시련」, 위의 책, 58쪽, 62쪽.
66) 이갑섭, 박희범 등, 「토론 제2부 경제개발계획과 한국의 민족주의」, 위의 책, 132쪽.

어느 모로 보더라도 민족 내부의 계급 대립과 충돌, 투쟁을 연상하게 하는 언급은 한 마디도 없었다. 오로지 계급 이해 관계를 민족국가가 나서서 화합시켜야 하며, 그 과정에서 중간층의 역할이 중요하다고 강조하는 논의로 흘러간 것이다. 역사학계도 그러한 분위기로부터 자유로울 수 없었을 것이다. 사적 유물론을 연구 방법으로 하여 한국사의 발전을 입증하더라도 계급 투쟁과 혁명을 논할 분위기는 아니었던 것이다. 그런 의미에서 1960년대의 '내재적 발전론'은 사적 유물론이 민족주의에 의해 순치된 상태에 있었다고 할 수 있다.

그러나, 1980년 광주항쟁 이래 독점자본주의가 성장하고 민중운동이 발전하는 가운데, 사적 유물론에서의 계급 대립, 사회 혁명 등의 요소들이 한국사 연구에 등장하기 시작하였다. 특히 1980년대 후반에는 사회구성체 논쟁과 결합하여 사적 유물론 연구가 급팽창하고 혁명적 정세를 뒷받침할 정도로 발전하였으나, 이에 대해서는 별도의 논의를 하여야 할 것이다.

4. 맺음말

지금까지 1960년대 한국사 연구자들이 비판하고자 했던 한국사 정체론의 핵심적 내용을 성립 당시의 문맥에서 재점검하고 1930년대 이래 이에 대한 비판과 극복이 어떤 방향으로 흘러왔는지 검토하였다. 그 결과, 한국사 정체론의 원조 격이라고 할 수 있는 후쿠다 도쿠조의 '봉건제 결여론'은 마르크스주의의 사적 유물론에서 말하는 봉건제 생산

---

67) 위의 글, 180쪽.

양식의 결여가 아니라 독일의 신 역사학파 칼 람프레히트의 문화 발전
단계론에 따른 봉건제의 결여임을 밝혔다.

후쿠다의 봉건제 결여론의 핵심은 경제 단위로서의 양반 가문이 개
인의 인격적 발달이 이루어지지 못하고 방대한 친족적 공동 담보 상태
로 유지되는 조직이라는 것이다. 이로 인해 토지 소유권도 발달하지
못하고 농업과 공업도 발전할 수 없었다는 주장이다. 후쿠다의 한국사
정체론은 그 이후 일본인 역사 연구자들에 의해 부분적으로 수정되었
지만, 한국사 발전이 뒤처졌다는 기본적 관점은 1960년대 이후까지 계
속 유지되면서 일본인 연구자는 물론 정치가들이 일본의 한국 지배를
정당화하는 핵심 이론으로 기능해 왔다.

1930년대 이래 백남운, 이청원 등은 마르크스주의의 사적 유물론에
입각하여 후쿠다가 연구방법론으로 사용한 역사학파 이론을 비판하고
자 하였다. 이들은 사적 유물론의 명제를 부분적으로 변용하여 한국사
가 원시 고대 – (아시아적) 노예제 – (아시아적) 봉건제 – 이식 자본주의
단계로 발전해 왔다고 주장하면서 한국사에도 봉건제가 존재했음을
주장했으며, 1894년 이후 한국사에도 부르주아적 존재가 등장한다든지
동학농민혁명을 부르주아 데모크라시 운동으로 설정하는 등 1960년대
에 등장하는 '자본주의 맹아론'과 유사한 주장을 폈다. 이를 한국사 발
전론의 성립이라고 할 수 있을 것이다.

해방 이후 분단과 전쟁으로 인해 위축되었던 마르크스주의 역사학
과 신민족주의 역사학이 1960년 이후 부활하고, 이와 더불어 미국발 근
대화론이 수용되면서 한국사 발전론을 확립시켰다. 미국발 근대화론
을 수용한 연구자들은 서유럽의 자본주의 발전기에 등장하는 것과 유
사한 현상을 한국 역사에서 검출함으로써 한국사의 발전을 입증하고
자 하였다. 이 과정에서 일본에 의한 자본주의화도 '밖으로부터의 근대

화'로 인정하는 경향이었다. 그러나 민족주의적 반발로 인하여 갑오개혁 이후 일제의 영향 하에 이루어진 각종 근대적 제도 도입이나 자본주의적 경제의 발전은 '근대화'로 인정할 수 없다는 변용을 겪었다.

사적 유물론은 '봉건제로부터 자본주의로의 이행 논쟁' 성과를 수용하는 과정에서 부활하여 한국사에서 '자본주의 맹아'를 검출하는 데 중요한 역할을 했다. 그 결과 '경영형 부농'이나 수공업 생산자가 상인이 되고 자본가로 성장하는 코스를 한국사에서 입증하였고, 나아가 한국사 시대구분에도 사적 유물론의 역사발전 단계론이 적용되는 성과를 이룩했다.

그러나 사적 유물론의 핵심적 요소 중 하나인 계급 투쟁이나 혁명론 등은 이 시기 사적 유물론에는 적용될 수 없었다. 민족주의에 순치되어 민족 통합과 경제적 근대화를 위하여 계급 대립과 충돌, 투쟁을 소거해 버림으로써 근대화론과 구별하기 어려운 모습으로 존재하였다. 이후, 근대화론과 구별되는 모습으로서의 사적 유물론은 1980년대 광주 민중 항쟁 및 독점자본의 성장과 민중운동의 발전이라는 계기들을 통해서야 한국사 연구에 등장하기 시작하였다.

박정희 정권의 민족담론

신문 매체를 통해 표방된 '화랑' 활용 담론을 중심으로

•

조미은

1. 머리말

이 글에서는 박정희 정권기에 신문 매체를 통해 표방된 '화랑' 활용 민족담론을 분석하였다. 신문 보도에서 화랑을 연계하거나 활용한 민족담론의 대상에는 어떠한 것들이 있으며 그 대상은 어떻게 변경되어 갔는가. 그리고 그러한 민족담론은 박정희 정권에서 주장하거나 강조했던 정책 또는 이데올로기 등과 어떠한 관계가 있는가 등을 규명하고자 하였다.

민족주의는 민족 및 국가뿐만 아니라 개인의 삶과도 직접 관련된 이데올로기이자 사상이다. 민족 및 국가의 문제와 각 개인의 삶 혹은 정체성을 결코 분리해서 생각할 수 없음[1]을 의미하기도 한다. 한국 역사상 민족주의는 탈식민 사회에서 가장 강력한 영향력을 발휘하는 담론 중의 하나였다.[2] 박정희 정권은 독재체제와 장기집권에 대한 정당화·

---

[1] 윤건차, 「민족, 민족주의 담론의 빛과 그림자」, 『황해문화』, 2002-1, 새얼문화재단, 2002, 72~73, 87쪽.

공고화·안정화 등을 달성하고 그 과정에서 국민을 설득·통제하고 정권이나 그들의 정책에 대립하는 야당·야권을 바판하기 위하여 국가주의·국수주의·전체주의 등의 이데올로기를 강화하고 전파해 나갔다. 또한 민족주의를 지배담론으로 적극 활용하여 그들이 주도하는 국가주의적 성향의 민족담론을 만들었으며,[3] 민족담론의 주요 대상도 반공·통일·경제발전·민주주의·군사주의·국가주의·평화통일 등으로 변경하였다.[4] '박정희 개인 또는 그 정권이 진정으로 민족주의적이었는가' 또는 '박정희가 민족주의자였는가'라는 문제 등을 떠나서 박정희는 역대 대통령 중에서 민족주의 담론을 가장 열성적으로 생산하고 광범위하게 유통한 인물로 평가되어야 한다[5]고 보기도 한다.

전통은 과거로부터 현재까지 지속되어온 삶의 규범·관습·양식을 가리키는 개념이다. 그러나 전통이 실제 사회에서 존재하는 방식의 관점에서 살펴보면, 전통은 현재의 관점에서 해석되고 선택되고 발명된 '과거'인 경우도 허다하다. 전통의 형성에 작용한 현재의 조작적 행위에 주목한 이론들에서 주장된 바와 같이, 전통은 현재라는 특수한 시기의 특수한 필요로 '만들어진' 과거라고 보는 편이 온당하다[6]는 견해도 있다. 그러한 논리는 전통뿐만 아니라 화랑 또는 화랑도와 같은 '역사

---

2) 황병주, 『박정희 체제의 지배담론: 근대화 담론을 중심으로』, 한양대학교 사학과 박사학위논문, 2008, 국문 요지 4쪽.

3) 구경남, 「1970년대 국정 〈국사〉 교과서에 나타난 애국심 교육과 국가주의」, 『역사교육연구』 19, 한국역사교육학회, 2014, 352쪽.

4) 전재호, 「박정희 체제의 민족주의 = 담론의 변화와 그 원인」, 『한국정치학회보』 32-4, 한국정치학회, 1999, 99~107쪽.

5) 강정인, 「박정희 대통령의 민족주의 담론:민족과 국가의 강고한 결합에 기초한 반공·근대화 민족주의 담론」, 『사회과학연구』, 20-2, 사회과학연구소, 2012, 36쪽.

6) 정종현, 「국민국가와 '화랑도': 애국개몽기~대한민국 건국기의 '화랑' 담론과 활용양상을 중심으로」, 『정신문화연구』 29-4, 2006, 179쪽.

적 내용'이나 '역사적 사건'에서도 당연히 예외 없이 적용되기도 하였다. 근대 초기 이상적인 국민의 형상으로 소환되었던 화랑도는 한국인이 경험한 국민국가의 형태와 소환자에 따라서 다르게 표상되었다. 그중에서도 '국가에 대한 귀속과 충성을 요구하는 것'이 국민국가의 공통된 속성이라고 강조하던 시기를 관통하는 화랑도 이데올로기의 핵심은 '충(忠)'이라고 할 수 있다.[7] 해방 후 역사학인 이선근(李瑄根)과 손진태(孫晉泰)도 국민이 모두 화랑의 정신을 본받아야 한다[8]는 주장과 논리를 제시하였다. 특히 이선근의 『화랑도연구』(1948)에서 무사(武士)·순국과 같은 이미지로 강조한 화랑도론은 이승만 정권에서 대한청년단과 학도호국단의 이념으로 제공되었을[9] 뿐만 아니라 박정희 정권에서도 계속 활용되었다.

박정희 정권은 1960년대 말 여러 가지 국내외적 상황에서 주체적 민족사관을 강조하고, 그들이 의도하는 방향의 '새로운' 국민을 생산하기 위한 작업을 진행하면서 화랑 또는 화랑도를 국가적 차원에서 대대적으로 활용하였다. 즉 이 시기 민족주의 담론은 정권이 체제에 대한 국민의 지지를 확보하기 위해서 그리고 경제발전(=근대화) 등에 '국민의 동원을 극대화'하기 위해서 생산하고 활용했던 지배담론의 핵심[10]이었다. 아울러 그러한 점에서 이 정권이 화랑 활용에 얼마나 적극적이었는가를 짐작하고도 남는다. 박정희 정권의 민족담론에서 화랑과 연계하여 활용한 대상도 시기나 정치적 필요에 따라 다양하게 변경되었다.

---

7) 정종현, 앞의 글, 180~181쪽.

8) 김태식, 「21세기에 부활하는 박정희 시대의 화랑 유적지의 조사연구(문경현 저, 경상북도 경북대학교 인문과학연구소, 2004)」, 『신라사학보』 5, 2005.12, 289쪽.

9) 박성현, 「박정희 정권의 '화랑도(花郎道)'교육: 내용의 연원과 관철의 방식」, 『역사와 현실』 96, 2015, 64쪽, 74쪽.

10) 강정인, 앞의 글, 37쪽.

박정희 정권의 민족담론에서 화랑과 연계하여 활용한 대상도 시기나 정치적 필요에 따라 다양하게 변경되었다.

　박정희 정권의 민족담론에 대한 지금까지의 연구에서 '화랑'은 주요한 소재로는 다루어지고 있으나, '화랑'을 연계하거나 활용한 민족담론을 중심 주제로 한 연구는 매우 적다. 특히 이 글에서 시도하고자 하는 박정희 정권기 신문 매체에 표방된 '화랑' 활용 민족담론에 대한 연구는 현재까지 파악되지 않는다. '박정희 정권 시기 민족담론과 화랑'과 관련된 그동안의 연구성과 내에서 파악할 수 있는 주요 내용은 세 가지 정도이다. 먼저 박정희 정권에서는 화랑도를 삼국시대라고 하는 민족분열기에 통일을 이룩한 민족정기로 평가하고, 남북한 분단을 극복하여 민족통일을 이룰 수 있는 이데올로기로 주목받게 하였다는 것이다.[11] 둘째, 박정희 정권은 화랑에 대한 인식을 이선근의 '화랑도론' 중 핵심 내용인 '국가·민족을 위한 희생의 상징'으로 수용하였다. 아울러 그 내용을 크게 반영한 중·고등학교용 독본 『시련과 극복』을 제작하여 학교 교육에서 화랑도를 강조하는 역사인식을 관철하였다[12]는 것이다. 셋째는 유신체제기에 박정희 정권이 국가 이데올로기를 체화한 애국적 국민을 생산하기 위해 역사와 전통을 어떻게 재탄생시키고 활용했는지를 화랑교육원을 중심으로 살펴본 연구이다. 여기서는 화랑도를 민족통일의 원동력과 총화단결의 상징적 존재로 높게 평가하며, 정치적·교육적 방법을 통해 국가와 민족을 위해 개인이 희생하도록 하였다고 했다. 그러한 이데올로기를 체내화하기 위해 1973년 5월 30일 화랑교육원을 설립하여 학생을 비롯한 교사·사관생도·공무원들을 합숙시키며 의무적으로 화랑 교육을 받도록 하였다[13]는 것이다.

---

11) 김태식, 앞의 글.
12) 박성현, 앞의 글.

즉 박정희 정권 시기 민족담론과 화랑과 관련한 주요 연구성과에 따르면 박정희 정권에서는 화랑 또는 화랑도 정신을 민족통일과 총화단결 등을 이루는 상징적인 존재나 이데올로기로 확장하였다. 그리고 학교 학생, 사관생도, 공무원, 기타 사회 전반적인 국민을 대상으로 일반 학교, 화랑교육원 등에서 정치적·교육적 방법을 통하여 국가와 민족을 위한 충성·희생을 내면화하도록 하는 역사인식을 강화하고 확산하였다.

한편 개인이나 단체·조직에 상관없이 더 많은 대중 또는 국민을 대상으로 소통, 홍보 또는 광고하는 데에 언론 매체가 매우 중요하며 그만큼 막대한 영향력을 지니고 있다. 언론 매체 중에서도 신문은 국민들이 일상에서 접하는 가장 보편적이고 일상적인 매체에 해당한다. 박정희 정권은 군사쿠데타로 출범하였기 때문에 정권 획득 과정에서부터 이미 정당성을 결여했다는 취약성을 안고 있었다. 그뿐만 아니라 박정희 개인적으로도 일제의 만주군관학교에 혈서(血書)로 지원하였고, 심지어 일제가 패망할 때까지 장교로 복무하면서 침략전쟁에 동참하는 등 치욕적인 과거사를 지니고 있다. 그러한 치욕이나 오점 등을 가리거나 위장하기 위하여 박정희와 그 정권은 그들의 정책이나 이데올로기 등을 홍보·확산하여 정당성을 창출하고 국민들에게 역사적 정통성을 내면화하면서 언론을 적극적으로 동원하였다.[14] 그 과정에서 신문 매체는 당연히 일상적이고 필수적인 수단으로 활용될 수밖에 없었다.

이 글은 박정희 정권기에 신문에 보도된 '화랑'을 활용한 민족담론 관련 기사들을 취합하여 분석하려고 한다. 박정희 정권을 비롯하여 신

---

[13] 최광승, 「유신체제기 박정희 정권의 애국적 국민 생산 프로젝트: 화랑도와 화랑교육원을 중심으로」, 『한국학연구』 33, 2014.
[14] 김해식, 「언론에 대한 국가개입의 구조 및 그 전개 과정」, 『언론정보연구』 29, 1992, 서울대학교 언론정보연구소, 48~49쪽.

문사, 각종 논설·사설 집필자 등이 국민의 가장 가까운 일상에서 그러한 담론을 확산하고 내면화하기 위하여 시도했던 실상을 추적하고 입증하는 데 이바지하게 될 것으로 생각한다.

이 연구를 위하여 확보한 신문 기사들을 화랑정신·화랑(도)사상·화랑얼 등과 같이 사상적·정신적인 내용이나 용어를 기준으로 주제별로 분류하였다. 신문 기사들에서 파악할 수 있는 관련 용어로는 민족정신, 민족주체의식 또는 민족주체성, 민족의 얼, 민족의 기상, 국시(國是), 민주주의,「국민교육헌장」의 사상·정신(국민정신 또는 국민교육의 기본이념), 유신이념, 새마을정신, 80년대 민족통일의 철학 등이 있다. 물론 이들 가운데 '민족정신'부터 '민주주의'까지는 박정희 정권 내내 시기와 상관없이 빈번하게 사용된 용어이기도 하다. 이 글의 전개는 박정희 정권이 강조하는 이데올로기의 요체인「국민교육헌장」의 제정(1968년)을 기준으로 하여 그 전과 후로 시기를 구분하여 서술하였다. 박정희 정권에서 신문 매체를 통해 표방된 '화랑' 활용 민족담론에 대하여 시기적 흐름 속에서 전반적 양상을 파악하기 위한 방안이기도 하다.

이 글의 주요 자료로는 온라인 신문 검색 홈페이지 '네이버 뉴스 라이브러리'에서 제공되고 있는『경향신문』,『동아일보』,『매일경제신문』,『조선일보』,『한겨레신문』등 5개 신문이다. 검색 대상 주요 시기는 박정희가 5·16군사쿠데타를 일으킨 1961년 5월부터 그가 사망하던 1979년 10월까지이다. 주요 분석 대상은 화랑정신·화랑(도)사상·화랑얼 등 '화랑'을 연계한 민족담론 관련 내용이 담긴 기사들이다. 화랑정신·화랑(도)사상·화랑얼 중 신문에서 가장 많이 언급된 표현은 화랑정신이다. 온라인 신문 검색 시스템을 통하여 파악한 결과 기사 종류는 크게 논설이나 사설, 개천절·광복절을 비롯한 각종 행사에서 발표되었던 대통령 연설이나 대통령이 한 이야기에 대한 보도, 그 밖의 기사 등이었다. 논설·사설은 작성한 사람의 이름이 밝혀지기도 했지만 없었던 경우도 있다. 따라서 담론의 주체는 박정희 또는 그 정권, 논설·사설 작성자, 신문사 자체라고 할 수 있다.

2. 5·16쿠데타~박정희 정권 초기(1967년까지)

박정희 정권기에 민족담론 관련 신문 보도 중에서 '화랑'을 언급한 용어, 관련 신문기사, 주요 내용을 정리하면 표 〈'화랑'과 연계한 민족담론 관련 용어와 기사〉와 같다.

〈'화랑'과 연계한 민족담론 관련 용어와 기사〉

	용어	기사 제목과 내용	게재 일자, 관련 사건 또는 행사
1	민족정신	「5·16군사혁명의 성격」: 화랑정신은 민족정신이며 3·1운동과 4·19혁명은 민족정신을 잘 승계하였으나, 그 이후 이들을 잘 계승하지 못한 결과 5·16군사쿠데타가 발생함	1962.5.16. 5·16군사쿠데타 후 1년
2	민족주체 의식	「'우리 것' 살리고 사랑하자 '새화랑단' 다섯 손가락에 '오계(五戒)' 맹세」: 민족주체의식을 바탕으로 우리 '민족의 얼'인 옛 화랑도를 이어받아……	1966.9.6.
	민족의 얼	「육사에 화랑 사열대」: 화랑대는 민족의 얼과 전통으로써 자랑삼는 터 되리	1966.9.24. 화랑대 누각에 새겨진 이은상 시
	민족의 기상	「기술보다 정신 존중」: 민족의 기상인 화랑정신을 되살려 해마다 거행되는 체육의 향연	1966.10.10. 전국체육대회 개막식
	민족주체성	「'화랑얼'에 관한 고찰」 상·중: 화랑얼을 되살리지 않고서는 배달민족의 주체성과 독립을 되찾기 어렵다	1967.5.13; 1967.5.15.

3	국시(國是)	「민족의 국시를 세우라」: 삼국시대에 화랑사상으로 국시를 삼아 삼국통일을 완수하는 등…… 단군 정신을 민족의 국시로 정해서 민족적 중흥운동을 전개……	1966.11.29. '단기 4300년 기념사업회' 창립
4	민주주의	「민족의 단결과 번영을 다짐하는 개천절」: 홍익인간·이화세계는 인본주의·합리주의 관념으로 오늘날의 민주주의 관념이라 할 것이다. 그러한 이념을 가장 훌륭하게 표현한 것은 신라시대의 화랑제도라고 할 수 있으며, 화랑정신이 충일(充溢)한 때가 바로 우리 민족사의 전성기·황금시대라고 생각……	1967.10.3. 개천절
5	국민교육헌장의 사상, 국민정신, 국민교육의 기본 이념	「뚜렷한 이념 부각(浮刻)을」: 국민교육헌장 안(案) 마련 목적은 국민의 가치관과 새로운 국민상을 제시하여 국민교육의 기본 이념으로 삼으려는 것…… 국민교육헌장의 사상적 배경은 홍익인간 정신과 화랑정신…… 신라가 화랑정신으로 삼국통일의 기틀을 닦음	1968.8.1. 국민교육헌장(안) 초안 해설
	국민교육헌장의 정신 + 유신이념	「국민교육헌장 8주(周), 후손에 떳떳한 정신문화유산을」;「정신혁명은 교육헌장 바탕서」: 삼국통일을 성취한 선조들이 화랑정신을 원동력으로 배양했던 것과 같이 국난극복과 민족중흥을 위한 오늘의 정신혁명은 교육헌장 정신의 바탕 위에 정립되어야…… 교육헌장의 정신을 유신이념으로 승화……	1976.12.4. 국민교육헌장 선포 8주년 기념식
6	새마을정신	「북괴는 무력적화 포기하라」: 삼국통일 성취 원동력이 화랑정신에 있었다면, 분단된 조국을 평화 통일할 수 있는 추진력은 새마을정신……	1976.8.15(8·15 경축)

| 7 | 80년대 민족통일의 철학 | 「유신 2기를 맞는 새마을운동」: 신라 통일이 화랑정신에 연유했다면 80년대의 남북통일의 밑바탕은 새마을정신에서 연유…… 새마을운동의 성공으로 되찾은 국민적 자신감과 공동운명체 의식은 80년대의 민족통일의 철학으로 승화시켜야 한다 | 1978.12.6. 박정희 제9대 대통령으로 취임 |

* '2. 민족주체의식'에 '민족의 얼'과 '민족의 기상'을 묶은 것은 신문 기사 내용에서 이들 용어가 함께 서술되었기 때문임.
* '5. 국민교육헌장의 정신+ 유신이념'에서 2개의 기사 제목은 날짜는 같으나 신문사가 다름.
* 근거 자료는 '2. 민족의 기상'을 제외하고, 이 논문 본문 참조('민족의 기상' 근거 자료: 『경향신문』).

　2장에서는 화랑을 연계한 신문 보도상의 민족담론 중 1968년 국민교육헌장이 제정되기 전까지 파악되는 민족정신, 민족주체의식(민족주체성), 민족의얼, 민족의 기상 등에 대하여 살펴보겠다.

　1962년 5월 16일 황산덕(黃山德)은 『동아일보』에 실린 「5·16군사혁명의 성격」[15]에서 화랑정신을 민족정신과 연계한 민족담론을 전개하였다. 주요 내용을 요약하면, 화랑정신은 화랑들이 국가가 사느냐 죽느냐 하는 위급한 시기에 나라의 청소년으로 일어나 몸과 목숨을 바쳐 구국운동에 헌신하는 것이다. 김춘추가 그러한 화랑정신으로 삼국통일이라는 대업을 성취하였지만, 신라 이후 청소년의 구국정신 즉 화랑정신은 천여 년 동안 발휘되지 못하다가 3·1운동과 4·19혁명 때에야 크게 폭발했다. 특히 4·19혁명은 민족정신의 재현이며 화랑정신의 재폭발이었다. 그러나 정치인들이 4·19혁명을 잘 계승하여 발전시키지 못하여 사회가 부패한 결과 동남아적인 군사쿠데타인 5·16이 일어났다. 동남아적인 군사쿠데타는 동남아 후진국—태국, 파키스탄, 버

---

15) 「5·16군사혁명의 성격: 화랑(형)과 동남아(형)의 결합형」, 『동아일보』 1962.5.16.

마 등─에서 유행하고 있던 부패숙청을 위해 발생했다는 것이다.

황산덕은 이 논설에서 화랑정신은 민족정신이며 3·1운동과 4·19혁명이 그러한 민족정신을 승계하였다고 보았다. 반면에 5·16군사쿠데타는 정치인들이 '민족정신인 화랑정신을 구현한 3·1운동과 4·19혁명' 등을 잘 계승하여 발전시키지 못한 결과 발생한 후진국적 군사쿠데타라고 하였다. 이 논설은 황산덕이 화랑정신 즉 민족정신이 계승되지 못한 암울한 역사적 상황에서 5·16군사쿠데타를 통하여 등장한 박정희 군사정권과 그에 따른 한국 사회의 미래를 우려하는 견해를 조심스럽게 전개한 것으로 생각한다.16) 그리고 이 논설에서 3·1운동과 4·19혁명에 대해서는 화랑정신을 계승한 역사라고 하였지만 '5·16군사쿠데타'는 그에 포함하지 않았다. 그런데도 박정희 정권은 그러한 화랑정신 중에서 '몸과 목숨을 바쳐 헌신한다'라는 부분을 특히 빈번하게 인용하고 강조하며 그들의 통치담론에 최대한 활용하였다. 국민들에게 조국 근대화와 남북통일을 이룰 때까지 국가와 민족을 위하여 헌신하고 희생할 것을 요구하면서, 역사적·상징적 사례로 화랑정신을 내세우며 그들이 필요로 하는 내용과 방향에서 활용하고 강조하였던 것이다.

박정희 정권에서는 민족주체의식 또는 민족주체성에 대해서도 화랑

---

16) 황산덕(1919~1989)은 5·16군사쿠데타 후 1년이 되는 해에 『동아일보』에서 기획하여 연재한 「혁명 1년을 비판한다」(1)~(3)(1962.5.15.~5.17)에서 '5·16군사쿠데타'의 한계와 과제 등을 언급하였다. 그뿐만 아니라 5·16쿠데타 자체가 위헌적이라는 취지의 칼럼과 논설을 6회나 썼다가 혹독한 필화를 당하였으며, 1962년 7월 28일에 게재한 사설 「국민투표는 결코 만능이 아니다」로 구속당하기도 했다(민족문제연구소, 「70주년 창간기획: 문학평론가 임헌영의 필화 70년」(24) 황산덕 서울대 교수」, 2017.3.21, 민족문제연구소 홈페이지(https://www.minjok.or.kr/archives/87503: 검색일 2021.7.8)). 황산덕은 박정희 정권 후반기인 1974~1976년 법무부 장관, 1976~1977년 문교부 장관 등을 역임했다.

정신을 연계·활용하였다. 그리고 화랑을 활용한 민족담론 관련 신문
보도에서 '민족의 얼'과 '민족의 기상'이라는 용어도 민족주체의식, 민
족적 주체 등과 동일한 신문 기사에서 사용되었기 때문에 같이 검토하
였다. 1966년 7월의 기사 「1966년 7월 17일 '새화랑단' 결단(結團)」에 따
르면 서울에 있는 숭덕(崇德)초등학교 4학년생 중 이른바 '모범생' 81명
으로 구성한 새화랑단이 처음으로 결성되었다. 목적은 민족주체의식
을 바탕으로 우리 '민족의 얼'인 옛 화랑도를 이어받아 우리 고유의 것
을 보호·사랑하고 발전시키는 데 있다고 하였다. 새화랑단의 강령에
는 화랑도의 세속 5계(화랑 5계)를 포함하여 독립자존·협동단결·창
조향상이 추가되었다. 단가에도 "화랑은 영원하다, 민족의 얼 그 정신
이어받은 새화랑단, 나가자 빛내자 민족의 영광"[17]이라고 하여 화랑을
민족의 얼과 일치시켰다.

　같은 해 9월에는 박정희를 비롯한 육군사관학교 2기 동기생들이 입
교(入校) 20주년을 맞아 육사에 기증한 화랑대 누각이 준공되었다.[18]
'귀빈들이 사열하는 한국 최대 호화판 사열대'[19]로 지어진 화랑대 누각
에는 이은상이 "화랑대는 민족의 얼과 전통으로써 자랑삼는 터 되리"[20]
라는 시를 새겼다고 한다. 이처럼 박정희 정권에서는 민족적 주체성을
언급하는 상황에서도 '민족의 얼'인 화랑도가 우리 민족에 내재해 있는
민족정신이며 그것이 박정희가 졸업한 육사와 박정희 정권까지도 이
어지고 있다고 포장하며 강조하였다.

---

17) 「'우리 것' 살리고 사랑하자 '새화랑단' 다섯 손가락에 '오계(五戒)' 맹세」, 『경향신
문』, 1966.9.6.

18) 「육사에 화랑 사열대」, 『경향신문』, 1966.9.24; 「육사연병장서 화랑대 준공」, 『동
아일보』; 「화랑대에 새겨진 박 대통령 동기들」, 『조선일보』, 같은 일자.

19) 「육사 사열대 '화랑대' 준공」, 『조선일보』, 1966.9.25.

20) 「육사에 화랑 사열대」, 『경향신문』, 1966.9.24.

〈그림 1〉 화랑대 준공식

* 출전: 국가기록원 성남기록관 소장[21]

　박정희는 1940년 일제의 괴뢰국인 만주국 신경군관학교(新京軍官學校) 2기생으로 15등이라는 우수한 성적으로 입학하였다.[22] 1942년 조선인과 만주인을 통틀어 수석으로 졸업하고 같은 해 일본육군사관학교 57기생으로 편입하였으며, 1944년 전체 3등으로 졸업함과 동시에 만주군 소위로 관동군(關東軍)에 배치되어 일본이 패전할 때까지 초급장교로 복무했다.[23] 그가 군관학교를 지원할 지원서에 동봉해서 제출한 '한 번 죽음으로써 충성함'이라는 내용의 혈서는 당시 '일제의 군 관계자에게 큰 감격'을 주었다. 그리고 그 편지와 사연은 만주에서 일본인

---

21) 국가기록원 목록상의 사진 제목은 '육사 제2기생 모금으로 지어진 육군사관학교 화랑대 준공식 3'(왼쪽 사진).

22) 민족문제연구소, 『친일인명사전』, 2009, '박정희' 내용; 「박정희 만주군관학교 지원 때 "목숨 바쳐 충성" 혈서 사실로」, 『한겨레신문』, 2009.11.5.(https://www.hani.co.kr/arti/society/society_general/386102.html#csidx80d13d2d43ef400a726baa31a421bb3;2021.7.13 검색).

23) 이준식, 「박정희의 식민지 체험과 박정희 시대의 기원」, 『역사비평』 2009.11, 역사비평사, 238쪽.

들이 발행한 『만주신문』(1939.3.31)에 「혈서 군관지원, 반도의 젊은 훈도로부터」라는 제목으로 상세히 보도되어[24] 조선인을 중일전쟁에 내몰기 위한 '선전용 미담'으로 이용되었다.

〈그림 2〉 혈서 군관지원, 반도의 젊은 훈도로부터   〈그림 3〉 만주군 장교 시절의 박정희

※출전: 〈그림 2〉 신문기사: 「박정희 만주군관학교 지원 때 "목숨 바쳐 충성" 혈서 사실로」, 『한겨레신문』, 2009.11.5.(이 기사 원문은 민족문제연구소에서 제공한 것으로 되어 있음).
〈그림 3〉 사진: 이준식, 「박정희의 식민지 체험과 박정희 시대의 기원」, 『역사비평』 2009.11, 역사비평사, 237쪽.

1966년 9월 화랑대 준공식에 참석한 박정희는 "교관 등을 지내며 가장 인연이 깊었던 육사의 후배들에게 수 백 년을 보존할 수 있는 사열대를 선사하게 된 것을 크게 기쁘게 생각한다"라고 치사하면서 '즐거운

---

24) 민족문제연구소, 『친일인명사전』, 2009, 앞의 글.

표정'을 지었다고 한다. 그날 박정희가 그렇게 기쁘게 생각하고 즐거운 표정을 지은 데에는 사열대 선사 이외에 다른 이유는 결코 없었을까. 즉 그는 일제의 군관학교와 육군사관학교를 우수한 성적으로 졸업하여 그들의 군인으로 침략전쟁에 앞장섰다. 그뿐만 아니라 그의 혈서는 그러한 침략전쟁에 동포인 조선인들을 동원하는 선전용으로 이용되었다. 국권 상실로 전대미문의 '국난극복'이 절실했던 일제강점기에 박정희는 능동적이고도 극히 적극적으로 그러한 민족사적 치욕을 저지른 것이었다. 그러한 상황에 비추어 볼 때, 화랑대 준공식에서 기쁘게 생각하며 즐거운 표정을 지었던 박정희의 내적 이면에 '대한민국 육사 졸업, 민족의 얼, 화랑 등으로 일제강점기의 치욕적인 과거가 무난히 희석되고 있음'을 안도하는 마음도 함께 자리하고 있지 않았을까 하는 생각을 하게 된다.

화랑정신을 연계·활용한 민족주체성 관련 다른 기사로 1967년 5월 안호상[25]의 「화랑얼」에 관한 고찰」 상·중[26]이 있다. 그해 7월 예정인 박정희의 제6대 대통령 취임을 두 달 정도 앞두고서였다. 안호상은 이 기사에서 "우리는 민족주체성을 갖고 국제교류에 적극적으로 참여해야 한다"라는 서술을 시작으로 화랑정신과 민족주체와의 관계를 논하였다. 한민족의 주체성은 그 민족의 고유한 정신과 이념 곧 '얼'을 앎으로써 생기게 된다. 화랑얼의 창시자인 단군왕검 때부터 내려온 배달민족의 고유한 '얼'을 알기 위해서는 먼저 화랑(풍월주 風月主)과 화랑얼(화랑얼=풍월주얼=단국(檀國)얼=밝달얼=배달얼)을 연구하지 않으면 안 된다고 하였다. 또한 그는 신채호(申采浩)의 『조선상고사(朝鮮上古史)』

---

25) 안호상(安浩相), 1902~1999.

26) 「화랑얼」에 관한 고찰」(상),(중) 『경향신문』, 1967.5.13; 5.15.

에서 "화랑은 신라발흥의 원인이 될 뿐만 아니라 후세에 한문화가 발호하여 사대주의파의 사상과 언론이 조선을 중국화하려는 판에 이를 반항하고 배척하여 조선이 조선되게 한 것이다"라는 내용을 인용했다. 그러면서 우리가 화랑얼을 되살리지 않고서는 배달민족의 주체성과 독립을 되찾기가 대단히 어렵다고 하였다.

안호상의 사설은 같은 해 그가 발간한 『민족의 주체성과 화랑얼』에서 발췌한 내용이었다. 그가 '화랑과 민족주체성'을 강조한 것은 그해 7월 제6대 대통령으로 연임하게 되는 박정희가 주장하던 '화랑과 민족주체성'을 보다 논리적으로 체계화하여 뒷받침해주기 위한 것으로 보인다. 안호상은 대한민국 초대 문교부 장관(1948.8.~1950.5.)을 지냈다. 그때 홍익인간의 이념을 통해 '우리의 것, 민족주체성 확립'의 필요성을 강조하는 일민주의 교육이념을 확립했다. 또한 교육계 숙청 작업 등을 통해 반대 정치세력을 탄압하였으며 학도호국단 결성을 결정하였다. 학도호국단은 여순항쟁 이후 전국을 국가 비상시국으로 단정하고, 중등 이상의 학생을 중심으로 한 향토방위, 학생 개개인의 민족정신 양성, 그리고 그들에 대한 조직력·복종력·정신력 등을 기르려는 차원에서 조직되었다.[27] 또한 박정희 정권 때는 국민교육헌장 제정 기초위원으로 활동했으며, 홍익인간 이념에 대한 안호상의 논지는 헌장 내에 반영되었다. 이러한 여러 정황을 통해서도 안호상은 이승만이나 박정희 정권 시기 정권과 매우 밀착된 관계를 맺고 있었으며, 그에 의한 '화랑과 민족주체성' 관련 논지나 신문 기사도 박정희 정권의 입장에서 역사적 정통성·타당성 등을 앞장서서 확산시키는 것이었음을 부정할 수 없다.

---

[27] 연정은, 「안호상의 일민주의와 정치·교육활동」, 『역사연구』 12호, 역사학연구소, 2003, 28쪽, 30~32쪽.

한편 박정희 정권에서 주장했던 '화랑과 민족적 주체성' 논리에는 이선근의 『화랑도연구』(1949)와 박종홍(朴鍾鴻)의 민족적 주체성 이론이 크게 관련되어 있다. 이선근은 『화랑도연구』를 통하여 조선 고유의 정신을 '화랑도'로 본질화하고 그것을 자기 구성의 기원으로 삼았으며, 화랑도를 '한국적 주체성'의 원천으로 소환하는 작업을 함으로써 해방 후 '화랑 또는 화랑도'와 민족적 주체성과의 관계를 체계화하였다. 그는 조직된 지 불과 1세기 만에 신라가 백제와 고구려를 능가하여 민족통일의 대과업을 확립한 화랑도에 대하여 우리 민족의 독립정신이요 자주통일의 이념이라고 하였다. 또한 이순신의 정신을 화랑정신과 같이 위치시키고 화랑도를 동학 및 3·1운동과 연결 짓는 등 화랑정신을 민족사 전개의 핵심 이념이자 대한민국 건국이념의 기반으로 승격하고, 분단 시대를 해소할 수 있는 남한의 국가 정신으로까지 정립하였다.

이선근이 주장한 그와 같은 역사적 구도 속에서 고대의 신라와 현대의 대한민국은 결코 떨어져 있는 것이 아니었다. 그리고 화랑도 정신은 고대로부터 현재의 대한민국까지 끊이지 않고 이어져 있는 자주·독립·민주주의 정신의 다른 이름이 되었다. 그는 화랑도의 사적을 민족사적 관점에서 해설한 후 그 정신을 오늘날 대한민국 청년들에게 불러일으키는 방식을 취했다. '무(武)'와 '애국'의 상징인 화랑을 현재의 이상적인 '국민 표상'으로까지 제시하였다. 결국 과거와 현재가 시공간에 상관없이 동일시되고 '청년 신라'는 '청년 대한민국'으로 치환되었다.[28] 그러한 이선근의 주장 또는 논리는 독재정권이나 장기집권세력 등이 '국가' 또는 '민족'이라는 가장 최상위 조직이나 공동체를 위한다는 대의명분을 내세우며 젊은 청년들을 비롯한 국민에게 목숨을 바쳐

---

[28] 정종현, 앞의 글, 198~201쪽, 203쪽.

헌신하도록 선동하는 데 적극적으로 활용되었다.

『화랑도연구』를 통해서 정리한 이선근의 화랑도에 대한 인식은 그가 권력과 밀착하는 계기가 되기도 하였다. 즉 1950년 2월 국방부 정훈국장이 되어 한국전쟁 당시 학도병을 모집하는 일을 담당할 때도 화랑의 표상을 활용하였다. 박정희 정권에서도 초기부터 이병도와 함께 대통령과 가까이 지냈던 역사학자 중 한 사람으로서 박정희의 역사 교사이기도 하였다. 아울러 그는 1968년 국민교육헌장 제정에 참여한 것을 비롯하여 문화재위원장(1969년), 영남대 총장(1969년), 동국대 총장(1974년), 대한교육연합회(현, 한국교원단체총연합회) 회장(1976년), 한국정신문화연구원(현, 한국학중앙연구원) 원장(1978년) 등을 역임하면서 국가권력과 한국사학계를 연결하는 데 핵심적 역할을 하였다.[29]

박종홍은 이선근처럼 화랑을 민족주체성과 지속적이거나 빈번하게 연결 짓지는 않았지만, 박정희 정권의 '민족주체성'을 탄생시킨 핵심적인 인물 중 한 사람이었다. 그는 1968년 국민교육헌장의 초안 작성을 주도하고 1970년 대통령 교육문화 담당 특별보좌관을 맡는 등 이선근과 함께 박정희 정권의 정신적·이데올로기적 기반을 마련한 것으로도 평가되고 있다. 그는 1962년 『사상계』에 「민족적 주체성」을 발표하는 등 1960년대 이래 '민족주체성'을 강조하였다. 그에 따르면 민족은 자아나 개인적 주체가 설 수 있는 가장 기본적인 울타리이므로 민족과 국가를 떠나 개인이나 주체는 존재할 수 없었다. 개인이 세계 인류의 보편에 이바지할 수 있는 것은 민족과 국가라는 매개체를 통해서만 가능하므로 주체는 언제나 개인적 주체보다는 '민족적 주체'로 표상되었다. 그러한 관점에서 볼 때 3·1운동이나 8·15해방 때에 계급과 이념을 떠

---

29) 최광승, 『박정희 유신체제와 헤게모니 권위주의 정당성: 성역화 사업을 중심으로』, 성균관대학교 정치외교학과 박사학위논문, 2019, 87쪽.

나 '우리'가 되었듯이 민족 전체가 같이 움직일 때 진정 주체라고 할 수 있었다.30)

박종홍의 민족주체성 강조는 산업화의 대열에서 국민을 의지와 사명감을 갖고 능동적으로 나설 주체로 구성하기 위한 통치 권력의 필요와 맞물려 있었다.31) 그리하여 그가 민족적 주체와 그에 대한 자각을 강조하는 것은 결국 민족의 '총화단결(總和團結)', 남과 북의 '총화단결'을 주장하는 것으로 귀착되었다.32) 유신체제 이후에는 '민족적 자각'을 위해서는 '강력한 지도자의 결단'과 '영도력'이 요구된다면서 유신체제 옹호의 이데올로기를 생산하였다.33)

박정희 정권 시기 '화랑'을 '민족주체'로 연계 이용한 민족담론 기사는 시기상으로 볼 때는 1965년 이후 더 두드러지게 나타났다. 그 배경에는 당시 한국 사회의 국내외적인 상황이 밀접하게 얽혀 있었다.

먼저 1951년 시작된 뒤 결렬과 재개를 반복하던 한일회담이 1964년 4월 의한 대대적인 반대운동을 통해 한국 사회에서 중요한 정치적 쟁점으로 부각되었다. 특히 일본을 대상으로 한 '주체성' 담론은 '근대화 기획'을 내세운 군사정권은 물론 그와 대립한 지식인들에 의하여 다양하고 치열하게 생산되었다. 결국 미국의 세계 전략에 따라 한일회담이 진행되었다는 현실을 수긍하고 차관도입을 통한 경제운용의 기조가 기정사실화 된 시점에서, 한국의 주체성을 실천할 수 있는 가장 큰 영

---

30) 한승완, 이혜경, 「박종홍과 황장엽 그리고 다나베 하지메, 민족/국가로 녹아든 개인: 한반도 근대국가의 주체상」, 『사회와 철학』 41, 한국사회와철학연구회, 2021, 144쪽.

31) 이상록, 「전통의 현대화 담론과 민족주체성의 창조: 박종홍의 탈식민 주체화 전략과 식민주의적 (무)의식」, 『사학연구』 116, 2014, 461~464쪽.

32) 한승완, 이혜경, 앞의 글, 144쪽.

33) 이상록, 앞의 글, 469~470쪽.

역이 경제라고 하는 점은 한일회담의 찬반양론에 모두 적용되는 전제였다. 근대적 합리성의 정수인 경제는 한국과 일본과의 관계, 세계질서 속에서의 위치, 국가의 주체성과 민족의 긍지 등을 지키기 위한 최종 심급으로 1960년대를 관통하고 있었다.[34]

한편 1968년 정부는 한국 문제의 유엔총회 연례 자동상정 지양 정책을 실행함으로써 1957년 유엔 외교에서 출발했던 '중립국' 외교에서 '주체적' '자주적' 외교로 전환하였다. 주요 배경에는 1965년 베트남 파병이 낳은 중립국 외교 정책상의 손실을 타개하기 위한 고육지책의 필요성과 새로운 냉전 질서의 도래에 대한 대응 등이 있었다. 1960년대 자유 진영의 프랑스가 미국과 대립하거나 중국이 자유 진영 국가들과 외교관계를 수립했으며, 미국과 소련은 대립하기보다 더욱 가까워지고 있었다. 냉전 질서는 그렇게 다극화·다변화되었으며 약소국 스스로 자신을 지켜야 하는 '새로운 냉전'의 시대가 도래했다. 더 이상 남한뿐만 아니라 북한에도 믿을 만한 냉전 권력의 '보스'는 존재하지 않았다. 이에 남·북한 모두가 미국과 소련·중국이라는 두 진영의 '보스들'에게 단결을 촉구하면서도 동시에 새로운 '자주'와 '주체'의 전략을 모색했다.[35]

민족주체의식 또는 민족주체성 등에 이어 화랑정신을 연계·활용한 민족담론은 '국시(國是)'에 대한 것이다. 1966년 11월 『동아일보』에는 '단기 4300년 기념사업회' 창립을 맞이하여 박종화(朴鍾和)[36]가 기고한

34) 김성환, 「일본이라는 타자와 1960년대 한국의 주체성」, 『어문논집(語文論集)』, 중앙어문학회, 2015, 355쪽, 363~366쪽.
35) 김도민, 『1948~1968년 남·북한의 '중립국' 외교 연구』, 서울대학교 국사학과 박사학위논문, 2020, 253쪽, 257쪽.
36) 박종화(1901~1981). 1966년 7월 5.16쿠데타를 기념하여 육군 6관부 사령부 내에 박정희 흉상을 세울 때, 비문으로 새긴 글을 지었다.

글 「민족의 국시(國是)를 세우라」[37)]가 실렸다. 주요 내용은 나라가 건국되면 반드시 광명정대한 국시가 서 있어야 한다. 국시란 통치의 옷깃이요, 민족사상의 중추이다. 국시가 없는 국가는 취약하고 국시가 없는 민족은 허풍선이 민족이 되어 몰락의 과정으로 떨어져 버린다. 삼국시대에 화랑사상으로 국시를 삼아 삼국통일을 완수하는 등 조선시대까지 각각의 국시로 우리의 오랜 역사를 유지했다. 해방 이후 대한민국은 국시가 뚜렷하게 정해지지 않았으나 다행히 1965년부터 조국근대화를 위한 경제정책 수립과 함께 대중의 주체의식을 강조하고 있다. 단군 정신을 우리 민족의 국시로 정해서 민족적 중흥운동을 전개해 조국 근대화를 위한 경제부흥운동과 병행시킨다면 물질문명과 정신문명을 함께 밀고 나아가는 큰일이라 할 수 있다는 등이다.

　이 글은 「민족의 국시(國是)를 세우라」라는 제목 자체에서도 드러난 바와 같이 박종화는 화랑사상을 심지어 '국시(國是)'로까지 확대 연결하였다. 그는 삼국시대에 화랑사상을 국시로 하여 삼국통일을 완수했다고 서술하면서 박정희 정권에서 단군의 홍익인간 정신을 대한민국의 국시로 정할 것을 언급하였다. 우리 민족이 시조로 받드는 단군과 그 정신인 홍익인간 정신을 강조하면서 박정희 정권의 통치와 사상도 연결 지어 언급하였다. 박정희 정권의 역사적 맥락을 우리 역사의 출발 단계까지로 연관 지음으로써 그 역사성이나 정통성에 대해서도 그만큼 최대한 부풀려 포장하고 미화한 논지였다고 생각한다. 또한 삼국시대에 화랑사상을 국시로 하여 삼국통일을 완수한 것과 같이 박정희 정권도 국시를 정함으로써 남북통일을 성취할 수 있음을 비유하여 강조한 주장이기도 하다. 이 사설의 전체적인 논지는 결국 민족적 중흥

---

37) 「민족의 국시(國是)를 세우라」, 『동아일보』, 1966.11.29. '단기 4300년 기념사업회'는 11월 29일 시민회관에서 창립총회를 개최하였다.

운동, 조국 근대화를 위한 경제부흥운동 등을 추진하는 박정희 정권과
그들에 의한 정책 등이 유구한 역사적 민족적 정통성에 기반을 두고
있음을 국민에게 강조하여 인식시키려는 데 목적이 있다고 할 수 있다.

1967년 7월 박정희가 제6대 대통령으로 취임한 이후 화랑정신을 연
계·활용한 민족담론은 '민주주의' 이념으로까지 확대된다. 1967년 10
월 3일 『경향신문』에는 개천절을 맞아 사설 「민족의 단결과 번영을 다
짐하는 개천절」[38]이 실렸다. 주요 내용은 우리의 선인(先人)들은 홍익
인간·이화세계(理化世界)의 정신으로 개국의 이념으로 삼았는데, 홍
익인간·이화세계는 인본주의·합리주의 관념으로 오늘날의 민주주의
관념이라 할 것이다. 우리 역사상 그러한 이념을 가장 훌륭하게 표현
한 것은 신라시대의 화랑제도라고 할 수 있으며, 화랑정신이 충일(充
溢)한 때가 바로 우리 민족사의 전성기·황금시대라고 생각한다. 민족
의 후예들이 개국이념을 돌보지 않으면 즉 민족정신이 퇴폐하고 해이
하면 민족의 침체와 외족의 침략이 잦았다는 교훈을 알아야 한다. 지
금 우리는 조국의 근대화와 통일, 국제적 지위 향상 등에 정진하고 있
으나 한편으로는 최근에 여야 정치인들의 대립으로 정국이 혼미한 상
태이다. 개천절을 기념하면서 개국의 이념과 웅도(雄圖)를 재확인하는
한편 민족의 결속과 번영을 다짐해야 할 것이다 등이다.

이 사설에서는 '개국이념 = 홍익인간·이화세계(理化世界)의 정신 =
인본주의·합리주의 = 오늘날 민주주의'라는 논리를 내세우며 한국 민
주주의의 근원이 개국과 홍익인간에서부터 시작되었다고 하였다. 아
울러 우리 역사상 민주주의를 가장 훌륭하게 실현한 것이 신라의 화랑
제도이며 화랑정신이라고도 역설하였다. 민주주의를 민족적 차원에서

---

[38] 「민족의 단결과 번영을 다짐하는 개천절」, 『경향신문』, 1967.10.3.

까지 거론하기 위해 개국이념으로까지 거슬러 올라가 확장 연결하고 화랑정신과도 연계하였다. 한편 이 사설에서는 박정희 정권이 조국의 근대화와 통일, 국제적 지위 향상 등을 추진하고 있는 상황에서 여야 정치인들이 대립하여 정국이 혼미하다고 비판하였다. 또한 그러한 '여야 정치인들의 대립'은 민족적 개국이념을 비롯하여 민주주의 그리고 화랑정신 등을 깨닫지 못한 상황이라고도 지적하면서 박정희 정권에서 누누이 강조하던 '민족의 결속과 번영'을 요구하였다.

당시 '여야 정치 대립'이란 여당 또는 여권의 정책이나 정치적 행위 등에 대하여 야당 또는 야권이 호응하여 따르지 않을 때 박정희 정권에서 언급하던 보편적인 표현이었다고 할 수 있다. 따라서 이 사설에서 표현한 '민족의 결속' 또한 야당 또는 야권이 박정희 정권 또는 당시 여권의 정책에 반대하지 않고 순응함으로써 가능한 결속을 의미하는 것이었다고 할 수 있다. 이 사설 또는 박정희 정권에서 주장하였던 '민족의 번영'도 사실상 야당 또는 야권이 박정희 정권 또는 여권에 대립하지 않을 때만 성취할 수 있는 것이었다. 결국 그들이 주장하는 민족의 번영이 실패하면 당시의 야당 또는 야권으로 비판을 돌리기 위한 주장에 지나지 않았다.

민주주의에 대하여 박정희는 보편적 민주주의와 특수적 민주주의로 구분하였다. 보편적 민주주의는 서구 민주주의와 미국식 민주주의로, 특수적 민주주의는 한국과 같은 분단과 준전시 상태의 사회에 적용해야 하는 민주주의로 생각하였다. 따라서 그는 한국과 같은 상황에서는 자유와 민주, 민권과 같은 보편적 민주주의의 가치들이 일정하게 제한 또는 유보될 수 있다고 보았다. 1963년 대선 때부터 민족적 민주주의를 내세우다가 유신체제기에는 한국적 민주주의를 표방하는 등 각종 단서를 달면서 민주주의 개념을 끊임없이 변용하였다. 특히 한국적 민주주의 담론에 기초해 유신체제를 한국 상황에 가장 적합한 민주주의 체제라고 강변하였다.

그와 같이 박정희는 민주주의 이념을 표면적이거나 구호적인 면에서는 부정하지 않는 '단서 달린 민주주의'를 주장하면서 결국 민주주의를 해체해 나가는 방식으로 권위주의적인 독재체제를 유지해나갔다.[39] 사실상 굳이 '권위주의적'이라는 표현을 더하지 않더라도 '독재체제'라는 것은 보편적 민주주의를 외면하거나 왜곡하지 않고서는 유지될 수 없는 정치체제이다. 사설「민족의 단결과 번영을 다짐하는 개천절」도 박정희 정권의 정치적 목적이나 관련 구호를 변호해 주기 위한 취지에서 작성된 것에 지나지 않았다.

3. 「국민교육헌장」 제정(1968)~1979년 10·26사건

1968년 박정희 정권이 강조하려고 했던 이데올로기의 요체라고 할 수 있는 국민교육헌장을 제정하는 과정에서 화랑정신을 연계·활용한 민족담론은 국민교육헌장 사상, 국민정신, 국민교육 기본 이념 등으로까지 확대된다.

박정희는 1970년대 국운을 좌우하는 것은 교육이므로 우리나라 교육이 지향하여야 할 이념과 근본목표를 세워야 한다고 주장하면서 일제의 교육칙어와 교육조서를 방불케 하는 국민교육헌장 제정의 필요성을 제기하였다.[40] 그는 1968년 7월 문교부 장관 권오병(權五柄)에게 '국

---

39) 김지형, 「1960~1970년대 박정희 통치이념의 변용과 지속: 민주주의와 반공주의 및 상호관계를 중심으로」, 『민주주의와 인권』 13-2, 2013, 전남대학교 5.18 연구소, 169~170쪽. 175쪽.

민교육의 장기적이고 건전한 방향 정립, 시민 생활의 건전한 윤리 및
가치관의 확립'을 위해서 교육장전(敎育章典)을 제정하라고 지시하였
다.41) 박정희의 지시 내용과 그후 정부나 언론에서 언급한 내용들을
통해서 볼 때 국민교육헌장의 제정 목적은 국민교육과 국민생활에 대
한 '기본적', '장기적 또는 항구적'이고 '건전한' 가치관·방향·윤리·이
념·자세 등을 제시·규정하여 '새로운 국민상'을 밝히고 경제발전을
뒷받침한다는 것이었다.42) 그해 7월 26일 국민교육헌장(안) 즉 국민교
육헌장 초안이 발표되었다. 『동아일보』에서는 국민교육헌장의 사상적
배경으로 홍익인간 정신과 화랑정신을 들었다.43) 홍익인간 정신에 대
해서는 우리의 먼 조상들이 그 정신을 치켜들어 모든 인간이 함께 번
영을 누려야 한다는 이상을 추구했다고 하였다. 화랑정신에 대해서는
신라 때 그 정신으로 뭉쳐 삼국통일의 기틀을 닦았다고 하였다. 박정
희 정권이 내세웠던 '평화통일과 번영'을 위해 국민들이 함께 뭉쳐야
한다는 것이었다. 함께 번영을 누리기 위해 함께 뭉쳐야 한다는 것은
사실상 번영 또는 평화통일이라는 목적을 달성할 때까지 즉 박정희 정
권이 추진하는 정책을 완수할 때까지 개인적 희생을 감수하고 헌신해
야 한다는 것을 의미하였다. 국민교육헌장에도 '역사적 정통성'을 장착
하고 그러한 내용으로 국민에게 인식시키기 위하여 홍익인간 정신과

---

40) 장영민, 「박정희 정권의 국사교육 강화 정책에 관한 연구」, 『인문학연구』 34권
2호, 충남대학교 인문과학연구소, 2007, 455쪽, 456쪽, 482쪽.
41) 「「교육장전(章典)」 만들게: 박대통령 각계로 심의위 구성 지시」, 『조선일보』,
1968.7.5.
42) 「「국민교육헌장」 10월에 선포」, 『조선일보』, 1968.7.24;「교육헌장 초안 발표」,
『경향신문』, 1968.7.26;「뚜렷한 이념 부각(浮刻)을: 국민교육헌장안과 각계 의
견」, 『동아일보』, 1968.8.1.
43) 「뚜렷한 이념 부각(浮刻)을: 국민교육헌장안과 각계 의견」, 『동아일보』, 1968.8.1.

화랑정신까지를 연결 적용하였음을 알 수 있다.[44)]

또한 「뚜렷한 이념 부각(浮刻)을: 국민교육헌장안과 각계 의견」이라는 기사에서 국민교육헌장을 '국민의 가치관과 생활윤리가 집약된 새로운 국민상을 제시하여 국민교육의 기본이념으로 삼으려는 것'이라고 해석한 점을 볼 때, 국민교육헌장을 1966년 박종화의 사설 「민족의 국시(國是)를 세우라」에서 언급한 '국시'급으로 역설한 것으로도 관련지어 생각할 수 있다. 1967년 제6대 대통령으로 집권을 연장한 뒤 바로 1년 만에 '뚜렷한 이념'을 부각한 '국시'급 국민교육헌장을 제정한 것은 향후 보다 긴 장기집권을 도모하기 위한 이념적 도구를 하나 더 마련한 것이었다.

국민교육헌장은 1968년 12월 5일 9시 반 서울시민회관에서 박정희에 의해 발포되었다. 30분 뒤인 10시에는 초·중·고·대학 등 전국의 각급 학교에서 헌장선포식을 했으며, 시·도 교육위원회와 시·도 교육청 단위에서도 헌장선포식을 했다.[45)] 전국의 초·중·고교 학생들은

---

44) 사실상 초안이 발표되기 며칠 전 『동아일보』는 국민교육헌장 제정 자체에서부터 회의를 품는 견해도 있을 수 있다고 하면서 다음과 같은 내용을 담은 사설 「국민교육헌장의 제정」을 실었다.
또 과거의 어느 시기에는 이러한 헌장류가 처음부터 어떤 특수한 가치관에 서서 작성되고 또 그것이 정치적 조작으로 신성시되어 자유로운 개성의 신장(伸張)이 짓눌릴 만큼 강요되는 일을 경험한 적도 있지만, 이러한 지나친 획일화가 민주사회에서 온당한 것인가 하는 의문을 가질 수도 있다.
사실상 이 사설을 통해 표현되었던 국민교육헌장 제정과 관련된 의문 또는 우려는 국민교육헌장 발표와 함께 국민들에게 현실로 벌어졌다. 국민교육헌장이 '특수한 가치관에서 작성되고, 정치적 조작으로 신성시되어, 자유로운 개성의 발전이 짓눌릴 만큼 강요됨으로써 민주사회에서는 온당하지 않은 존재'였음을 누구도 부인할 수 없을 것이다. 아무튼 『동아일보』 초안 발표 며칠 전에는 국민교육헌장 제정에 대해 의문을 제기했지만, 국민교육헌장 초안이 발표되자 「뚜렷한 이념 부각(浮刻)을: 국민교육헌장안과 각계 의견」에서와 같이 그에 대한 역사적 정통성을 장착시켜 주는 보도를 냈다.
45) 「국민교육헌장 선포」, 『경향신문』, 1968.12.5.

헌장선포식과 더불어 각각의 교실에서 교육헌장낭독회도 열었다. 이
후 학교에서는 매일 아침 수업이 시작되기 전에 교육헌장을 낭독해서
익히기도 했다.[46)]

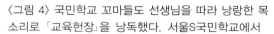

〈그림 4〉 국민학교 꼬마들도 선생님을 따라 낭랑한 목
소리로 「교육헌장」을 낭독했다. 서울S국민학교에서

※출전: 「초등학교 꼬마들도 선생님을 따라 낭랑한
목소리로 「교육헌장」을 낭독했다. 서울S국
민학교에서」, 『동아일보』, 1968.12.5.

[46)] 「각급 교(校)서 교육헌장 낭독회」, 『동아일보』, 1968.12.5.

  1969년 1월 『매일경제』에는 국민교육헌장 반포와 관련한 연재 기사 중 하나로 「인재(3) 교육계: '새 교육헌장, '민족정신'눈 떠야, 보급에 기대」가 실렸다. 이 기사에서는 "과거의 역사를 훑어보면 교육이 한결같이 정치를 수행하는 한 방편이었다. 신라의 화랑제도, 고려 광종 때의 과거제도, 이조의 성균관, 모두가 국력을 부강키 위한 문무겸비의 인재나 봉건제도를 굳히기 위한 관리양성을 목적으로 하고 있다. 인재교육 역시 양반계급에만 자격이 부여되어 사실상 많은 천만 계급의 탁월한 두뇌를 유실한 셈이다. (중략) 신라의 화랑제도가 있었고, 인재 선출 방법으로 독서출신과를 두었다"라고 하였다. 그리고 대통령 이름으로 국민교육헌장을 선포함으로써 새로운 인간상을 구현하고 최초로 국민교육이념의 지표를 제시했으며, 그러한 국민교육헌장에서 이념을 구현한 인간상만이 현시점에서 절실히 요구되는 교육계의 인재[47]라고 하였다.

  이 기사는 박정희의 국민교육헌장만이 우리 역사상 새로운 인간상을 구현하고 처음으로 국민교육이념의 지표를 제시한 것으로 강조하기 위한 의도에서 작성되었음을 파악할 수 있다. 심지어 이 기사에서는 국민교육헌장의 위상을 높이기 위해 '화랑제도'마저도 정치를 시행하는 방편이며 일부 상위 계급만을 대상으로 하였다고 비판하였다. 박정희 정권이 그들의 민족적·역사적 정통성 등을 주장할 때 가장 필수적으로 활용해 왔던 '화랑' 제도보다도 국민교육헌장이 우월하다고 내세우기 위함이었다고 생각한다. 이는 물론 국민교육헌장을 그만큼 치켜세우기 위한 일시적 방편에 지나지 않으며, 그동안의 화랑에 대한 태도나 활용에 대한 변화가 있었음을 의미하는 것은 결코 아니다. 국민교육헌장이야말로 박정희의 독재정권과 장기집권에 동원되었던 가장

---

47) 「인재(3) 교육계: '새 교육헌장, '민족정신' 눈 떠야, 보급에 기대」, 『매일경제』, 1969. 1. 25.

라고 하였다. 국민교육헌장을 유신체제를 정당화하고 강화하는 데도 적극적으로 활용하였음을 알 수 있다. 1973년 국민교육헌장 선포 5주년 기념식에서는 "국민교육헌장은 민족중흥을 위한 교육의 기본이념인 동시에 10월유신의 실천강령이며, 우리는 그동안 이 헌장의 이념을 우리의 행동과 실천의 정신적 지주로 삼아 유신과업과 새마을운동을 추진해 왔다"[55]라고 하였다. 국민교육헌장과 그 정신은 이후 박정희 정권이 추진하는 10월유신 나아가 새마을운동 등에서 끊임없이 반복하여 등장한다. 특히 유신정권기 대통령 치사와 언론에서는 화랑 또는 화랑정신과 함께 국민교육헌장, 10월유신 또는 유신이념, 새마을운동 또는 새마을정신 등은 하나의 수학 공식처럼 연결되어 함께 언급되고 강조되었다.

10월유신은 박정희가 1972년 10월 17일 독재적 장기집권을 계속 연장해가려는 목적에서 단행하였으며 비상계엄 선포와 함께 유신체제로 돌입하게 된다. 그러한 가운데 앞서 거론되었던 '국민교육헌장의 정신'은 10월유신의 이념으로까지 연결되어 화랑정신과 함께 강조되었다. 1976년 12월 4일 국민교육헌장 선포 8주년 기념식 치사에서 그는 삼국통일을 성취한 선조들이 화랑정신을 원동력으로 배양했던 것과 같이 국난극복과 민족중흥을 위한 오늘의 정신혁명은 교육헌장 정신의 바탕 위에 정립되어야 한다고 했다. 또한 그러한 것이 "교육헌장의 정신을 유신이념으로 승화시키는 길이며, 민족의 생존과 무궁한 발전을 이 땅에 구현하는 교육의 대도(大道)"라고[56] 했다.

'삼국통일 대(對) 화랑정신'이라는 관계를 '국난극복과 민족중흥을 위

---

54) 장영민, 앞의 글, 457쪽.

55) 「지식인 헌신적 참여를」, 『동아일보』, 1972.12.5.

56) 「국민교육헌장 8주(周), 후손에 떳떳한 정신문화유산을」, 『동아일보』, 1976.12.4; 「정신혁명은 교육헌장 바탕서」, 『매일경제신문』, 같은 일자.

한 정신혁명 대(對) 교육헌장 정신'의 관계로 비유하여 언급하였다. 그리고 국민교육헌장의 정신을 화랑정신과 일치시키고 그러한 국민교육헌장 정신을 유신이념으로 발전시킬 것을 요구하였다. 이는 박정희가 자신의 정권을 위해 제조한 국민교육헌장과 유신이념에 대해서도 화랑정신을 동원·적용하는 방법으로 역사적 정통성을 씌워 주려고 한 것에 지나지 않았다. 물론 그의 최상위 목적은 국민의 사고나 이념을 정신혁명 차원으로 무장시켜 그의 주장이나 요구를 확고히 인식시키는 데 있었다고 할 수 있다.

새마을운동이 시작되면서부터도 새마을정신에 화랑정신을 연계·활용한 민족담론이 등장하게 된다. 새마을운동은 1970년 10월 박정희 지시에 따라 '새마을 가꾸기 사업'을 시행하면서 출범하게 된다. 이후 1972년까지 시범 기간을 거친 뒤 1973년부터 본격적으로 새마을운동으로 이름을 바꾸고 전국적인 국민운동으로 전개되었으며 전 국민 정신운동으로까지 확대되었다. 새마을운동이 당시 농촌환경개선과 경제발전에 이바지한 점은 어느 정도 인정되고 있다. 그러나 박정희 정권은 새마을운동을 '유신이념의 실천도장'으로 강조하면서 '박정희 정권식 민족주의 이념'을 주입하려는 정치적 의도를 드러냈다.[57]

새마을운동을 실시할 때도 신문에서는 '화랑' 또는 그 정신을 적용한 민족담론을 당연히 새마을정신으로까지 확대하였다. 1976년 8·15 경축사에서 "신라가 삼국통일의 위업을 성취한 원동력이 화랑정신에 있었다면, 우리가 분단된 조국을 평화적으로 통일할 수 있는 추진력은 바로 새마을정신"[58]이라고 강조하였다. 이 연설 부분과 관련하여 『경향

---

57) 이난영, 앞의 글, 58쪽.
58) 「북괴는 무력적화 포기하라」, 『조선일보』 1976.8.15; 「박대통령 경축사 요지」, 『경향신문』 1976.8.16; 「남북대화 재개로 평화통일을」, 『동아일보』 1976.8.16.

신문』은 다음 날 사설을 통해 새마을운동은 경제건설, 정신혁명운동이
요 평화통일을 향한 민족적 일대 약진운동이라는 점에서 새마을정신
은 평화통일의 원동력이라고[59]까지 확대·포장하며, 박정희의 연설 취
지를 한껏 치켜세웠다. 같은 해 7월 17일 제헌절 경축사에서 박정희는
새마을정신을 언급하면서 "우리는 오늘의 시대적 여건에 알맞은 자주적
이고 창의적인 민족 자활의 길을 찾았다. (중략) 새마을정신이야말로
우리가 조상으로부터 물려받은 민족의 얼이며 (중략) 민주주의 이념을
창조적으로 이 시대 이 나라에 재정립한 우리 국민정신의 기조"[60]라고
했다. 이때는 비록 '화랑'을 직접 연계하지는 않았지만, 이 두 개의 경축
사를 통해 박정희가 주장하는 새마을정신은 화랑정신에서부터 시작하
여 민족의 얼, 민주주의 이념, 국민정신까지를 망라한 것으로서 '조상
으로부터 물려받은 민족적·역사적 정신'이었다.

박정희가 화랑정신을 새마을정신과 연결 지은 사례로 그가 작사 작
곡한 노래 〈나의 조국〉을 들 수 있다. 박정희는 노래의 중요성을 매우
잘 알고 그것을 잘 활용하였다고 한다. 그 배경에 대해서는 그가 학교
교사와 군인이었던 경력 때문이라고 생각하는[61] 견해도 있다. 아무튼
〈나의 조국〉 가사 중에 "삼국통일 이룩한 화랑의 옛 정신을, 오늘에 이

[59] 「개방체제의 우월 결론 났다: 박정희대통령의 경축사를 통한 자신과 평화의지」,
『경향신문』 1976.8.16.

[60] 「제헌절 28돌, 막강 국력만이 '민주'의 토양」, 『경향신문』, 1976.7.17; 「제28회 제
헌절: 민주헌정결의를 유신으로 내실화, '새마을'로 '민주' 실현」, 『동아일보』; 「막
강한 국력은 민주주의 토양」, 『매일경제신문』, 같은 일자.

[61] 이영미, 「박정희의 노래들, 〈나의 조국〉과 〈새마을 노래〉」, 『희망세상』, 2013.10,
52쪽(민주화운동기념사업회 홈페이지(https://www.kdemo.or.kr/blog/song/post/610,
검색일: 2021.5.15). 박정희는 1937년 대구사범학교를 졸업한 후부터 1940년 2월
까지 문경보통학교 교사로 근무. 일제강점기 박정희 경력과 해방 후 박정희 시
대와의 관계에 대해서는 이준식, 「박정희의 식민지 체험과 박정희 시대의 기원」(앞
과 같음) 참조.

어받아 새마을정신으로, 영광된 새 조국의 새 역사 창조하여"라는 부분
이 있다. 화랑정신을 새마을정신으로 이어받아 박정희가 늘 강조하던
'조국의 새역사 창조'를 이룰 것을 표현한 것이다. 박정희가 그만큼 새
마을운동과 관련해서도 화랑과의 관계를 계속 연결하며 강조하였음을
알 수 있다.

1978년 5월 18일 통일주체국민회의 제2대 대의원 총선거가 시행되
고,[62] 7월 6일 총선거에서 당선된 의원들에 의해 박정희가 제9대 대통
령으로 선출되어 12월 27일 취임하였다.『동아일보』는 그해 7월 1일 자
기사「유신2기' 급(急)템포의 서곡」에서 7월 1일 통일주체국민회의 제2
대 대의원 임기 시작과 제9대 대통령 선거일 공고는 유신 2기의 서막이
오른 셈[63]이라고 하였다. 대통령 선거를 시행하기도 전부터 유신 2기
출범과 더 나아가 1980년대까지 박정희 정권이 연장되는 것이 이미 정
해진 과정인 것처럼 언론이 앞장서서 보도한 것이다. 국민에게는 다가
오는 80년대에도 '끝나지 않는 독재정권과 장기집권으로 불행한 삶'이
계속될 것임을 암시하는 암울한 전주곡이나 다름없었다.

『경향신문』은 대통령 취임식을 20여 일 앞둔 1978년 12월 6일자 사
설「유신 2기를 맞는 새마을운동」에서

옛 신라의 통일이 화랑정신에 연유했다면 80년대의 남북통일의 밑바탕
은 새마을정신에서 연유한다고 믿는다. 따라서 새마을운동의 성공으로 되
찾은 국민적 자신감과 공동운명체 의식은 80년대의 민족통일의 철학으로
승화시켜야 한다. 그리고 유신2기의 출범과 함께 새마을운동을 가시적이
고 물량적인 차원에서 한 걸음 더 나아가 범국민적 '정신혁명'의 차원으로
옮겨가야 할 때가 되었다.[64]

---

[62]「제2기 대의원 임용, 7월 1일부터 시작」,『조선일보』, 1978.6.28.

[63]「유신2기' 급(急)템포의 서곡」,『동아일보』 1978.7.1.

고 하였다. 이 사설에서는 새마을정신을 화랑정신으로까지 연결하여 80년대 '남북통일' 또는 '민족통일'의 철학으로까지 승화시켜야 한다고 강조하였다. 그뿐만 아니라 유신2기 출범과 함께 새마을운동을 물량적인 차원에서 더 나아가 범국민적 '정신혁명' 차원으로 옮겨가야 할 때가 되었다고도 하였다. 앞서 서술한 국민교육헌장에 이어 새마을운동 또는 새마을정신까지를 화랑정신과 연결하여 '범국민적 정신혁명' 차원으로 옮겨가야 한다는 것은 국민에게 자신들의 정권에 순응하는 인간형이 되도록 하는 역사인식을 강제하겠다는 선포와 다름없었다. 아무튼 이 기사는 1980년대까지도 연장될 박정희 정권의 서막을 홍보하고, 그러한 박정희 정권과 정책들에 대하여 국민들이 정신혁명을 동원해서라도 지지할 것을 강조한 선전적 보도 중 한 사례에 지나지 않았다. 그러나 1979년 '10·26사건'으로 박정희가 사망하면서 그 이름의 정권도 함께 끝나고 말았다.

4. 맺음말

이 글에서는 박정희 정권 시기에 신문 기사에서 나타나는 민족담론을 파악하고자 하였다. 특히 민족담론과 관련된 신문 보도 중에서도 화랑, 박정희, 민족 또는 민족주의를 연계한 내용을 담고 있는 기사들을 분석하여 박정희 정권 시기에 화랑을 연계 활용한 민족담론의 내용과 의미 등을 분석하였다.

이들 기사에서 파악할 수 있는 담론 주체는 크게 인물과 신문사로

---

64) 「유신 2기 맞는 새마을운동: 새마을정신을 민족통일철학으로 승화시키자」, 『경향신문』 1978.12.6.

구분할 수 있다. 인물로는 박정희를 비롯하여 황산덕·박종화·안호상 등이다. 담론의 주체가 박정희인 신문 기사는 1966년 화랑대 준공식을 비롯하여 각종 행사 등에서 언급한 연설이나 행사 관련 내용이 대부분이다. 황산덕 등의 담론은 5·16군사쿠데타 1년이 되던 해에 '5·16특집'으로 게재한 「5·16군사혁명의 성격」 등 논단 또는 칼럼이 그에 해당한다. 황산덕과 안호상은 교수를 역임하였으며 박종화는 문학가였다. 특히 황산덕과 안호상은 박정희 정권에서 고위 또는 주요 관직을 지냈다. 황산덕은 법무부 장관과 문교부 장관, 안호상은 국회의원과 대통령특사 등을 역임하였으며, 국민교육헌장을 제정할 때 위원으로도 활동했다. 대부분이 박정희 정권과 밀착된 관계를 유지하였음을 알 수 있다. 신문사 자체의 담론은 사건이나 인물의 발언 등을 보도한 기사나 필자의 이름을 밝히지 않은 사설이나 논설 등이 그에 해당한다.

　박정희 정권기에 신문 보도의 민족담론에서 화랑·화랑도·화랑얼·화랑사상·화랑정신 등 화랑을 연계하여 표방하거나 언급한 용어로는 민족정신, 민족주체의식 또는 민족주체성, 민족의 얼, 민족의 기상, 국시(國是), 민주주의, 국민교육헌장의 사상·정신(국민정신 또는 국민교육의 기본 이념), 유신이념, 새마을정신, 80년대 민족통일의 철학 등이 있다. 이들은 이념적이거나 정신적 면을 기준으로 해서 정리한 것이다.

　국가의 최고 통치자는 때로 그 구성원을 민족의 이름으로 결속시키고 구속하면서, 특정한 방식으로 구성된 민족의 기억을 강렬하게 혹은 강제로 불러내거나[65] 통치 권력을 유지 또는 장기화하기 위해 가장 효과적인 나름의 '민족' 개념을 구축해 간다. 민족주의 자체도 통치 질서와 공동체를 새로운 정통성의 토대 위에 올려놓는 것을 보장하고, 대중

---

[65] 김지미, 「박정희 시대의 '민족' 담론과 이만희 영화의 '민족' 표상」, 『한국현대문학연구』 41, 한국현대문학회, 2013, 561쪽.

을 움직이고 통합시키는 능력을 지니고 있기도 하다.[66] 이 연구를 통하여 박정희와 그 정권에서 화랑 또는 화랑정신을 활용한 민족담론도 그와 같은 맥락으로 파악할 수 있었다.

박정희 정권의 민족주의 담론은 독재체제와 장기집권에 대한 국민의 지지를 잃지 않으려고 하는 가운데 이른바 '조국 근대화를 위한 경제발전 정책' 등에 국민의 동원과 집중을 극대화하기 위해 생산하고 활용했던 지배담론 중에서도 핵심적이었다. 그러한 민족주의 담론 또는 민족담론에서 거론된 '화랑과 화랑정신'에서는 '삼국통일을 위해 목숨을 바치거나 헌신하였다'라는 내용이 특히 강조되었다. 한편 박정희는 일제강점기에 '혈서 동봉 지원서'를 제출하여 일제의 괴뢰국인 만주국의 신경군관학교와 일본육군사관학교를 우수한 성적으로 졸업하였으며, 그 뒤 만주군 소위로 일제의 침략전쟁에 나섰다. 그리고 8·15해방 후에는 우리나라 육군사관학교 제2기생으로 졸업하고, 1966년 그 동기생들과 화랑대라는 누각을 지어 육사에 기증하였다. 따라서 박정희 정권의 민족담론에서 화랑과 화랑정신을 연계하여 이용한 것은 정권적 차원에서뿐만 아니라 박정희 개인적 차원에서도, 민족적·역사적 치욕을 대한민국의 육사와 '화랑'으로 최대한 가리거나 희석하는 데, 매우 필수적일 수밖에 없었다고 생각한다.

박정희와 그 정권은 화랑을 연계·활용하여 민족주체의식(민족주체성), 국민교육헌장 제정과 그 정신, 유신체제와 그 이념, 새마을운동과 그 정신, 민족통일의 철학 등 그들이 특히 강조하거나 제작한 이데올로기나 정책 등에 역사적 정통성이 있음을 강변하거나 그러한 역사인식을 확산하였다. 그럼으로써 독재체제를 정당화·합리화하고 공고화·

---

[66] 한스 울리히 벨러, 『허구의 민족주의』, 이용일 역, 푸른 역사, 2007, 44쪽.

안정화하면서 장기집권을 유지해 나갔다. 이에 대하여 '화랑'을 연계한 민족담론 관련 신문 기사들 대부분—1962년 황산덕의 「5·16군사혁명의 성격」 제외—이 논리적으로 체계적인 논지로 동조·옹호하고 변호하였다. 박정희 정권에서 특히 '민족이나 국가에 대하여 목숨 바쳐 희생하는' 화랑이나 화랑정신을 인용·활용하여 민족과 역사를 거론한 것은 결국 국민에게 민족 또는 국가라는 대의명분을 내세워 희생과 헌신을 강조·강요하기 위한 것이었다. 심지어 화랑이나 화랑정신으로 '민족의 결속과 번영'을 내세워 박정희나 그 정권에 대립·반대하는 사람·세력·집단·정치권 등을 비판·탄압하기도 했다.

고등학교 『한국사』 교과서의 발해사 서술 현황과 그 문제점

•

김종복

1. 머리말

한국사 개설서나 교과서와 같이 한국사 통사를 서술하는 데 있어서 가장 어려운 분야 중의 하나는 발해사일 것이다. 일단 그 이유는 과거에 일제 만선사학이 발해사를 한국사와 무관하게 만주사에 포함시켰고, 현재의 중국과 러시아도 각각 자국의 소수민족의 역사로 파악하고 있듯이 발해사의 귀속 문제가 여전히 현재진행형이기 때문이다. 이러한 논쟁거리를 상대방을 설득시킬 충분한 근거 없이 자국사에 포함시키는 것은 과도한 민족주의의 소산으로 비판받을 소지가 있다.

한편 발해사를 한국사에 포함시키는 이유는 발해가 고구려를 계승한 나라이기 때문이다. 그런데 현재의 한국사 통사 체계에서는 신라가 백제와 고구려를 통일함으로써 한민족이 형성되었다고 파악한다. 이에 따르면 발해는 '통일신라'에 부수적인 존재에 불과할 뿐이다. 발해사에 대한 소극적 인식은 다시 발해사의 귀속 문제에 대한 회의로 연결된다.[1] 더구나 '고구려까지 통일'한 '통일신라'라는 용어는 논리적으로 '고구려를 계승'한 '발해'와 모순될 수밖에 없다. 그래서 '통일신라'를 부정하고 신라와 발해가 양립한 '남북국시대론'이 제기되었으며, 이를 둘러싸고 학계에서도 논쟁이 진행 중이다.

발해가 한국사에 속한다고 보는 이상 논리적으로 남북국시대론이 타당하다. 그렇지만 대부분의 개설서와 교과서들은 통일신라론에 입각하여 서술하고 있다. 시대구분 내지는 표제어로서 '남북국시대'를 내세우는 경우에도 본문 서술에서는 여전히 '통일신라'라는 용어를 사용하고 있다. 그 이유로는 한국사의 전개과정에서 신라가 끼친 영향이 발해보다 크다는 점 때문이겠지만, 발해사에 대한 연구가 충분치 않아 그 서술이 빈약하다는 점도 일조했다고 볼 수 있다. 여기서 당위로서의 '남북국시대론'과 현실로서의 '통일신라론'의 불일치를 엿볼 수 있다.

2009년 개정 교육과정의 「고등학교 한국사 교과서 집필 기준」에서 "신라의 삼국통일이 갖는 민족사적 의의와 함께 한계를 설명한다. … 발해가 고구려의 역사와 문화를 계승한 사실(…)을 서술한다. … 남북국 시대로 명명하는 역사 인식의 흐름이 있음에 유의하여 그 의미와 한계를 서술한다"라고 한 것은 이러한 논쟁을 학계에서 해결하지 못하고 교과서 집필자와 나아가 일선 교육현장에 미룬 것에 불과하다. 서술하기 어려운 부분은 가르치기도 어렵다.

해방 이후 한국 역사학은 많은 발전을 이루었고 그러한 성과는 교육과정의 변화에 따라 검인정 → 국정 → 검인정으로 바뀌어온 한국사

---

[1] 교육현장에서 발해사의 귀속 문제를 궁극적으로 어떻게 설명해야 하는지 심적으로 확신이 안 선다는 교사가 많은(송호정, 2016 「학교에서의 한국고대사 교육 현황과 교과서 서술의 올바른 방향」, 『韓國古代史研究』 84, 278쪽) 이유도 이와 무관하지 않을 것이다.

교과서에도 반영되어 왔다. 통일신라론과 남북국시대론이 학계에서 논쟁중인 것은 그만큼 발해사에 대한 관심이 높다는 반증이며, 1980년대 이후로 발해사 연구 성과가 적지 않게 축적되었다. 그러나 교과서의 성격상 논쟁이 있는 부분은 통설을 따르고 최신 연구성과도 뒤늦게 수용되는 만큼 적지 않은 부분에서 과거의 개설서나 교과서를 참조할 수밖에 없다. 그리고 이러한 관행적 서술에서 과거의 오류를 무의식적으로 답습하기도 한다. 고등학교 『한국사』의 발해사 서술 현황을 살펴보는 이유가 여기에 있다.[2] 먼저 8종의 검인정 교과서에서 통일신라와 발해 부분이 어떻게 구성되었는지를 검토한 다음에 구체적인 발해사 서술 부분에서의 문제점을 짚어나가기로 한다.

2. 구성상의 문제점

현재 학계에서 논쟁중인 통일신라론과 남북국시대론이 현행 교과서에 어떻게 반영되었는지를 살펴보기 위하여 8종의 검인정 교과서에서 통일신라와 발해 부분의 중단원, 소단원, 세부항목을 도표화한 것이 다음의 〈표 1〉이다. 다만 소단원에서 삼국시대를 설정한 경우에 하위의 세부항목은 생략하였다. 반면 세부항목에서 발해사의 경우 본문 밖에 있는 보충 설명도 포함시켰다. 아울러 발해사가 서술된 부분은 진하게 표시하였다.

---

[2] 중학교 역사교과서의 발해사 서술 부분에 대해서는 하일식, 2011 「『중학교 역사』의 통일신라·발해 서술 검토」, 『韓國古代史硏究』 64와 정호섭, 2015 「중학교 역사교과서의 고구려사와 발해사 서술 검토」, 『先史와 古代』 46을 참조.

〈표 1〉 고등학교 한국사의 통일신라와 발해 부분 목차

출판사	중단원	소단원	세부항목
교학사	04 통일 신라와 발해의 발전과 사회 모습	1 통일 신라의 발전	① 통일 신라의 발전
			② 신라 말의 혼란과 새로운 세력의 성장
		2 발해의 건국과 발전	① 발해의 건국
			② 발해의 발전과 대외 관계
			③ 발해의 사회·경제적 모습
			* 발해의 자취
		3 통일 신라와 발해의 문화	① 신라 통일의 문화사적 의의
			② 통일 신라의 문화
			③ 발해의 문화
			* 발해사의 신비를 벗긴 두 무덤
	05 고대 국가의 국제 교류와 문화 발전	1 고대 국가의 국제 교류	① 동아시아의 국제 관계
			② 삼국 문화의 교류와 전파
			③ 통일 신라와 발해의 대외 교류
		2 고대 국가의 사상	① 유교와 도교의 발전
			② 신라 중대 불교의 특징
			③ 신라 하대의 불교
금성사	1-4 통일 신라와 발해의 발전	1 신라가 삼국을 통일하고, 발해가 건국되다	① 고구려와 수·당의 전쟁
			② 백제와 고구려의 멸망
			③ 삼국 통일의 의의와 한계
			④ 고구려 유민의 동향과 발해 건국
			* '통일 신라 시대'인가, '남북국 시대'인가?
		2 통치 체제를 정비하고 주변국과 활발하게 교류하다	① 통일 신라의 왕권 강화와 통치 체제 정비
			② 발해의 영역 확장과 발전
			③ 발해의 통치 조직
			④ 통일 신라와 발해의 대외 관계
			* 발해와 일본의 대외 관계
		3 통일 신라와 발해의 사회 모습과 경제 생활	① 통일 신라의 사회 모습
			② 발해의 사회 모습
			③ 통일 신라와 발해의 경제 생활 및 대외 무역
		4 통일 신라가 동요하고, 발해가 멸망하다	① 통일 신라 사회의 동요와 호족의 성장
			② 발해의 멸망과 부흥 운동
			* 고려의 발해에 대한 인식
	1-5 국제 교류 확대와 고대 문화 발달	1 주변국과 교류하며 독창적인 문화를 발전시키다	① 고대 문화의 특징
			② 고대 국가 간의 문화 교류
			③ 중국과의 문화 교류

			④ 일본과의 문화 교류
			⑤ **북방 및 서역과의 문화 교류**
		2 한자와 유학을 수용하여 발전시키다	① 한자와 유학의 수용
			② 역사서 편찬
			③ **유학의 발달**
		3 보편적인 사상의 세계를 연 불교와 도교	① 불교의 전래와 수용
			② 삼국과 통일 신라 초기의 불교
			③ **발해 불교의 발달**
			④ 통일 신라 말 선종의 발달
			⑤ 도교 및 풍수지리설의 수용과 발달
		4 화려한 예술 문화와 과학 기술의 발달	① **예술 문화의 발달**
			② 과학 기술과 천문학의 발달
두산동아		1-6 남북국 시대를 열다	① 신라, 체제를 정비하다
			② 사회가 안정되고 경제가 발전하다
			③ 통일과 조화를 추구하다
			④ **발해, 해동성국으로 발전하다**
			* **해동성국 발해, 신라를 제쳤다고 자부하다**
			⑤ **경제가 성장하고, 유교와 불교가 발전하다**
			* **발해 사람들은 이렇게 살았다**
		1-7 삼국과 남북국, 주변 나라와 대립하며 교류하다	① 다원적 외교를 펼치다
			② **남북국, 주변 나라들과 교류하다**
리베르스쿨	4 통일 신라와 발해의 발전	1 신라의 삼국 통일	① 고구려, 중국과의 전쟁으로 국력이 소모되다
			② 나·당 연합군, 백제와 고구려를 멸망시키다
			③ 신라, 당 군을 몰아내고 삼국을 통일하다
		2 통일 신라의 발전과 대외 교류	① 통치 체제를 개편하다
			② 당·일본과 활발하게 교류하다
			③ 통일 신라 말에 사회 혼란으로 호족이 성장하다
			④ 후삼국 시대가 도래하다
		3 발해의 발전과 대외 교류	① **대조영이 발해를 건국하다**
			② **고구려의 역사를 계승하고 당의 제도를 수용하다**

			* 남북국 시대
			③ 주변 국가와 활발하게 교류하다
			④ 발해가 멸망하고 유민이 고려로 유입되다
			* 발해의 고구려 계승
	5 고대 국가의 경제와 사회	1 삼국 시대의 경제	(생략)
		2 통일 신라와 발해의 경제	① 통일 신라의 경제가 발달하다
			② 발해의 경제가 발달하다
		3 삼국 시대의 사회	(생략)
		4 통일 신라와 발해의 사회	① 통일 신라에서도 진골 귀족이 득세하다
			② 발해 사회, 고구려 유민과 말갈로 구성되다
	6 고대 국가의 문화 발전과 교류	1 삼국의 문화	(생략)
		2 삼국의 문화 교류와 불교·유학의 발전	(생략)
		3 통일 신라와 발해의 문화	① 삼국 통일로 민족 문화의 바탕을 이루다
			② 통일 신라, 불교 미술의 꽃을 피우다
			③ 유학이 발달하고 역사서가 편찬되다
			④ 발해, 고구려 문화를 계승하다
		4 통일 신라와 발해의 문화 교류	① 당·일본과 문화를 교류하다
			* 발해와 신라의 관계
			② 중앙아시아·이슬람 세계와 교류하다
		5 신라 하대의 종교	(생략)
미래엔	3 남북국의 정치 발전	1 통일 신라의 발전	① 무열왕계 직계 후손이 왕위를 계승하다
			② 왕권의 전제화를 위한 통치 체제 개편
			③ 넓어진 영토를 재정비하다
			④ 왕위 쟁탈전이 벌어지다
			⑤ 골품제의 모순 속에서 새 시대의 기운이 싹트다
		2 발해의 성립과 발전	① 고구려 부흥 운동, 발해 건국으로 결실을 맺다
			② '해동성국'이라 불린 발해

			* "나는 황제로소이다!"
			③ 광활한 나라를 어떻게 다스렸나
			④ 발해 유민, 고려에 통합되다
			* 유득공의 "발해고"
4 경제 활동과 사회 모습		1 삼국의 경제	(생략)
		2 남북국의 경제	① 통일 신라, 관료전을 지급하고 녹읍을 폐지하다
			② 민정 문서를 바탕으로 조세를 거두다
			③ 활발한 대외 무역을 전개하다
			④ 신라 말, 농장은 확대되고 농민은 궁핍해지다
			⑤ 발해의 경제
			* 발해의 명마, 고구려 유민을 태우고 달리다
		3 삼국과 남북국의 사회	① 귀족 중심의 신분제 사회가 형성되다
			② 엄격한 법으로 사회를 이끌다
			③ 풍속으로 보는 삼국 사회
			④ 통일 후 신라 사회는 어떻게 변하였을까?
			⑤ 발해 사회의 이모저모
			* 위풍당당 발해 여성
5 폭넓은 대외 교류와 문화의 발전		1 고대의 활발한 문화 교류	① 폭넓은 교류 속에 개성 있는 문화를 이루다
			② 일본으로 건너간 우리 문화
		2 불교와 도교, 풍수지리설의 발달	① 왕실이 앞장서서 불교를 받아들이다
			② 통일 신라, 불교의 대중화가 이루어지다
			③ 신라 말, 선종이 대두하다
			④ 발해의 불교
			⑤ 도교와 풍수지리설이 유행하다
		3 유교의 수용과 학문의 발달	① 삼국, 유교를 수용하고 역사서를 편찬하다
			② 통일 신라, 유학의 수준이 높아지다
			③ 발해의 유학과 한문학
		4 과학 기술과 예술의 발달	① 과학 기술의 발달
			② 고대 문화의 보물 창고, 고분
			③ 건축과 탑, 기술과 예술의 만남

			④ **다양한 개성을 지닌 불상**
			⑤ 글씨, 그림, 음악 속에 담긴 멋과 흥
비상교육	4 통일 신라와 발해의 발전과 사회 모습	1 신라가 삼국 통일을 이루다	① 6세기 말~7세기경 동북아시아의 정세
			② 고구려와 수·당과의 전쟁
			③ 나·당 동맹의 체결
			④ 백제와 고구려의 멸망과 부흥 운동
			⑤ 나·당 전쟁과 신라의 삼국 통일
		2 통일 신라와 발해가 발전하다	① 무열왕계의 왕위 계승과 왕권의 강화
			② 통일 신라의 통치 조직 정비
			③ 신라 말의 사회와 새로운 세력의 등장
			④ 후삼국의 성립
			⑤ **발해의 성립과 발전**
			* **유물로 보는 발해와 일본과의 교류 모습**
			⑥ **발해의 통치 체제**
			* **발해는 어떤 나라를 계승하였을까?**
		3 통일 신라와 발해의 사회·경제는 어떠하였을까?	① 통일 신라의 사회
			② 통일 신라의 경제 정책
			③ 통일 신라의 상업과 무역
			④ **발해의 사회 모습**
			⑤ **발해의 경제 발달**
	5 고대 국가의 국제 교류와 문화 발전	1 삼국과 가야, 국제 관계 속에서 문화가 발전하다	(생략)
		2 통일 신라와 발해, 교류를 통해 사상과 문화가 발전하다	① 통일 신라의 불교 사상
			② 통일 신라의 유학 교육과 학문 발달
			③ **발해의 문화 발전**
			④ **통일 신라와 발해의 대외 교류**
지학사	04 통일 신라와 발해의 발전	1 신라의 삼국 통일	① 고구려가 수의 침입을 격퇴하다
			② 신라가 고구려와 백제의 공세에 시달리다
			③ 고구려가 당의 침입을 물리치다
			④ 고구려와 백제가 멸망하다
			⑤ 신라가 당을 몰아내다

		2 통일 신라의 발전	① 신라가 통치 체제를 개편하다
			② 전제 왕권이 흔들리다
			③ 후삼국으로 분열하다
		3 발해의 발전	**① 고구려의 옛 땅에서 발해가 발전하다**
			② 통치 체제를 정비하다
			* **남북국 시대의 의미**
		4 통일 신라와 발해의 사회·경제	① 토지를 측량하여 관료와 백성에게 나누어 주다
			② 토지를 중심으로 조세 제도를 개편하다
			③ 신라는 벼, 발해는 콩을 많이 생산하다
			④ 직물류나 금속 가공품의 수준이 높아지다
			⑤ 신라에서 출신과 지역에 따른 차별이 완화되다
			⑥ 발해 사회는 도시와 촌락이 많이 달랐다
	05 고대 국가의 문화와 교류	1 삼국과 가야의 대외 교류	(생략)
		2 통일 신라와 발해의 대외 교류	① 동아시아의 교류 관계가 긴박하게 변하다
			② 통일 신라가 세계 각지와 교류하다
			③ 발해가 당 및 일본과 교류하다
			④ 통일 신라와 발해가 일본으로 문화를 전파하다
			* '밤에 다듬이 소리를 듣고'
		3 사상과 문화의 발달	① 삼국이 불교를 수용하다
			② 국가가 불교를 널리 퍼뜨리다
			③ 교학 불교 사상이 무르익다
			④ 원효가 기신론을 설명하다
			⑤ 의상이 화엄을 실천하다
			⑥ 선문 9산이 펼쳐지다
			⑦ 발해에서도 불교가 성행하다
			⑧ 삼국이 유교를 교육하다
			⑨ 신라의 유학이 융성해지다
			⑩ 도교가 들어오다
천재교육	04 통일 신라와 발해	1 통일 신라와 발해의 발전	① 신라의 왕권 강화
			② 신라의 통치 체제 정비
			③ 발해의 건국

			④ 발해의 발전
			⑤ 발해의 통치 체제
		2 통일 신라의 동요와 발해의 멸망	① 신라 말의 동요와 새로운 세력의 등장
			② 신라 말의 농민 봉기
			③ 새로운 사상의 유행
			④ 후삼국의 성립
			⑤ 발해의 멸망
		3 통일 신라와 발해의 사회와 경제	① 신라의 사회와 경제
			② 발해의 사회와 경제
			* 발해의 귀족에는 어떤 사람들이 있었을까?
		4 통일 신라와 발해의 대외 교류	① 신라의 대외 교류와 해상 무역
			② 발해의 대외 교류
		5 통일 신라와 발해의 사상과 문화	① 유학의 보급과 학문의 발달
			② 불교의 발달
			③ 건축 예술
			④ 불교 미술과 공예
			⑤ 과학 기술의 발달

중단원에서 표제어를 '통일 신라와 발해'로 한 것은 교학사, 금성사, 리베르스쿨, 비상교육, 지학사, 천재교육 등 6종이며, '남북국 시대'로 한 것은 두산동아, 미래앤 등 2종이다. 그러나 후자의 경우도 '남북국 시대'라는 표제어와 달리 본문에서는 '통일 신라'를 사용하고 있기 때문에, 실제로는 모두 통일신라론에 입각해 있는 셈이다. '통일 신라'라는 용어 자체가 이미 한국사에서 발해사를 배제시키거나 그에 대한 소극적 인식을 초래한다는 인식론적 문제에 대해서 어떻게 설명하는지 살펴보자.

지학사의 소단원「3 발해의 발전: ② 통치 체제를 정비하다」아래의 〈역사 더하기: 남북국 시대의 의미〉에서 "통일 신라 시대라고 불러야 한다는 의견이 여전히 존재하며 … 그러나 최치원의 글에서 신라가 일찍부터 발해를 '북국'이라 불렀음을 알 수 있다. 따라서 8세기에서 10세기 전반에 이르는 한국사에서 신라와 발해를 모두 포함하려면, 당시의

명칭에서 유래한 '남북국 시대'를 사용하는 것이 가장 적합하다"라고
하였다.

반면 금성사의 소단원「1 신라가 삼국을 통일하고, 발해가 건국되다:
④ 고구려 유민의 동향과 발해 건국」아래의 〈더 알아보기: '통일 신라
시대'인가, '남북국 시대'인가?〉에서는 "신라의 삼국 통일을 특별히 강
조한 경우에는 '통일 신라 시대', 발해의 건국을 특별히 강조한 경우에
'발해와 후기 신라'라고 부른다. 또한 두 나라가 남과 북에 나란히 존재
하였다는 뜻에서 '남북국 시대'라고 부르기도 한다. … 다만 신라의 삼
국 통일에 의해 우리 민족의 토대가 굳건하게 놓였다는 사실을 상기하
면, '남북국 시대'라는 용어는 신라 삼국 통일의 역사적 의미를 약화시
킬 우려가 있다. 그런 점에서 신라의 삼국 통일과 발해의 건국을 모두
강조할 수 있는 '통일 신라와 발해'라는 용어가 보다 적절할 수 있다"라
고 하였다.

리베르스쿨의 소단원「3 발해의 발전과 대외 교류: ② 고구려의 역사
를 계승하고 당의 제도를 수용하다」아래의 〈도움글: 남북국 시대〉에
서도 "유득공은 … 발해와 통일 신라를[3] 남북국으로 기술하였다. '남북
국시대'라는 용어는 신라의 삼국 통일이 가지는 의미를 축소하는 한계
를 지니고 있다. 그러나 발해는 삼국 통일 전쟁이 일단락된 후 20여 년

---

[3] 여기서 유득공이 발해와 '통일 신라'를 남북국으로 기술하였다는 부분은 미래엔
의 〈한국사 백과: 유득공의 "발해고"〉에도 보이는데 정확한 표현이 아니다. '통일
신라'는 근대 역사학에서 사용하는 용어이기 때문이다. 조선시대의 정통론적 역
사인식에서는 삼국에 대해서는 어느 하나에 正統을 인정하지 않는 無統으로 처리
하고 백제와 고구려가 멸망한 이후의 신라에 대해서만 正統으로 인정했다. 그런
데 이러한 新羅正統論에서는 발해가 제외되기 때문에 유득공은 현재 사용하는 통
일신라에 해당하는 신라정통론을 부정하고 신라와 발해가 병립하는 남북국시대
를 설정한 것이다. 이에 대해서는 김종복, 2012 「조선후기의 新羅正統論의 전개와
발해사 인식의 전환」, 『서구학문의 유입과 동아시아 지성의 변모』, 선인 참조.

이 흐른 뒤에 새롭게 형성된 국가였으므로 남북국 시대라는 용어는 민족적으로나 영토적으로 불완전한 신라의 삼국 통일을 보완한다는 데 의미가 있다"라고 하였다.

한편 '남북국시대'로 표기한 미래엔의 소단원「2 발해의 성립과 발전: ④ 발해 유민, 고려에 통합되다」아래의 〈한국사 백과: 유득공의 "발해고"〉는 "통일 신라는 대동강 이남에서 민족 문화의 기틀을 마련했으며, 발해는 고구려의 뒤를 이어 만주를 지배하였다. 따라서 '남북국'이라는 말 속에는 통일 신라와 발해의 역사를 균형 잡힌 시각으로 보려는 인식이 깔려 있다"라고 하였다.

지학사의 경우 '신라'와 발해가 양립한 남북국 시대가 적합하다고 하면서도 표제어를 '통일 신라와 발해'라 한 것은「집필 기준」을 거스를 수 없었기 때문일 것이다. 금성사와 리베르스쿨, 그리고 미래엔은「집필 기준」을 따르면서도 남북국시대론을 감안한 일종의 절충안이라고 할 수 있다. 이러한 현상은 앞서 언급했듯이 2009년 개정 교육과정의「고등학교 한국사 교과서 집필 기준」에서 '신라의 삼국통일이 갖는 민족사적 의의'를 전제로 '남북국 시대로 명명하는 역사 인식의 흐름이 있음에 유의'하라고 한 이상, 검인정 교과서에서 통일신라론을 부정하기는 어려울 것이다. 요컨대 학계에서 통일신라론과 남북국시대론이 논쟁중인 이상 교과서는 절충안을 취할 수밖에 없을 것이다. 그럼에도 불구하고 '통일신라와 발해' 또는 통일신라를 인정하는 '남북국시대'라는 용어를 사용하는 교과서들은 모두 발해사를 한국사 체계 내에서 설명하려는 입장이다. 문제는 소단원의 배치가 이에 부합하는가 하는 점이다.

교학사, 두산동아, 미래엔, 천재교육은 모두 해당 중단원의 첫 번째 소단원이「통일 신라의 발전」이며 첫 번째 세부항목도 '① 통일 신라의

엄격한 사료 비판을 강조한 만선사학은 실증상의 문제점을 간과하고 오히려 이러한 담론을 확대 재생산하였다. 만선사의 '만주'는 일제가 중국사와 무관한 지리적 공간을 강조하기 위해 고안한 용어였던 만큼, 만선사의 '조선' 역시 지리적 개념이었다. 만선사는 만주사와 조선사를 분리하여 고구려와 발해를 전자에 귀속시켰으므로, 지리적 공간으로서의 '조선'의 역사에서 반도 남부를 최초로 통일한 신라가 강조될 수밖에 없었다. 그리고 최초의 반도 통일을 강조하는 데 적합한 용어가 바로 '통일신라'였다. 한국의 근현대 역사학이 만선사학의 식민주의적 속성에는 부정적이었지만 그 연구방법론만은 수용하였다. 그래서 해방 이후 식민사학을 청산할 여유가 없었던 남북한의 역사학자들은 근대적 용어로서 '통일신라'를 그대로 사용하였다. 다만 그 의의를 '단일국민으로서의 문화'를 형성하는 기초가 되었다는 점에서 찾았다. 즉 통일신라론의 내용이 반도 통일에서 민족 통일로 바뀌게 되었던 것이다.[9]

이렇게 살펴볼 때, 676년에 삼국을 통일한 신라의 영역이 서북쪽으로 대동강까지 미쳤다는 서술은 그 연원이 일제 식민사학에 있음을 알 수 있다. 그렇지만 더 중요한 것은 이러한 서술이 실제 역사적 사실과 어긋날 뿐만 아니라, 신라의 서북쪽 경계가 임진강에서 대동강으로 확대되어 가는 과정에서 발해의 역할이나 영향에 대한 설명이 전혀 없다는 점이다.

2) 발해의 서남쪽 경계

당은 668년에 평양성에 안동도호부(安東都護府)를 설치하고 고구려

---

[9] 김종복, 2009 「발해사 인식의 추이: 남북국시대론을 중심으로」, 『발해정치외교사』, 일지사.

고지를 9도독부 42주 100현을 재편하였다. 그러나 고구려 유민의 부흥운동과 뒤이은 나당전쟁으로 인해 안동도호부는 676년에 요동성으로 퇴각하였다가 이듬해 다시 신성으로 이동하였다. 그리고 698년의 발해 건국을 전후하여 그것은 안동도독부(安東都督府)로 강등됨으로써, 고구려 고지에 대한 당의 관할은 한반도 서북부를 포함한 요동지역으로 축소되었다. 705년에 안동도호부가 요서지역에서 복치되었지만 이러한 상황은 지속되었다. 그래서 735년에 신라가 대동강에 군대 주둔을 요청하고 이듬해 당은 대동강 이남 지역을 신라에게 하사하는 형식을 취했던 것이다.

그런데 758년에 당은 안동도호부를 폐지함으로써 이 지역을 포기하였다. 그런데 지리적으로 요동지역은 서남쪽으로 북중국, 서북쪽의 초원지대, 동쪽으로 삼림지대와 연결되어 있었던 만큼 역사적으로도 중요한 역할을 하였다. 중원왕조는 이 지역을 거점으로 동호 · 예맥 · 숙신 등 주변세력을 통제하였으며, 주변 세력 역시 이 지역을 차지함으로써 비로소 강국이 될 뿐만 아니라 북중국으로 진출할 수 있었기 때문이다.[10] 따라서 안동도호부 폐지 이후 신라도 대동강을 넘어 북진하지 않은 이상, 신흥 강국으로 부상하던 발해가 이 지역으로 진출했을 가능성을 전혀 무시할 수는 없다.

그래서 1960년대에 일본에서 요동지역에 이른바 '소고구려(小高句麗)'가 존재했다는 파격적인 주장이 제기되었다. 이 견해에서는 699년에 보장왕의 아들 고덕무가 안동도독으로 파견된 이후 그 후손들이 대대적으로 독자적인 세력을 형성하였다는 전제 하에, 이를 원 고구려와 구별하여 '소고구려'로 불렀다. 이 '소고구려'는 당의 괴뢰국이었지만

---

10) 토마스 바필드(윤영인 옮김), 2009 『위태로운 변경』, 동북아역사재단, 60쪽.

안동도호부의 폐지 이후 발해에 속국이 되었다(子國化)라고 하였다. 이 주장은 사료의 오독과 논리적 비약으로 많은 비판을 받았지만, 그후 요동을 발해의 영역으로 보는 견해들에 적지 않은 영향을 끼쳤다.[11]

남한에서는 고덕무의 후손이 통치했다는 소고구려는 부정하지만, 이와 무관하게 고구려 유민의 나라로서 소고구려의 실체를 인정하고 이를 발해 선왕이 복속했다고 보는 견해가 등장하였다. 그리고 북한에서는 요동지역에 발해의 안원부(安遠府)와 회원부(懷遠府)를 비정하고 한반도 서북부에는 고려후국(高麗侯國)이 존재했다는 견해가 등장하였다. 그러나 이러한 견해들은 사료적으로 문제가 많은 『요사』 지리지의 기록을 무비판적으로 수용했다는 점에서 따르기 어렵다.[12]

발해 지리에서 가장 신뢰할 만한 사료는 『신당서』 지리지 말미에 인용된 가탐(730~805)의 『고금군국현도사이술(古今郡國縣道四夷述)』의 일문, 즉 일명 『가탐도리기(賈耽道里記)』과 『신당서』 발해전의 5경 15부 62주 기사이다. 후자는 당나라 유주절도사에 속한 지방관 장건장(806~866)이 834년에 발해를 방문하고 남긴 『발해국기(渤海國記)』를 토대로 작성되었다.

이 기록들에 따르면, 발해와 당의 경계는 요동성(요령성 요양)에 있었던 안동도호부의 남쪽 700리에 위치한 압록강 북쪽의 박작성(泊灼城, 압록강 하구에서 130리 거슬러 올라간 泊汋口)이다. 여기서 500리 거슬러 올라가면 고구려의 수도였던 환도성(丸都城)이 있는데, 이곳에 발해는 서경 압록부에 속한 환주(桓州)를 설치하였다. 또다른 교통로로서

---

11) 日野開三郎의 小高句麗論은 李基白, 1967 『韓國史新論』, 一潮閣, 100쪽에 처음 소개된 이래로 한국에서 상당 기간 통용되었다.

12) 이러한 견해들이 근거하고 있는 사료들에 대한 비판으로는 김종복, 2008 「발해시대 遼東지역의 귀속 문제」, 『史林』 31 및 2010 「발해의 서남쪽 경계에 대한 재고찰」, 『韓國古代史硏究』 58 참고.

안동도호부에서 동북쪽으로 옛 개모성(蓋牟城)과 신성(요령성 무순)을 거쳐야 발해의 장령부(長嶺府)에 도착할 수 있었다. 그런데 옛 개모성과 신성에는 발해가 부나 주를 설치했다는 기록이 없다. 따라서 발해의 서경 압록부와 그 북쪽의 장령부는 요동 동쪽에 위치하였음을 알 수 있다. 이처럼 9세기 전반의 기록에 따르면 발해의 15부 62주 가운데 요동지역은 물론이고 그와 연결된 압록강 이남 지역에 비정되는 것은 없다.

그럼에도 불구하고 현재 교과서들은 9세기 선왕(818~830) 때에 발해가 요동지역을 차지했다고 서술하고, 지도에서는 요동반도 남단을 제외한 요동과 한반도 서북부를 발해의 영역으로 표시하고 있다. 이렇게 볼 때 또 문제가 되는 것은 신라와 발해가 대동강~원산만에 걸쳐 마주했음에도 불구하고 양국간의 교섭이 두 차례밖에 없었으며, 그조차도 동쪽에서만 이루어졌다는 점이다.

주지하듯이 『삼국사기』 지리지에 인용된 『가탐도리기』에 의하면 신라 삭주 천정군에서 발해 책성부(나중의 동경 용원부) 사이에는 39역이 개설되어 있었다. 그리고 『신당서』 발해전에 의하면 발해의 남경 남해부(지금의 함경남도 북청)는 신라도의 기점이었는데, 이 역시 동해안을 따라 연결된 39역의 일부였다. 790년(신라 원성왕 6, 발해 문왕 54) 3월과 812년(신라 헌덕왕 4, 발해 희왕 1) 9월에 신라가 북국, 즉 발해에 파견한 사신은 신라도를 이용하였을 가능성이 높다. 이 점은 신라와 발해가 서쪽, 즉 대동강 방면으로 접경하지 않고 동쪽으로만 접경하였음을 의미한다.

그렇다면 한반도 서북부를 포함한 요동지역은 어떠한 상황이었으며 지도에는 어떻게 표시해야 할까? 결론부터 말하면, 이 지역은 발해의 영역이 아닌 신라와 발해, 그리고 당 삼국간의 완충지대였다.[13]

668년에 평양에 설치된 안동도호부가 698년에 안동도독부로 강등된 이후에 당은 이 지역을 명목상 관할하였다. 따라서 나당전쟁 이후 신라가 서북 경계선으로 삼은 예성강~압록강 지역은 실제로는 나당간의 완충지대로 기능하였다. 당은 736년에 그중 대동강 이남 지역을 신라에게 하사함으로써 발해를 견제하도록 하는 동시에 신라에게 더 이상의 북진을 허용하지 않았다. 한편 발해는 당과의 국교 수립 이후에 동북쪽의 말갈 지역으로 영역을 확장하고 서남쪽으로 요동으로는 진출하지 않았다. 이러한 방침은 758년 안동도호부가 폐지된 이후에도 마찬가지였다. 발해의 상경 천도(756)와 동경 천도(785), 그리고 상경 환도(794) 등은 이를 뒷받침해 준다. 결국 요동지역은 발해와 당 사이의 완충지대로 기능하였던 것이다. 신라와 당, 그리고 발해와 당은 각각 한 차례 군사적 충돌을 겪었지만 한반도 서북부를 포함한 요동지역을 완충지대로 두었기 때문에 장기간 평화 상태를 유지하였던 것이다.

3) 기타 사실 오류

금성사의 「1-4 통일 신라와 발해의 발전－4 통일 신라가 동요하고, 발해가 멸망하다－② 발해의 멸망과 부흥 운동」에는 발해 유민이 세운 정안국에 대한 사료(64쪽)를 소개하면서, 그 전거를 『송서』라 하였다. 그러나 『송서』는 중국 남북조시대의 남조 송(420~479)의 역사를 다룬 역사서이다. 정안국에 대한 기록은 오대십국을 통일한 송(960~1279)의 역사를 다룬 『송사』 권491, 렬전 250, 외국7, 정안국에 수록되어 있다.

두산동아의 「1-6 남북국 시대를 열다－④ 발해, 해동성국으로 발전

---

13) 김종복, 2017 「완충지대로서의 요동을 통해 본 신라·발해·당의 관계」, 『韓國古代史研究』 88.

하다」 아래의 〈생각 넓히기: 해동성국 발해, 신라를 제쳤다고 자부하
다〉(45쪽)에서 발해 유학생 오소도가 당 빈공과에 수석으로 합격한 해
는 862년이라고 하였다. 그러나 오소도보다 낮은 성적으로 합격한 신
라인 이동(李同)이 당나라에 건너간 시점은 869년 7월이었고, 두 사람
은 872년(咸通 13)에 최근(崔瑾)이 지공거(知貢擧)로 주관한 빈공과에
응시하였다.[14]

리베르스쿨의 「04 통일 신라와 발해의 발전−3 발해의 발전과 대외
교류−① 대조영이 발해를 건국하다」(45쪽)에서는 대조영이 진을 건국
한 후 "천통이라는 연호를 사용하였"라고 하였다. 그러나 발해의 연호
에 대해서는 『신당서』 발해전에서 2대 무왕의 연호인 인안부터 11대
대이진의 연호인 함화까지 전할 뿐이다. 천통(天統)은 대종교 2대 교주
인 김교헌(1868~1923)의 『신단실기(神檀實記)』(1914)에서 처음 나온 이
후 주로 대종교 계통의 역사서에 등장하지만, 사료적 근거는 없다.

또 「4 통일 신라와 발해의 문화 교류−① 당·일본과 문화를 교류하
다」 아래의 〈자료 읽기: 발해와 신라의 관계〉에서 "발해와 신라 사이의
교역로로는 … 이를 '신라도'라고 하였다"라고 하였다. 그러나 양국간
에 교역이 활발했다는 사료적 증거도 없고, 신라는 이 길을 통해 두 차
례 발해에 사신을 파견하였던 만큼, '교역로'보다는 '교통로'가 더 정확
한 표현이다.

미래앤의 「04 경제 활동과 사회 모습−2 남북국의 경제−⑤ 발해의
경제」의 지도 〈통일 신라와 발해의 대외 무역로〉(42쪽)에서는 발해 상
경에서 압록강을 따라 당나라 산동반도로 가는 길을 '압록도'라고 하였
다. 그러나 『신당서』 발해전에 전하는 발해의 5도로서 여기에 해당하

---

14) 宋基豪, 1995 『渤海政治史研究』, 一潮閣, 167~168쪽.

는 것은 '조공도'이다. 조공도는 산동반도를 거쳐 당의 장안성이 최종 목적지이기 때문에 붙여진 이름이다. 이를 '압록도'라고 굳이 고쳐 불러야 할 이유도 없고, 사료적 근거도 없다.

미래앤의 부록 〈역대 왕조 계보〉(366쪽)에서 6대왕 강왕을 문왕의 아들로 배치하여 5대왕 강왕의 숙부로 표시하였다. 이는『구당서』등 중국측 기록에는 강왕을 문왕의 少子로 표기한 데 따른 것이다.[15] 그러나 강왕이 일본에 보낸 국서에는 자신을 문왕의 손자라고 표현하였으므로[16] 이를 따르는 것이 타당하다. 또한 지학사의 부록 〈우리나라 역대 왕조 계보〉(416쪽)에서 4대왕 폐왕 원의를 '고왕 증손'이라고 한 것은 오류이다. 대원의는 문왕의 족제(族弟)이므로 고왕의 손자뻘에 해당된다.

왕조 계보와 관련하여 지적할 것이 있다. 모든 교과서의 부록에 실린 발해의 왕조 계보에서는 시호가 전하지 않는 11대와 12대는 각각 왕(이진)과 왕(건황)이라고 한 반면에, 13~15대는 모두 현석, 위해, 인선이라고 표기하였다. 표기의 일관성이라는 점에서 왕(현석), 왕(위해), 왕(인선)으로 통일하는 것이 좋을 듯하다.

끝으로 사소하지만 오해를 불러일으킬 수 있는 부분이 있다. 바로 발해 상경성의 외성 남문에서 황성 정문까지 남북 방향의 직선 도로를 금성사와 지학사를 제외한 나머지 교과서들은 모두 '주작대로'라고 표기한 것이다. 주지하듯이 8세기에 발해나 일본의 도성은 당의 장안성을 모범으로 삼은 일종의 계획도시였다. 그래서 1930년대에 처음으로

---

15)『舊唐書』권199下, 列傳 149下, 渤海靺鞨 "嵩璘父欽茂";『新唐書』권219, 列傳 144, 渤海 "貞元時 東南徙東京 欽茂死 私諡文王 … 欽茂少子嵩鄰立 … 諡康王"

16)『日本後紀』권4, 桓武天皇 "延曆十五年 四月 戊子 … 又告喪啓曰 上天降禍 祖大行大王 以大興五十七年 三月四日薨背 善隣之義 必問吉凶 限以滄溟 所以緩告 嵩璘無狀招禍 不自滅亡 不孝罪咎 酷罰罹苦 謹狀另奉啓 荒迷不次 孤孫大嵩璘頓首"

상경성을 발굴한 일본인 학자는 남북 방향의 직선 대로(大路)가 당 장
안성의 주작가(朱雀街)나 일본의 평성경(平城京)·평안경(平安京)의 주
작대로(朱雀大路)에 상당한다고 하였다.17) 여기서의 '일본의 주작대로
에 상당한다'는 표현이 나중에 각종 개설서에서 '주작대로'로 축약되어,
'주작대로'가 마치 발해에서 사용한 명칭인 것처럼 오해를 불러일으키
게 된 것이다. 참고로 당 장안성의 남북 방향의 직선 대로에 대한 명칭
이 당나라 기록에는 없지만 송대에는 '주작문가(朱雀門街)'이었음이 확
인된다.18)

4. 맺음말

신라의 일통삼한(一統三韓) 의식과 조선의 신라정통론(新羅正統論)
으로 인해 고구려 유민이 말갈족을 규합하여 고구려 고지에서 세운 발
해는 오랫동안 한국사에서 소외되었다. 조선후기에 유득공은 신라정
통론을 부정하고 신라와 발해가 양립한 남북국론을 주장하였고, 신채
호와 같은 근대 민족주의 역사학에서 이를 적극적으로 계승하였다. 그
결과 발해는 한국사에서 남북국시대의 한 부분으로 자리잡았으나, 그
위상은 신라보다 낮게 인식되고 있다. 그 이유는 한민족 형성의 계기
를 신라의 삼국통일에서 찾기 때문이다. 그래서 현재 통일신라론과 남
북국시대론이 학계에서 논쟁 중이다.

이러한 논쟁이 아직 해결되지 않았기 때문이겠지만 2009년 개정 교

---

17) 東亞考古學會, 1939『東京城』, 9쪽.
18) 宋敏求,『長安志』권7, 6a "當皇城南面 朱雀門有南北大街 曰朱雀門街 東西廣百
步" 이 구절은 청대 徐松의『唐兩京城坊攷』권2, 2a에 그대로 인용되어 있다.

육과정의 「고등학교 한국사 교과서 집필 기준」은 통일신라의 의의와 한계는 물론 남북국시대의 의미와 한계를 서술하라는 무리한 요구를 하고 있다. 그래서 8종의 검정 교과서에서는 표제어를 '통일 신라와 발해'로 하거나 '남북국 시대'라 하더라도 본문 서술에서 '통일 신라'를 혼용하고 있다. 「집필 기준」을 개정하거나, 교과서 집필자가 현재의 「집필 기준」에 너무 구애받지 않고 탄력적으로 적용할 필요가 있다. 하나의 해석을 강요하는 국정 교과서가 아닌 검정 교과서는 다양한 해석을 권유하고 있기 때문이다.

현행 교과서들이 통일신라론에 입각하였음에도 불구하고 '통일신라와 발해'와 같이 발해를 한국사의 한 부분으로 인식하고 있음은 분명하다. 그러나 그 구성을 살펴보면, 통일 신라의 성립 이후에 발해의 건국과 발전을 배치함으로써 삼국에서 남북국으로의 전개 과정을 단절시키고 발해를 부수적인 존재로 드러내는 문제점이 존재한다. 다만 금성사의 경우 신라의 통일 과정 끝에 발해의 건국을 배치했다는 점에서 당시의 역사적 흐름을 계기적으로 설명했다는 장점이 있다. 교과서나 개설서 집필자들은 발해사를 한국사 속에서 부각시키는 구성 방식을 고민할 필요가 있다.

현행 교과서들의 또다른 문제점은 '통일 신라와 발해'에 입각하거나 '남북국 시대'에 입각하거나간에 신라와 발해의 상호 관계에 대한 서술이 거의 없다는 점이다. 그 이유는 통일 신라의 영역이 대동강~원산만이라고 규정한 데 있다. 그러나 나당전쟁 직후 신라의 서북 경계선은 임진강이었고, 발해와 당의 충돌로 인해 736년에 이르러서야 신라는 대동강까지 진출할 수 있었다. 또한 발해가 대동강 이북을 포함한 요동지역을 차지했다고 서술하지만 당시 이 지역은 신라와 발해와 당 삼국간의 완충 지대였다. 현전하는 사료상 신라와 발해의 직접적인 교섭은 신라도를 통한 2차례의 사신 파견밖에 보이지 않는다. 그러나 이처럼 국제관계의 측면에서 신라와 발해의 상호 관계를 서술할 부분은 적지 않지만, 현행 교과서는 신라와 발해를 각각 단절적으로 서술하는 경향이 많다. 발해사를 한국사에 포함한다는 당위론에서 벗어나 신라와 발해를 하나의 단위로서 서술하려는 노력이 필요하다.

남북 · 재일 교과서의 동학농민운동
서술을 통해 본 남북의 역사인식 통합 가능성

•

이신철

1. 머리말

1980년대 후반 민주화의 영향으로 시작된 남북역사대화는 2000년 남북 정상회담을 계기로 본격화되어 10여 년 간 활발하고 다양한 대화를 이어갔다. 이후 한국 보수정권의 등장과 김정일의 사망 등 정치적 상황이 악화되면서 대화는 중단되고 말았다. 2017년 문재인정권의 등장과 미국 트럼프정권의 등장으로 인해 조미수교를 향한 협상까지 급진전되면서, 역사대화가 재개될 수 있을 것으로 기대했지만, 현재까지 긴 정체의 시간이 지속되고 있다.[1]

그런 가운데, 2019년 3·1운동 100주년을 맞이하여 남과 북에서는 공동행사에 대한 논의가 오가면서 공통의 역사인식에 대한 관심이 높아졌다. 그러나 이 또한 제대로 된 대화조차 진행되지 못한 채 무산되었

---

[1] 남북 역사대화의 전반적인 흐름에 대해서는 이신철, 「남북 역사대화 30년의 성과와 방향 모색」, 『통일인문학』 86집, 2021.6, 참조.

다. 그런데 이 과정에서 남측의 사람들은 대부분 북측에서도 3·1운동에 대해 높이 평가하고 있을 것으로 생각했다. 그런데 북측은 정권 수립 초창기에는 3·1운동에 대해 높이 평가했지만, 현재는 제대로 된 지도자와 지도 당의 부재로 인해 실패한 운동으로 평가해 남측만큼 높이 평가하지 않는다.[2] 남측 정부가 정통성의 근원으로 인식하는 대한민국 임시정부에 대한 인식은 극단을 치닫는다. 남측은 헌법 전문에 "3·1운동으로 건립된 대한민국임시정부의 법통"을 '4·19민주이념'과 함께 계승하겠다고 명시하고 있다. 반면에 북측은 대한민국임시정부가 "추악한 파벌싸움과 내각개편 놀음을 끊임없이 벌리었"고, "'반공'사상에 물젖은 이 집단은 공산주의자들을 적대시하면서 그들에 대한 테로행위를 서슴없이 감행하였다"고 평가절하하고 있다.[3]

이처럼 남과 북의 역사인식은 생각보다 그 차이가 크다. 그것은 비단 이념대립이 극심한 근현대사 관련만이 아니다. 전근대 시기 역사서술과 역사교육에서도 역사인물이나 시대상에 대한 인식이 판이하게 다른 경우가 허다하다. 어쩌면 같은 점보다 다른 점이 더 많을 지도 모른다. 이런 사실은 남북 간의 정치적 화해가 이루어지거나 통일이 된다 하더라도 거리를 좁혀야 할 역사인식의 문제가 산적해 있다는 것을 의미한다. 어쩌면 정치적 대립보다 더 풀기 어려운 숙제라고 해도 과언이 아닐 것이다.

2019년 3·1절 남북 공동행사 시도는 이 같은 과제를 확인시켜 준 채 끝이 났다. 물론 그렇다고 남북 공통의 역사인식이나 그에 근거한 공

---

[2] 북의 3·1운동에 관한 평가는 『조선대백과사전』 13(백과사전출판사, 2000, 460쪽) 「3·1인민봉기」 항목 참조. 남북의 인식 차이는 정진아, 「3·1운동에 대한 남북의 분단된 집합기억을 통일을 위한 집합기억으로」, 『통일인문학』 76, 2018 참조.
[3] 「상해림시정부」, 『조선대백과사전』 13, 백과사전출판사, 2000, 546쪽.

동행사 실현이 아예 불가능한 것은 아니다. 대일 과거사문제에서는 거칠지만 공통점을 찾는 것이 어렵지 않다. 남측의 경우 한일기본협정을 통해 한일국교정상화를 이루고 과거사 문제에서 일정한 청산을 이루었다고 할 수 있지만, 아직 식민지배에 대한 일본의 사과와 책임이 충분하지 않다. 북은 아직 조일협정체결이나 식민주의 청산을 향한 첫걸음도 제대로 떼지 못하고 있는 현실이다. 불충분하거나, 시도되지 못한 과거사 청산 문제에서 남북 사이의 접점이 찾아질 가능성이 크다.

남북의 역사대화는 임시정부에 대한 인식처럼 서로의 차이를 확인하고 이해하는 것과 함께, 대일과거사 문제처럼 서로가 인식을 같이하는 공통분모를 찾아내는 일에서 출발할 수밖에 없다. 1980년대 말부터 현재까지 남북 역사대화의 경험은 그러한 단순한 사실을 확인하는 과정이기도 했다. 이제 그동안의 역사대화에서 찾아낸 공통점과 차이점을 좀 더 구체적으로 정리하고 탐구할 필요가 있다. 이 글에서는 그런 문제의식에서 상대적으로 공통점을 많이 가지고 있는 또 하나의 주제인 동학농민운동 또는 갑오농민전쟁(1894년 농민전쟁)에 대한 인식의 차이와 공통점을 찾아보고, 대안을 모색해 보고자 한다.[4]

남북의 동학농민운동에 대한 인식 비교는 상대적으로 많이 진행되었다. 1987년 민주화운동의 여파로 시작된 '북한바로알기운동'과 통일운동의 영향으로 학계에도 '북한의 역사인식'에 대한 연구가 등장하기 시작했을 때부터 동학농민운동은 주요 관심의 대상이었다. 박찬승은 「북한 역사학계의 근대사 연구」에서 갑신정변, 갑오개혁, 1894년(갑오)

---

[4] 동학농민운동에 대한 용어는 연구자에 따라 다르게 사용하고 있다. 이 글에서는 각 연구자 또는 북측의 연구성과들이 호칭하는 대로 소개한다. 다만, 이 글은 주로 교과서문제를 다루므로 통칭할 때는 교과서 편수용어인 '동학농민운동'을 사용한다.

농민전쟁, 독립협회와 만민공동회 등을 '부르주아 민족운동의 발생·발전 문제'라는 관점에서 소개했다.[5] 하원호도 북측의 '부르주아 민족운동'에 관한 연구 동향을 소개하면서 갑오농민전쟁을 다루었다.[6]

강만길은 동학농민운동 100주년을 맞아 좀 더 심층적으로 동학농민운동을 다루었다. 그는 남북의 중요 연구성과들을 '농민전쟁과 동학의 관계', '농민전쟁의 주체세력', '집강소운동의 역사성', '토지의 평균분작 문제' 등의 주제로 나누어 비교하였다. 그는 남쪽 연구자들의 연구성과와 북측 성과의 같은 점과 다른 점을 구체적으로 분석한 결과 "남북 학계를 막론하고 갑오농민전쟁에 뒤이은 갑오개혁을 부르주아개혁으로 보는 점에는 합의되었고 갑오농민전쟁이 갑오개혁을 가져오게 했다는 점에도 합의 되었다"고[7] 보았다.

2000년대에는 교과서 서술에 관한 연구도 등장하였다. 박재영은 『조선력사』 고등중학 2와 5의 갑오농민전쟁 부분을 분석하였다. 그는 "북한 역사교과서는 철저하게 마르크스의 변증법적 유물관과 김일성 주체사상에 입각한 역사발전 법칙에 따라 체제와 내용이 정해져 있으며", "'동학농민전쟁'에 대한 서술 역시 김일성, 김정일 교시가 매우 비중 있게 다루어지고", "반봉건·반제 민중혁명의 주체로서 농민혁명군의 위상이 크게 부각되고 있는 것"으로 결론지었다.[8] 기타 북의 연구동향이나 인식은 다양한 글에서 언급되었다.[9]

---

[5] 박찬승, 「북한 역사학계의 근대사 연구」, 『문학과 사회』 2(1), 문학과지성사, 1989.

[6] 하원호, 「부르주아민족 운동의 발생, 발전」, 안병우·도진순 편, 『북한의 한국사 인식 2』, 한길사, 1990.

[7] 강만길, 「남북 역사학의 갑오농민전쟁 인식의 같은 점과 다른 점」, 아주대학교인문과학연구소, 『인문논총』 제5집, 1994, 37쪽.

[8] 박재영, 「북한 『조선력사』 교과서에 나타난 "동학농민전쟁" 관련 내용 분석」, 한국동학학회, 『동학연구』, 23, 2007, 196~197쪽.

이 글에서는 기존의 연구 성과들을 바탕으로 2000년 초의 남북, 그리고 재일조선인 사회에서 사용하는 교과서에 나타난 동학농민운동에 관한 인식을 정리해보고자 한다. 이를 통해 남북의 역사인식 접근 가능성을 모색해 본다. 재일조선인 민족학교의 교과서(이하 재일 교과서)를 비교하는 것은 이들 교과서가 나름의 독자성을 갖추고 남과 북의 연구 성과를 반영하고 있기 때문이다. 재일 교과서는 2000년대 이전에는 북측 교과서 내용을 토대로 하였고, 교과서 제작과정에서도 북의 직접적인 개입과 허가 과정을 거쳤다. 하지만, 2000년대 들어 내용의 다양한 변화가 시도되고 있고, 독자적인 서술도 생기고 있다. 재일 교과서의 기술 변화는 향후 북측 교과서의 변화 가능성을 예측해 볼 수 있는 하나의 근거가 될 수 있다는 점에서 중요하다.

이 글에서 비교 대상으로 삼은 북측의 역사 교과서는『조선력사』제2학년용(2001)과 5학년용 교과서,[10] 그리고 비슷한 시기에 사용되었던 남측의 국정 역사 교과서이다.[11] 또 재일조선인 민족학교의 중급 2학년『조선력사』와도[12] 비교한다. 한편 초등학교의 경우는 남측 6학년의

---

9) 배항섭,「최근 북한학계의 동학농민전쟁 연구동향과 특징」, 고려대학교 민족문화연구원,『민족문화연구』제46호, 2007; 조민,「북한학계의 동학농민혁명 평가」, 한국정치외교학회 편,『갑오동학농민혁명의 쟁점』, 집문당, 1994; 김선경,「농민전쟁 100년, 인식의 흐름」, 역사학연구소,『농민전쟁 100년의 인식과 쟁점』, 거름, 1994.

10) 리태영,『조선력사 고등중학교 2』, 교육도서출판사(평양), 2001(2판);『조선력사 고등중학교 5』, 2001년(2판).

11) 국사편찬위원회 국정도서편찬위원회,『중학교 국사』, 교육과학기술부, 2002(2009 재판); 국사편찬위원회, 국정도서편찬위원회,『고등학교 국사』, 교육과학기술부, 2002(2006 제2판, 2011 6쇄). 고등학교 국사의 경우 2002년 초판과 2006년 재판의 내용이 다소 차이가 난다. 여기서는 재판을 기준으로 삼았다. 필요한 경우 초판의 내용과도 비교한다. 한국의 역대 역사 교과서는 국사편찬위원회 웹사이트의 '우리역사넷'(http://contents.history.go.kr/front)에서 원문을 이용할 수 있다.

『사회 6-1』(2002)과[13] 재일 초급 6학년용 『조선력사 초급 6』(2003)을[14] 대상으로 했다. 비교 대상이 현재 사용하는 교과서가 아닌 것은 애초에 이 글이 쓰인 시점이 2016년이었고, 2014년 개편된 북측의 교과서를 구하지 못했기 때문이다. 현재도 동학농민운동에 대한 서술을 확인할 수 있는 교과서 중 통일부 북한자료센터에서 확인할 수 있는 것은 초급중학교 3학년용 『조선력사』밖에 없는 상황이다.[15]

그동안 남북이 모두 적지 않은 학술적 성과가 있었고, 교과서에도 반영이 되었을 것이다. 그럼에도 20여 년 전 동시대의 교과서 기술 내용을 살펴보는 것은 나름의 의미가 있다고 생각하기 때문이다. 또한 부족한 시의성의 문제는 2015년 발행된 『조선력사 : 초급중학 3』의 내용을 통해 제한적이나마 보충하고자 한다.

2. 남북의 역사교육체계와 동학농민운동 서술 개요

현재 남측의 초중등 교육제도는 초등학교 6년, 중학교 3년, 고등학교 3년으로 총 12년으로 구성되어 있다. 북측의 경우 소학교 5년, 초급중학교 3년, 고급중학교 3년으로 총 11년이다. 북측의 경우 유치원 1년을 포함하여 총 12년을 국가로부터 의무교육을 받는다. 재일의 경우는 남

---

12) 『조선력사 중급 2』, 학우서방, 2004 초판(2007년 재판).

13) 한국 교원 대학교 국정 도서 편찬 위원회, 『사회 6-1』, 교육 인적 자원부, 2002(2004 재판).

14) 총련중앙상임위원회 교과서편찬위원회, 『조선력사 초급 6』, 학우서방, 2003(2006 재판).

15) 현재 북한자료센터에는 『력사 고급중학 2』가 들어와 있지만, 동학농민운동 관련 서술이 포함된 『력사 고급중학 3』은 아직 수집되어 있지 않다.

로 대표되는 관리들의 수탈을 동학농민운동의 가장 중요한 요인으로 꼽는다. 그러나 동학의 역할에 대해서는 서로 다른 서술을 한다. 남북의 교과서 용어는 그 점을 명확히 드러낸다.

남측의 교과서용어는 '동학농민운동'으로 동학과 농민의 관계를 중요하게 여긴다. 그렇지만 교과서마다 그 서술은 약간씩 차이가 난다. 초등학교의 경우 동학의 역할을 조금 더 적극적으로 묘사한다. "외세의 침략으로 더욱 큰 경제적 피해를 입어야 했던 농민들이 동학에 참여함으로써, 동학은 사회적으로는 신분 제도를 없애고, 경제적으로는 세금 제도의 개선을 요구하는 개혁 운동으로 발전하게 되었다."라고[21] 서술한다. 동학의 종교운동이 외세의 침략과 정부의 개혁 실패, 그리고 농민들의 참여로 인해 사회 개혁운동으로 발전해 나간 것으로 묘사하고 있는 것이다. 반면에 중학교 교과서의 경우는 "정부로부터 박해를 받아온 동학 교도들은 농민들의 현실에 대한 불만이 높아지는 분위기를 이용하여 전라도 삼례에서 집회를 가지고, 동학에 대한 박해를 중지할 것과 교조 최제우의 억울한 누명을 벗겨 줄 것을 요구하였다."라는 서술에서 보이는 것처럼 동학의 종교운동이 농민들의 현실불만을 이용한 것으로 묘사한다. 나아가 보은집회에 참여한 이들을 '동학 교도와 농민 2만여 명'으로 구분하여 서술하고 있다. 또 이 집회에서 "동학 신앙의 자유뿐만 아니라 외세의 배척과 부패한 관리의 처벌도 주장하였다."고[22] 서술해 동학과 농민들의 요구를 구별하기도 하였다.

고등학교 교과서의 경우도 동학과 농민군을 분리해 인식하면서도 동학의 역할보다는 농민군의 역할에 더 주목한다. 개화정책의 한계, 삼

---

21) 『사회 6-1』, 교육인적자원부, 2004(2002 초판), 89쪽.
22) 『중학교 국사』(2009 재판, 2002 초판), 207~208쪽.

정문란, 일본의 경제적 침투 등으로 인해 농민층의 생활고와 불만이 팽배해졌다는 배경설명은 좀 더 자세하게 언급되었을 뿐 기본적인 뼈대는 동일하다. 다만, 농촌사회 지식인의 역할에 주목함으로써 동학의 종교적 역할과 이론적 역할을 상대적으로 약화시키고 있다. 그리고 교조신원운동이나 종교운동에 대한 특별한 언급 없이 전봉준과 농민군의 고부봉기만을 언급해 독자적인 농민운동으로서의 성격을 강조하고 있다.[23] 고등학교 교과서의 경우 서술 분량이 중학교에 비해 월등히 적은데, 그것은 이 시기 교과서가 정치, 경제, 사회·문화 분야의 주제별 서술로 바뀌어 상대적으로 정치분야 서술 분량이 대폭 줄었기 때문이었다.

북측의 교과서는 갑오농민전쟁이라는 용어를 사용해 동학의 역할을 배제하고 있다. 다만, 동학이 당시 농민들 사이에 널리 퍼져 있었다는 사실에 대해서는 다른 항목에서 언급하고 있다. 남측의 중학교 1학년에 해당하는 고등중학교 2학년 교과서에는 첫머리에 "1894년에는 전라도 농민들이 봉건통치배들의 악정을 반대하여 농민전쟁을 벌렸습니다."라는 김일성의 교시가 실려 있다.[24] 고등학교(고등중학교 5학년) 교과서는 간악한 수탈자 조병갑의 다양한 악행, 특히 조병갑이 학정에 항의하러 간 전봉준 아버지 전창혁을 학살했다는 사실을 실어, 중학교보다 훨씬 다양한 배경을 설명하고 있지만, 모두 농민들의 어려운 생활에 대한 것이다.[25] 북측의 교과서들은 기본적으로 동학농민운동의 주

---

23) 『고등학교 국사』(2011 제2판 6쇄, 2006 제2판, 2002 초판), 110쪽. 2002년 초판과 2006년 2판은 편집과 제시한 자료가 약간 다르지만, 서술 기조는 동일하다.

24) 이는 2015년판 『조선력사 초급중학교 3』(교육도서출판사, 2015, 136쪽)에서도 동일하다.

25) 『조선력사 고등중 5』(2001).

역을 전봉준으로 설정하고 그를 중심으로 이야기 형식으로 사건을 서술하고 있다. 그리고 사회구조적 배경보다는 조병갑의 악행에 대한 자세한 묘사 등을 통해 읽는 이들의 분노를 유도하고 있다.

한 가지 흥미로운 점은 남측의 중학교 교과서와 북측의 고등학교 교과서가 언급하고 있는 고부군수 조병갑의 횡포는 그 내용이 거의 비슷하다는 점이다. 예를 들어, 만석보가 있는데도 새 저수지를 만들게 하고 수세를 비싸게 받은 점, 부친의 비석을 세운 점, 불효죄와 화목하지 않은 죄, 음란한 죄 등을 물어 돈을 빼앗은 일, 전봉준의 아버지가 곤장을 맞은 일 등이다. 북측의 교과서가 더욱 자세하게 묘사하고, 더욱 자극적인 단어를 사용하고 있는 차이가 있을 뿐이다. 또 남측 교과서에는 전봉준의 아버지가 매를 맞고 쫓겨났다고 기술한 반면, 북측(고등중 5)과 재일 교과서(고등 3)는 아버지 이름을 적시하고 학살당하였다고 적고 있는 차이가 있다.[26]

한편 재일 민족학교의 교과서 서술은 남·북의 교과서와 공통점이 많다. 초급 6학년과 고급 3학년 교과서에서 언급하는 동학농민운동의 배경은 남측의 교과서들과 대동소이하다. 개화파의 개혁운동 또는 갑신정변의 실패와 외세의 침략 등이 배경으로 언급되고, 조병갑의 횡포가 직접적인 농민 봉기의 원인이 되었다는 서술이다. 특히 남측의 고등학교 교과서에서 언급하고 있는 일본의 갑신정변 당시의 배상금 요

---

26) 『조선력사 초급중학교 3』(교육도서출판사, 2015, 136쪽)에서는 전창혁의 이름이 거론되지 않는다. 또한 조병갑의 횡포나 동학농민운동의 배경은 직접적으로 다루지 않고, "1880년대 말부터 각지에서 격렬하게 벌어지던 인민들의 투쟁은 1894년(갑오년)에 이르러 마침내 대규모적인 농민전쟁으로 넘어갔습니다."로 간략하게 서술하고 있다. 또 고부봉기에 대해서도 "1894년 1월 봉건통치배들의 가혹한 학정을 반대하여 고부농민폭동이 일어나자…"라고 설명해 조병갑의 이름조차 거론하지 않고 있다.

구는 재일의 고등학교 교과서에도 언급되고 있다. 재일의 교과서에서는 이에 더해 청의 내정간섭과 유미 자본주의 열강의 침략을 추가로 언급하고, 특히 선교사들의 기독교 사상 전파를 언급하고 있는 점이 눈에 띈다. 그런데 청의 내정간섭에 대해서는 1982년판『조선력사 고등중 4년』교과서에 실려 있다는 점에서 재일의 교과서가 남북의 서술을 적절하게 반영하고 있음을 알 수 있다. 동학에 대해서는 따로 항목을 두어 "동학은 이러한 반봉건적, 반침략적 요소로 하여 농민들 속에 널리 퍼졌으며 각지에 포(包)를 통한 조직체계를 가지고 점차 큰 세력을 이루게 되었다. 그리하여 동학은 농민들의 반봉건 반침략투쟁에 영향을 주었다."고[27] 설명하고 있다.

이렇듯 남·북·재일의 교과서들이 언급하고 있는 동학농민운동의 배경에는 봉건 통치자들의 학정과 이를 개혁하려는 노력의 좌절이라는 요소가 공통적으로 제시되고 있다. 다만, 동학의 역할에 대해서는 온도차이가 있다. 남측의 교과서들은 집필자에 따라 그 정도가 다르게 언급되고 있지만, 대체적인 경향은 동학의 종교적 역할은 제한적이며, 농민들의 봉기가 주도적이라는 점에서는 일치하고 있다. 북측의 교과서와 재일 교과서는 동학의 역할을 거의 다루지 않는다.

또 남·북·재일의 교과서는 동학농민운동의 직접적인 계기로 조병갑의 학정 사례를 거의 비슷한 수준에서 다루고 있다. 특히 남측의 중학교 교과서와 북측의 고등학교 교과서가 다루고 있는 사례는 거의 동일하다. 다만 단어나 감정의 측면에서 차이가 두드러진다. 한편 재일

---

27)『조선력사 고급 3』(2006 재판, 2005 초판), 139쪽. 특히 "동학의 3세교주 손병희때에 와서 그 내부에서 분렬이 일어나고 일부 상중인물들이 외래 침략자들과 타협하는데까지 이르게 되었다. 동학은 1905년 12월 이름을 天道教로 개편하였다."는 서술을 덧붙여 동학의 변화를 보여주고 있는 점이 특이하다.

교과서는 남과 북이 다루고 있는 사례를 배척하지 않고 다루고 있다. 개화정책의 실패와 외세의 침략이라는 점을 다루면서 남측 교과서에 등장한 배상금 문제를 함께 다루고 있다. 이외에도 이 교과서는 '유미자본주의' 침략과 선교사들의 악영향을 다루는 등 남과 북의 교과서에 없는 부분도 다루고 있다. 남과 북, 재일의 교과서들이 다루고 있는 동학농민운동의 배경과 동학 관련 서술을 요약 정리해 보면 〈표 2〉와 같다.

〈표 2〉 남 · 북 · 재일 교과서의 동학농민운동 배경과 동학 관련 서술

	급별 교과서	동학농민운동의 배경과 동학
남	『사회 6-1』 (2004 재판, 2002 초판)	외세의 침략과 조정의 자주적 개혁 실패 → 동학 개혁운동으로 발전하는 계기 외세침략 → 농민들의 경제적 피해 확대 → 동학 참여 → 개혁운동으로 발전 고부 군수 횡포 → 농민들의 봉기, 곡식창고 습격
	『중학교 국사』 (2009 재판, 2002 초판)	정부의 근대개혁의 한계 → 농민 생활 곤궁 외세의 경제적 침략 → 농민의 경제적 고통 가중 → 동학 농촌 보급 배경 동학의 종교운동에 농민들의 불만 이용 고부군수 조병갑의 학정 → 전봉준과 농민의 봉기 잘못된 정치를 바로잡고, 외세의 침략에 대항하기 위해 봉기
	『고등학교 국사』 (2011 제2판 6쇄, 2006 재판, 2002 초판)	개화정책 추진 한계 → 삼정문란, 근대 문물의 수용, 각종 배상금 지불, 일본의 경제적 침투 → 농민층 불만 상승. 농촌 지식인 급성장, 농민의 사회 변혁 욕구 상승 + 인간평등과 사회개혁 주장하는 동학 확산 고부군수 조병갑의 횡포 → 전봉준과 농민층 고부 봉기
북측 교과서	『조선력사 고등중 2』 (2001)	썩어 빠진 **봉건통치**, 비참한 생활
	『조선력사 고등중 5』 (2001)	간악한 수탈자 조병갑(불효죄, 불목죄, 대동미, 제애비의 비각, 만석보 추가 뚝 건축 강요) / 조병갑의 전봉준 아버지 전창혁 학살 → 고부농민폭동

재일 교과서	『조선력사 초급 6』 (2006 재판, 2003 초판)	개화파들의 개혁운동 실패, 일본과 서양나라들의 침 략 강화 봉건통치자들의 부패, 고부군수 조병갑 인민 착취 → 전봉준의 지휘로 농민폭동
	『조선력사 중급 2』 (2017 재판, 2004 초판)	고부군수 조병갑의 횡포(만석보 추가 공사), 높은 물 세 → 격분한 농민들 폭동
	『조선력사 고급 3』 (2006 재판, 2005 초판)	갑신정변 실패, 수구파 정권의 진보 세력 탄압, 외세 의존 외래 침략자들의 침략 강화, 일본의 갑신정변 배상 금 요구, 청의 내정간섭, 유미 자본주의 열강의 침 략, 미국선교사들의 사상 전파 봉건통치와 외래침략자를 반대하는 각지 인민들의 봉기와 농민무장대의 투쟁 벌어짐

2) 동학농민운동의 주도 인물과 전개

남·북·재일의 교과서에 등장하는 인물은 크게 세 부류이다. 봉기의 원인을 제공한 봉건 통치자들과 봉기를 주도한 지도자, 그리고 동학의 지도자들이다. 동학의 지도자들은 북측의 교과서와 재일 교과서의 동학농민운동 항목에 직접 등장하지 않는다. 이는 앞에서 살펴보았듯이 동학과의 관련에 대한 해석의 차이 때문이다. 남측의 교과서는 동학의 교조신원운동을 하나의 계기로 이해하기 때문에 초등학교와 중학교 교과서에 서술하고 있다.

동학농민운동을 지도하는 인물로 공통으로 등장하는 인물은 전봉준이다. 특히 북측의 교과서는 동학농민운동 전체를 전봉준을 중심으로 서술하고 있다. 전봉준은 '갑오풍운의 총아'로 지칭된다. 그의 아버지 전창혁과 아들 전해산은 3대에 걸친 애국자 집안으로 추앙된다. 이는 김일성, 김정일로 이어지는 '대를 이은 혁명'을 연상시킨다. 사후적이긴 하지만 지금의 김정은까지 (3)대를 이은 지도자 승계를 합리화하려는 의도가 교과서에까지 영향을 미치고 있음을 알 수 있다. 게다가 아들 전해산의 존재는 남측 학계에서는 인정하지 않는다. 전해산(全海山)은 본명이 기홍(基泓)인 의병장이다. 1906년 태인의병, 1908년 호남창의소 등에 참여해 의병투쟁을 벌이다가 1910년 대구 감옥에서 순국한 것으로 확인되지만[28] 북에서 주장하는 이가 동일인물인지는 확인되지 않는다. 재일의 교과서가 전해준에 대해 기술하지 않고 있는 점도 주목할 부분이다. 그밖의 지도자로는 공히 김개남과 손화중이 등장한다. 북측 고등학교 교과서에는 전봉준, 손화중과 함께 사형선고를 받은 최경선이 등장한다.[29]

북측과 재일 교과서에 봉건 통치자가 특히 많이 등장한다. 이는 봉건통치의 폐단을 강조하기 위함인데, 고등중학교 5학년의 『조선력사』는 '간악한 수탈자 조병갑'이라는 항목을 두고 "전라도 고부군수 조병갑은 리조 순조왕의 안해인 '조대비'의 친척으로서 그 권세를 등대고 별의별 악착한 짓을 다해 가며 고부군농민들을 수탈하였다."고 서술해 조선 왕실과의 연관성을 강조하고 있다. 또 "이놈은 농민들에게 묵은 땅을 개간한 데서는 전세를 받지 않는다고 해놓고는 가을에 가서 엄청난 전세를 빼앗아 댔다."라는 등[30] 교과서에 싣기 부적절한 욕설에 가까운 내용마저 싣고 있다. 다만, 재일 교과서들은 조병갑 이외에 안핵사 리용태와 양호초토사(兩湖招討使)로 전주 탈환의 공을 세워 훈련대장의 자리에까지 오른 홍계훈을 소개하고 있지만, 북측 교과서와 같은 감정적인 용어는 사용하지 않고 있다.[31]

동학농민운동의 전개과정과 관련한 남측 교과서와 북측·재일 교과

---

28) 「전해산」, 독립기념관, 『한국독립운동 인명사전』(https://100.daum.net/encyclopedia/view/205XX79100090에서 확인).

29) 『조선력사 고등중 5』(2001), 89쪽.

30) 『조선력사 고등중 5』(2001), 85쪽.

31) 『조선력사 고급 3』(2006 재판, 2005 초판), 159쪽.

서의 가장 큰 차이는 농민군의 활약상에 대한 차이이다. 남측의 교과서
는 "조정은 군대를 파견하여 이들을 진압하려 하였다. 농민의 봉기가 오
래 계속되자, 중국과 일본도 동학 농민군 진압에 가담하였다. 동학 농민
운동은 지도자였던 전봉준이 체포되어 처형됨으로써 실패로 끝났다."[32]
거나 "농민군은 공주 우금치에서 관군과 일본군을 상대로 하여 격렬한
전투를 벌였다. 그러나 근대적 무기로 무장한 일본군을 당할 수 없어
많은 희생을 치른 채 물러나고 말았다",[33] "우세한 무기로 무장한 일본
군에게 농민군은 공주 우금치에서 패하고, 지도부가 체포되면서 이 운
동은 실패로 끝났다"[34]와 같이 담담한 기술로 일본군의 압도적 화력에
애초부터 이기기 힘든 싸움이었음을 직감하게 하는 기술을 하고 있다.

반면에 북측의 교과서는 "거의 1년 동안 20여만의 농민군이 참가하
여 전라도, 충청도, 경상도는 물론 경기도와 강원도, 황해도, 평안도 등
조선 8도강산을 거의 다 뒤흔들어 놓았다"[35]와 같이 농민군의 규모와
전국적 범위를 강조하는 기술이 강조된다. 재일 교과서도 "전라도, 충
청도에서 시작되어 경상도, 강원도, 경기도, 황해도 등 전 조선을 진감
시킨 농민전쟁"[36] 등의 표현으로 농민전쟁이 전국적 규모였다는 점을
강조하고 있다. 동학농민운동 실패의 가장 중요한 패배였던 우금치 전
투에 대해서도 자세한 전투 상황을 소개하고 대등한 전투가 있었음을
강조하고 있다. 북측 교과서의 고등학생용 『조선력사』는 다음과 같이
당시를 묘사하고 있다.

---

32) 『사회 6-1』(2004 재판, 2002 초판), 90쪽.
33) 『중학교 국사』(2009 재판, 2002 초판), 209~210쪽.
34) 『고등학교 국사』(2011 제2판 6쇄, 2006 재판, 2002 초판), 110쪽.
35) 『조선력사 고등중 5』(2001), 85쪽.
36) 『조선력사 고급 3』(2006 재판, 2005 초판), 162쪽.

　　10월 21일 목천 세성산대격전에서는 1만 명의 농민군은 근 5,000명의 정
예한 일제침략군과 정부군의 공격을 맞받아 용감히 싸웠으나 많은 손실을
입고 뒤로 물러서게 되었다.
　　그러나 23일 리인전투에서는 120명의 일제침략군을 죽이고 300명을 부
상시킨 후 또다시 효포에서도 많은 적들을 소멸하였다.
　　효포－웅치－우금치의 30여 리 공주 주변 산과 들은 농민군으로 새하얗
게 뒤덮였다.
　　농민군은 3면으로 공주를 포위하고 대대적인 공격을 들이댔다.
　　길 하나 봉우리 하나를 놓고 총탄이 우박치듯 쏟아지는 속에서 40차, 50
차의 피어린 쟁탈전이 벌어졌다.
　　그러나 무장이 약하고 군세가 약하여 공주대격전은 실패하고 말았다.[37]

　　남·북·재일 교과서 기술의 또 하나의 중요한 차이는 청과 일본의
군대가 개입하게 되는 과정에 대한 서술 차이이다. 남측 교과서들은
정부의 원군 요청을 다루지만, 별다른 형용사를 붙이지 않는다. 반면에
북측은 "멸망의 공포에 떨던 봉건통치배들은 농민군의 해산과 투항을
설교하는 「륜음」과 「효유문」을 련발하는 한편 청나라에 군대를 보내
달라고 요청하는 반역행위를 저질렀다"며 원군 요청을 반역행위로 규
정했다. 또 청나라 군대 1,500명, 일본군대 1만 명을 숫자까지 명시하고
있다. 그리고 결국 "안팎의 반동세력이 련합하여 농민군에게 달려 들게
되었다"고 했다.[38] 재일 교과서도 "바빠맞은 민씨일파는 청나라에 군대
를 요청하는 한편 농민군에 '화의'를 제기하였다. 5월초 청나라군대가
충청도 아산만에 일본침략군은 인천에 기여들었다"라고[39] 기술해 당
시 정부의 무능과 일본군의 침략성을 한껏 강조하고 있다.
　　이처럼 남측 교과서에 비해 북측의 교과서는 동학농민운동의 전개

---

37) 『조선력사 고등중 5』(2001), 90쪽.

38) 『조선력사 고등중 5』(2001), 89쪽.

39) 『조선력사 중급 2』(2017 재판, 2004 초판), 72쪽.

과정에 대해 자세하게 다루고 있다. 또 개별 전투에서 농민군의 승리를 강조함으로써 그 규모와 의미를 부각시키고 농민군의 활약상을 강조하는 서술을 하고 있다. 반면에 정부의 무능함과 일본군의 침략성을 강조하는 서술도 눈에 띈다. 동학농민운동을 반봉건반침략이라는 명확한 기조 하에서 설명하려는 의도를 엿볼 수 있다.[40] 재일의 교과서도 기본적으로는 북측의 기조를 따르면서도 그 어조에 있어서는 훨씬 담담하고 차분한 기조를 유지하고 있다. 다만, 자주성과 일본의 침략성을 강조하는 표현에서는 북측 교과서 못지않은 감정적 기술을 하고 있음을 확인할 수 있다. 남·북·재일 교과서의 인물 기술과 전개과정에 대한 대략적인 내용은 〈표 3〉과 같다.

〈표 3〉 남·북·재일 교과서에 등장하는 동학농민운동 관련 인물과 전개 과정

	급별 교과서	동학농민운동의 인물과 전개과정
남	『사회 6-1』(2004 재판, 2002 초판)	동학: 최제우 농민군: 전봉준 전투: 고부 봉기 경과: 중국과 일본도 동학 농민군 진압에 가담, 전봉준이 체포되어 처형
	『중학교 국사』(2009 재판, 2002 초판)	동학: 최시형 봉건통치자: 조병갑 농민군: 전봉준, 김개남, 손화중, 전봉준의 아버지 전투: 고부(백산), 황토현, 장성, 전주, 공주 우금치, 태인 경과: 청에 원군 요청, 일본도 군대 파견 / 전주화의 / 우금치 전투로 패배
	『고등학교 국사』(2011 제2판 6쇄, 2006 재판, 2002 초판)	농민군: 전봉준 전투: 고부 봉기, 전주, 우금치 경과: 고부 봉기, 전주화의, 청일전쟁 내정간섭, 2차 봉기, 우금치 전투로 패배.

---

40) 2015년판 『조선력사 초급중학교 3』에서도 이 같은 기조는 유지되고 있지만, 감정적 서술이나 과장된 서술은 대부분 정제된 표현으로 바뀌었다. 또한 "청나라 군대와 함께 일본침략무력도 기여들어"와 같은 감정적인 말은 당시 봉건정부관리가 말하는 장면으로 만들어 부가 자료로 소개하고 있는 등 크게 변모한 모습을 보이고 있다.

북측 교과서	『조선력사 고등중 2』 (2001)	농민군: 전봉준
		전투: 공주(우금치)
		경과: 전라도 지방 농민전쟁, 일제 침략자들은 농민군진압을 계기로 조선을 완전히 먹으려고 1만여 명의 군대를 끌고 들어옴, 20일 동안의 공주 우금치 패배, 전봉준 피학살.
	『조선력사 고등중 5』 (2001)	봉건 통치자: 조병갑, 리용태, 김문현
		농민군: 전봉준, 전창혁, 전해준, 손화중, 김개남, 최경선
		전투: 고부, 장성, 목천, 공주, 리인, 봉황산, 효포, 웅치, 우금치
		경과: 청에 원군 요청, 거류민 보호 구실로 1만여 명의 일본 침략군 무력간섭. 거의 1년 동안 20여 만의 농민군이 참가하여 전라도, 충청도, 경상도는 물론 경기도와 강원도, 황해도, 평안도 등 조선 8도강산을 뒤흔들어 놓음. 전주화의, 2차봉기
재일 교과서	『조선력사 초급 6』 (2006 재판, 2003 초판)	봉건 통치자: 조병갑, 리용태
		농민군: 전봉준
		전투: 고부, 황토현, 장성, 전주, 공주
		경과: 청일 군대 침략, 전주화의, 청일전쟁, 2차 봉기
	『조선력사 중급 2』 (2017 재판, 2004 초판)	봉건 통치자: 조병갑
		농민군: 전봉준
		전투: 고부, 백산, 황토현, 전주, 공주
		경과: 경과: 청에 군대 요청, 아산만에 청의 군대, 인천에 일본침략군, 공주에서 일본침략군과 결탁한 봉건정부군과 20여 일간 전투에서 패배
	『조선력사 고급 3』 (2006 재판, 2005 초판)	봉건 통치자: 조병갑, 리용태, 홍계훈
		농민군: 전봉준, 김개남, 손화중, 전창혁
		경과: 고부봉기, 원군요청 받은 청나라 1,500여 명의 군대 파견, 거류민 보호 구실 밑에 일본군 1만여 명 침략, 전주화의, 집강소, 청일전쟁, 2차 봉기, 공주전투

3) 동학농민군의 개혁안과 역사적 의의

남·북·재일의 교과서에서는 공통적이면서 차이를 드러내는 서술이 다양하게 확인되는데, 동학농민군의 개혁안에 대한 서술에서도 확인된다. 모든 교과서가 개혁안에 대해 다루고 있지만, 그 정도는 차이가 있다. 개괄적으로 본다면, 남쪽은 농민군의 개혁안과 개혁행위를

갑오개혁과 연결해 부각시키면서 반봉적, 반침략적 성격을 강조하고
있는 반면에, 북측의 교과서는 부르주아 개혁이라는 차원에서 동학농
민운동을 강조하면서, 그것이 반봉건적 성격과 반제적 성격을 갖는 아
시아 보편의 부르주아 개혁운동으로서 농민전쟁의 성격을 강조하고
있다.[41]

　남측의 초등 교과서는 동학 농민군의 정치 개혁 요구(일부)와 갑오
개혁 주요 내용을 박스로 소개하고 있다.[42] 그런데 갑오개혁의 동력과
관련해 "새로운 사회를 만들고자 하는 사람들의 노력이 계속되자 조정
에서도 적극적으로 개혁을 서둘렀"다고 표현하면서도 "갑오개혁은 정
치, 경제, 사회 등 전반적인 면에서 조선의 전통적인 제도를 새롭게 변
화시키고자 한 것"이며, "우리 나라는 갑오개혁을 통하여 근대적인 제
도를 갖춘 나라로 변화할 수 있는 계기를 마련하게 되었다"고[43] 평가
함으로써 정부차원의 개혁의지와 근대적인 제도 마련이라는 측면에서
갑오개혁을 설명하고 있다.

　중학교 교과서에서는 동학농민전쟁의 실패를 "자주 국가를 세워 새
로운 사회를 건설하려던 농민들의 꿈"이 좌절되는 과정으로 설명하
고, "동학 농민군은 뒤에 항일 의병 전쟁에 참전하여 항일 투쟁의 전
통을 계승"하고 있음을 설명하여 특별히 갑오개혁과의 연관성을 언급

---

41) 『조선력사 초급중학교 3』(교육도서출판사, 2015, 140쪽)은 갑오개혁과 농민전
　쟁의 관계에 대해 '갑오개혁과 군국기무처'라는 별도 장을 두고 김홍집의 대사
　를 빌어 "농민전쟁을 일시 진압할 수는 있어도 악한 정치를 개혁하지 않고서는
　또다시 새로운 농민전쟁이 일어나 위기를 수습할 수 없소이다."라고 설명하고
　있다.
42) 『사회 6-1』(2004 재판, 2002 초판), 90~91쪽.
43) 『사회 6-1』(2004 재판, 2002 초판), 90쪽.

하지 않고 있지만, 갑오개혁 항목에서 동학농민운동의 영향을 언급하고 있다.[44]

고등학교 교과서는 "농민층이 전통적 지배 체제에 반대하는 개혁 정치를 요구하고, 외세의 침략을 자주적으로 물리치려 했다는 점에서 아래로부터의 반봉건적, 반침략적 민족 운동이었다. 당시의 집권 세력과 일본 침략 세력의 탄압으로 실패하였지만, 이들의 요구는 갑오개혁에 부분적으로 반영"되었다고[45] 평가함으로써 동학농민운동의 반봉건, 반침략 성격을 강조하고 있다.

북측의 중학교 교과서는 동학농민운동의 개혁안을 구체적으로 설명하지 않고, "농민군은 점령한 지역들에서 악질관리들을 처단하고 가난한 백성들에게 쌀과 물건을 나누어 주었"[46]다고 설명하고 있다. 또 이 교과서는 농민군이 가난한 농민들에게 쌀을 나누어주는 모습을 삽화로 싣고 있다. 농민의 궁핍한 생활로 인한 어려움과 구원자로서 농민군의 역할을 강조하고 있는 것이다. 그런데 이는 보천보 전투 때 김일성 부대가 마을 부호들의 곡식을 빼앗아 농민들에게 쌀을 나누어주는 장면을 연상케 한다.

북의 고등학교 교과서는 갑오농민전쟁 항목 첫 머리에 "갑오농민전쟁은 19세기 아세아반제민족해방투쟁의 새벽종을 울린 하나의 력사적 사변으로 중국의 태평천국농민전쟁, 인도의 시파이폭동과 더불어 아세아 3대항전으로 특기할 만한 것이었다"[47]는 김일성의 교시를 싣고 마지막 부분에서 다시 한 번 "아시아반제민족해방투쟁의 새벽종을 울린

---

44) 『중학교 국사』(2009 재판, 2002 초판), 210~211쪽.
45) 『고등학교 국사』(2011 제2판 6쇄, 2006 재판, 2002 초판), 110쪽.
46) 『조선력사 고등중 2』(2001).

하나의 력사적 사변으로 되었다"고 강조하고 있다. 이는 독일농민전쟁 이론에 기대여 동학농민운동을 설명하고 있는 북측의 연구 성과들과 궤를 같이 하면서도, 아시아 농민전쟁의 보편성을 내세우고 있다는 점에서 동학농민전쟁의 의의를 세계사적 보편성의 차원에서 이해하려는 시도라고 할 수 있다.

재일 교과서의 경우에도 동학농민운동이 "19세기 아시아반제 민족해방투쟁의 새벽종을 울린 하나의 력사적 사변으로서 아시아와 근대 조선인민의 투쟁력 사에서 빛나는 자리를 차지하며 나라의 근대화를 위한 투쟁을 힘 있게 추동"하였다고 평가하여 북측의 평가와 궤를 같이하고 있다.

남·북·재일의 교과서는 비록 세부적인 내용에서는 차이가 있지만 동학농민운동이 반봉건, 반침략적 성격을 가진다는 데 동의하고 있다. 다만, 북측과 재일의 경우에는 반침략의 성격을 반제국주의 성격으로까지 평가하고 있는 점은 차이가 있다. 이는 남측 학계에서도 초기 연구에서 반제반봉건적 성격을 강조하다가, 점차 당시 농민군에게 제국주의에 대한 인식이 있었다고 보기 어렵다는 주장이 설득력을 얻어 동학농민운동에 대한 평가도 바뀌었다는 점을 고려한다면, 향후 접근의 가능성이 열려 있다고 할 수 있을 것이다. 남·북·재일 교과서의 동학농민군의 개혁안과 동학농민운동의 역사적 의의에 대한 개괄은 〈표 4〉와 같다.

---

47) 『조선력사 고등중 5』(2001), 84쪽. 『조선력사 초급중학교 3』(교육도서출판사, 2015, 139쪽)에서도 '19세기 아시아3대항전의 하나'로 기록되었다고 소개하고 있다.

〈표 4〉 남·북·재일 교과서에 등장하는 동학농민운동의 개혁안과 역사적 의의

급별 교과서	동학농민운동의 개혁안과 역사적 의의
남 『사회 6-1』(2004 재판, 2002 초판)	개혁: 동학 농민군의 정치 개혁 요구(일부)와 갑오개혁 주요 내용 박스로 소개
	의의: 그림과 자료를 통해 안으로는 부정한 관리들을 벌하고, 밖으로는 횡포한 외적의 무리를 쫓아내기 위한 정치개혁운동이었음을 설명
『중학교 국사』(2009 재판, 2002 초판)	개혁: 폐정 개혁 12개조−국내 정치의 모순을 바로잡고, 외세의 침략에 반대하는 농민들의 생각 반영. 집강소
	의의: 자주 국가를 세워 새로운 사회를 건설하려던 농민들의 꿈, 동학 농민군은 뒤에 항일 의병 전쟁에 참전하여 항일 투쟁의 전통을 계승
『고등학교 국사』(2011 제2판 6쇄, 2006 재판, 2002 초판)	정치 개혁, 집강소 * 개혁안의 내용 소개 없음
	의의: 농민층이 전통적 지배 체제에 반대하는 개혁 정치를 요구하고, 외세의 침략을 자주적으로 물리치려 했다는 점에서 아래로부터의 반봉건적, 반침략적 민족 운동. 당시의 집권 세력과 일본 침략 세력의 탄압으로 실패하였지만, 이들의 요구는 갑오개혁에 부분적으로 반영
북측 교과서 『조선력사 고등중 2』(2001)	개혁: 농민군은 점령한 지역들에서 악질관리들을 처단하고 가난한 백성들에게 쌀과 물건을 나누어 주었습니다.
	의의: 농민전쟁은 비록 실패하였으나 농민군의 용감한 투쟁은 일제와 봉건통치배들에게 큰 타격을 주었으며, 우리 인민들을 더 큰 투쟁에로 불러일으킴
『조선력사 고등중 5』(2001)	개혁: 폐정개혁 27가지 요구, 집강소
	의의: 우리 나라 반침략반봉건투쟁의 력사를 빛나게 장식, 우리 나라의 사회발전을 힘 있게 추동함으로써 마침내 이해에 부르죠아개혁을 실시하게 됨 /조선력사상 가장 큰 농민전쟁으로서 류례없이 대규모적이고 격렬한 반제반봉건적투쟁인 것으로 하여 아시아 3대항전의 하나
재일 교과서 『조선력사 초급 6』(2006 재판, 2003 초판)	개혁: 악독한 양반관리 처벌, 신분제 철폐, 땅 분배, 일본과 내통하는 자 처벌
	의의: 특별한 언급 없음
『조선력사 중급 2』(2017 재판, 2004 초판)	개혁: 집강소, 갑오개혁−전주화의의 영향
	의의: 반침략반봉건 투쟁,
『조선력사 고급 3』(2006 재판, 2005 초판)	개혁: 폐정개혁안(12개 조항 소개), 집강소
	의의: 전라도, 충청도에서 시작되어 경상도, 강원도, 경기도, 황해도 등 전 조선을 진감시킨 농민전쟁은 일본침략자들과 봉건통치자들의 탄압에 의하여 실패 19세기 아시아반제 민족해방투쟁의 새벽종을 울린 하나의 력사적 사변으로서 아시아와 근대 조선인민의 투쟁력 사에서 빛나는 자리를 차지하며 나라의 근대화를 위한 투쟁을 힘있게 추동

한편, 북측의 교과서에는 남측과 재일 교과서에는 없는 설명이 있다. 바로 동학농민운동의 실패 원인에 대한 추가 설명이다. 남·북·재일 교과서가 설명하는 공통의 실패원인은 일본의 압도적 화력 우위에 따른 우금치 전투의 패배와 전봉준의 체포라는 사실이다. 그것에 덧붙여 북측의 고등학교 교과서는 다음과 같은 내용을 덧붙이고 있다.

> "첫째로, 농민군이 옳바른 투쟁목표와 방도를 잘 알지 못한데 있었다. 지방관청과 서울에 쳐들어가서 몇몇 악질량반통치배들이나 쳐없앨 것을 목표로 할 것이 아니라 봉건통치제도를 뒤집어 엎고 인민들이 주인된 새 세상을 세울 것을 목표로 해야 하였다. 투쟁방도에서는 각계각층 광범한 인민들의 조직적인 폭력투쟁으로 봉건제도자체를 뒤엎은 것으로 되여야 하였다.
> 그러나 100여 년 전 전봉준과 같은 농민군지휘자들은 아직 그런 높은 사상의식을 가질 수 없었으니 그것은 그것을 가르쳐 줄 로동계급의 당이 없었기 때문이다.
> 둘째로, 농민군의 전략적으로 잘못한데 있다. 례하면 전주를 점령했을 때 곧장 그 기세로 서울로 쳐들어갔어야 할 것이였다. 또 휴전기간에도 투쟁준비를 잘하지 못했고 군사기술적으로 우세한 적과 무모하게 싸운 것도 그렇다.
> 셋째로, 일본침략자들의 강도적인 무력간섭과 봉건통치배들의 반역행위에 있었다."[48]

북측의 교과서는 로동계급의 당, 즉 공산당의 출현과 지도자의 중요성을 언급하고 그것의 부재가 전쟁의 패배를 불러 왔다고 주장하고 있다. 이는 1926년 김일성의 등장 이전 반봉건, 반식민지 투쟁 일반에 대해 북측이 가지고 있는 일관된 입장이 동학농민운동에 대한 인식에도 반영되고 있음을 보여준다.

---

48) 『조선력사 고급 3』(2006 재판, 2005 초판), 90쪽.

이 점은 향후 남북 역사대화나 연식인식의 접근 과정에서 가장 큰 논란이 될 수 있는 부분이고 가장 합의가 힘든 부분이 될 가능성이 크다. 다만, 재일의 교과서에 해당 내용이 없다는 점은 그나마 북측의 인식 변화 가능성이 열려 있음을 보여주는 사례라고 할 수 있을 것이다. 또한 2015년판 『조선력사 초급중학교 3』에는 이 같은 서술을 찾아볼 수 없다. 고등중학교의 『력사』의 서술도 변화했을 가능성이 크기 때문에 향후 상호 접근 가능성이 있다고 할 수 있다.

한편으로 남·북·재일의 교과서들은 삽화나 사진 등의 활용 면에서도 차이가 난다. 여기에서 주목할 부분은 농민군의 봉기장면이나 쌀을 나누어주는 것과 같은 상상화의 경우에 그 차이가 더 뚜렷하다는 것이다. 이는 향후 역사 인식 접근 과정에서 사실에 근거한 논의가 매우 중요함을 의미한다.

4. 맺음말

남과 북의 교과서는 그 명칭은 달라도 동학농민전쟁에 대해 매우 높은 역사적 의의를 부여하고 있다. 그럼에도 구체적 서술에서는 차이가 적지 않다. 무엇보다 사실에 대한 서술 차이가 보인다는 점은 대화를 어렵게 하는 요인이 될 가능성이 크다. 다만, 사실 확인이 된다면 그 차이는 쉽게 접근할 수 있는 부분이라고 할 수 있다. 남·북·재일의 교과서가 언급하고 있는 사실은 대동소이하지만, 그것에 대한 설명의 일부가 차이가 있다는 점도 그러한 가능성을 높여 준다. 예를 들어, 전봉준의 아들과 같이 남측 교과서에 없는 내용에 대해서는 사실 확인이 된다면 수정이 크게 어려울 것으로 보이지는 않는다. 재일의 교과서에

북측만이 주장하고 있는 사실이나 주장을 찾아보기 어렵다는 점은 그
같은 변화 가능성을 잘 보여준다.

역사관의 측면에서 본다면, 남측의 교과서에서는 반침략·반봉건 투
쟁의 측면을 강조하면서 동학농민운동 그 자체에 주목하고 있는 반면,
북측의 교과서는 반봉건 계급투쟁을 강조하면서도 주체사상적 해석과
반제적 성격을 강조하고 있다. 나아가 지도자와 노동자계급의 결여를
강조하는가 하면, 혈통주의적 서술을 강조하고 있다. 이는 향후 가장
접근이 힘든 부분이 될 가능성이 크다. 김일성의 가계나 혁명론과 직
접 연결되어 있기 때문이다. 그렇지만, 이 또한 김일성 등장 이전에 대
한 역사서술이라는 점과 재일 교과서에서 언급되고 있지 않다는 점은
변화의 가능성이 열려 있음을 의미한다.

남과 북의 교과서가 자국사를 세계사 속에서 자리매김하려는 시도
는 흥미롭다. 북측의 교과서는 반제적 성격을 강조하면서 동학농민전
쟁을 아시아 3대 농민항쟁으로 자리매김 한다. 북측이 2014년 교육과
정 개편을 통해 새 교과서를 사용하기 시작하고, 남측의 고등학교에 해
당하는 고급중학교 『력사』 교과서가 세계사 속 조선사 정립을 강조하
고 있다는 점은 매우 중요한 변화이다. 남측의 교과서 또한 2010년 이
래 세계사와 한국근현대사를 결합해 보려는 시도가 일반적이라는 점
을 상기한다면 상호 인식의 접점으로 삼을 만하다.

한편 북측의 교과서들이 지나치게 시대적 영향을 받고 정치적 영향
에 민감하게 변화해 왔다는 점은 남측의 역사교육 논의의 방향과는 매
우 다르다. 그렇지만, 북측의 교과서가 정치적 변화에 민감하다는 점은
역설적이게도 남북화해 기조에 따라 그 서술의 변화가 있을 가능성이
크다는 점을 보여주기도 한다. 남북의 역사대화 가능성과 실질적인 역
사인식 접근의 가능을 보여준다는 점에서 주목하지 않을 수 없다.

이 같은 점에서 재일조선인 민족학교에서 사용하고 있는 교과서는 많은 시사점을 주고 있다. 이들 교과서가 남과 북의 주장을 적절하게 수용하고 있고, 어떤 측면에서는 북측의 서술보다 남측의 서술에 가깝다는 점은 북측 교과서의 변화 가능성을 보여주는 지표라고 할 수 있다. 재일조선인 민족학교의 교과서가 북측의 입장을 고려하지 않을 수 없고, 직접적인 정치적 영향을 받고 있음을 고려한다면 그 가능성은 더욱 커진다. 이런 점을 고려한다면 동학농민운동에 대한 인식을 매개로 한 남북역사대화, 나아가 남·북·재일의 역사대화 가능성은 충분이 열려 있다고 생각된다. 남북 역사인식의 실질적인 접근을 위해 좀 더 심도 있는 교과서 비교가 이루어질 필요가 있다.

한국 독일사학회를 통해 본
한국 서양사학의 자기이해와 대안모색

•

황기우

1. 머리말

포스트 구조주의적 시각에서 지난 양차 대전의 근본 원인은 타자에 대한 이해 부족으로 진단되고 있다. 그러나 타자와의 공존을 전제로 하는 포스트 구조주의의 이러한 역사 인식은 '타자에 대한 적극적 이해' 보다는 '자아의 부정' 혹은 비판적 시각에 의한 '자아 해체'에 집중하고 있다는 점에서 근본적인 한계를 안고 있다. 다시 말해 그들이 말하는 타자에 대한 이해는 많은 부분 자기부정을 통한 '타자에 대한 감수성'을 획득하려 한다는 점에서 접근 자체가 학문적 엄밀성보다 도덕적 부채의식에서 비롯한 감성적 접근이라고 평가할 수 있다. 따라서 포스트 구조주의적 역사학이 추구하는 타자에 대한 이해는 근대 역사학의 한계를 극복하는 새로운 길을 열었다는 평가에도 불구하고 여전히 올바른 역사적 실체로의 접근을 의미하지 못하고 있다는 평가 또한 공존하고 있다. 이는 두 차례의 세계대전이 가지고 온 참상을 타자에 대한 감수성의 부재로 인식한 그들의 접근 방식은 '보편성'이라는 이름 대신에 '다양성'에 대한 존중에 지나치게 집착하고 있다는 인상을 준다. 문제는 이러한 집착이 다양성이라는 이름으로 자아와 타자의 관계를 소홀히 하고 있다는 비판으로 이어지고 있다는 사실이다. 물론 이러한 자아의 부정을 앞서 서술한 것과 같이 역사적 참상에 대한 부채의식의 발로로 받아들일 수 있다. 하지만 그렇다 하더라도 그들은 과거의 '자아 중심의 역사관'과 오늘날의 '자아 부정' 사이의 균형점이 물리적 중심으로 이해하고 있다. 이러한 비판에 대한 포스트 구조주의 역사학자들의 해법은 아직 설득력을 갖지 못하고 있다. 따라서 포스트 구조주의가 자리하고 있는 현실에서 여전히 자아의 이해를 타자와의 관계에서 찾아야 하는 역사학의 고민은 여전히 유효하다. 그러나 4차 산업혁명의 시대에 1990년대 포스트모더니즘의 역사적 담론은 새로운 도전을 맞이하게 되었다. 그것은 주체와 객체의 관계가 갖는 타자성에 대한 근본적인 사고의 전환을 의미한다. 디지털기술의 눈부신 발전은 과거에는 상상할 수 없는 대상과 현상에 대한 인식에서 인간의 개입을 필요로 하지 않는 수준에까지 이르렀다. 역사학의 중심에는 언제나 인식의 주체와 객체 간의 긴장이 있었다. 그러나 최근 또 다른 인식의 주체가 등장하면서 새로운 긴장을 만들어내고 있다. 아직은 그 시작에 있어서 수많은 논란이 있지만, 지금까지 디지털기술이 보여준 발전 속도를 볼 때 에이전트 기반의 시뮬레이션이라고 하는 새로운 컴퓨터 알고리즘 기술이 역사학의 논쟁이 되는 일은 머지않은 미래의 일이 될 것이다.

　역사학의 새로운 도전을 위한 고민은 분명히 지난 한국 독일사학회가 걸어온 자취에 고스란히 남아있다. 지금까지 한국 독일사학회의 학문적 노력과 영향력은 한국 서양사학회가 가진 무게중심의 위치를 넘어 한국 내 다양한 학문 영역으로 확대되고 있다는 점에서 매우 의미

있는 길을 걸어왔다. 하지만 한국 독일사학회의 이러한 빛나는 업적에
도 불구하고 학문적 영향력과 사회적 파급력이 지나치게 제한적이라
는 평가를 받는 것도 현실이다. 앞서 말한 타자에 대한 이해는 반드시
상호적이어야 한다는 전제는 없다. 하지만 지나친 일방적 이해는 한국
서양 사학의 학문적 게토(ghetto) 화라는 오명을 받을 만하다. 이웃 일
본의 경우를 살펴보면 한국 독일사학회가 받는 오명은 나름 설득력이
있다. 일본 내 독일사학회의 학술 활동은 단순히 양적 측면에서뿐만
아니라 질적 측면으로 평가할 수 있는 국제 논문 인용지수와 국제 연
구사업 부분에서 동아시아 내에서도 압도적 수치를 보여주고 있다. 주
목할 부분은 일본 독일사학회가 매년 추진하고 있는 독일과의 연구 사
업을 들 수 있다. 이는 단순히 수치상으로 평가될 수 없는 함의를 우리
에게 시사한다. 일본 내 독일사학회에서 생산되는 각종 연구 성과물은
양국 간의 각종 연구사업을 통해 독일 학회에서 학술적인 검증이 이루
어지고 있으며, 이는 또다시 새로운 문제의식과 연구방법을 생산하고
있기 때문이다. 예를 들어 1990년대 독일 내 신 보수주의와의 역사 논쟁
은 일본 내 독일사 연구자들에 의해 즉각적으로 일본 사회에 엄청난 반
향을 불러일으켰으며, 지금까지 일본 근·현대사뿐만 아니라 사회 및
문화와 같은 다양한 영역에서 새로운 논쟁을 이끌어가고 있다. 여기서
눈여겨볼 부분은 독일과 일본 간의 이러한 활발한 학술교류가 또다시
독일 학계의 파시즘 연구에서와 같이 중요한 학문적 성과물들을 제공하
고 있다는 점이다. 실제로 역사학 분야에서 이러한 논쟁은 일본과 독일
간의 공동 연구사업에서 생산되는 연구 결과물로 이어져 역사학과 사회
학 등을 포함한 국제 학회에서 상당한 영향력을 가지고 있다.[1]

---

[1] Frankfurt Allgemeiner Zeitung, 2003. 4. 25.

　최근 일본 사회의 우경화 경향에서 일본의 역사학회 특히 일본 내 독일사학회의 활동이 다소 침체하긴 하였지만, 다른 학술 단체보다 상대적으로 가장 왕성하게 일본 내 진보진영의 목소리를 대변하고 있다. 이는 양국 간 활발한 공동 연구사업이 우경화되어가는 일본 사회에서 나름의 학문적 양심을 지켜가는 역할을 하고 있다고 평가될 수 있다. 이는 학문적 국제교류가 갖는 장점이라고 말할 수 있다. 이와는 다르게 한국사회의 주요 논쟁에서 한국 독일사학뿐만 아니라 서양사학의 역할은 불분명하다는 평가를 받는다. 심지어는 논쟁을 주도하기보다는 독일 학계의 이해를 일방적으로 한국 사회로 실어 나른다는 비판을 받기도 한다. 물론 독일 사학의 이러한 활동이 한국 학계에서 매우 의미 있는 업적으로 평가받고 있는 것 또한 분명하다. 이는 한국 독일연구의 학문적 성과를 비판하는 것이 아니다. 다만 그러한 학문적 성과에 비해 저평가되었던 원인을 찾지 않았다는 것이 문제다. 따라서 앞서 일본 사학계의 대외 활동이 말해주듯 독일 학계와의 실질적인 학술교류는 단순히 상징적 의미를 넘어 한국 독일사학의 학문적 노력을 보다 사회적 의미로 환원될 수 있는 길을 열 것이다. 지금까지 한국 독일사학회가 이루어온 훌륭한 학문적 성과를 적어도 지금보다 의미 있는 차원으로 이끌기 위해서는 학문적 효용성의 문제와 함께 학계 간 교류에 대한 문제도 제고할 필요가 있다. 따라서 한국 서양사학에 대한 문제의식과 새로운 가능성을 한국 독일사를 중심으로 제고할 것이다. 이를 위해 필자는 한국 독일사학에 대한 문제의식을 두 가지 측면에서 다룰 것이다. 우선 국제학적 측면에서 한국 독일사를 살펴볼 것이며, 나머지 하나는 4차 산업의 디지털기술 발전과 관련하여 패러다임의 변화에서 서양사 나아가 역사학의 새로운 가능성을 타진해 볼 것이다. 이를 세부적으로 나누어 제 2장에서는 한국 인문사회과학 내에서 한국

일본대학이 주도하고 있지만, 독일 내 일본학과와 독일 대도시에 자리하고 있는 일·독연구소Deutsch-Japan Institut 또한 양국의 학술교류를 주도하고 있다. 여기서 우리가 주목할 부분은 이들 기관이 개별적으로 학술 활동을 추진하고 있는 것이 아니라 하나의 학술 네트워크를 형성하고 있다는 점이다. 이러한 학술 네트워크는 일본 내 독일연구가 일·독연구소 및 대학들을 통해 독일 학회와 학술적 연계를 가능하게 하고 있으며, 무엇보다 연구의 주제의 다양화와 재정적 지원 그리고 연구 주체를 통합적으로 관리할 수 있게 한다.

〈표 6〉 인용된 학술지 index 분포[8]

SCI(E)	SSCI	AHCI	SCOPUS	Open Access	기타
13	19	3	8	4	876
1.4%	2.1%	0.32%	0.85%	0.42%	94.8%

일본은 자국 내 독일사연구의 학문적 성과물의 많은 부분이 독일과 일본의 학술활동에서 재평가되는 시스템을 가지고 있다. 위 도표에서 나타나 있는 일본 내 독일사 연구의 국제학술지에서 인용된 논문은 대부분 일본과 독일의 국제학술대회를 통해 등재된 것들이다. 따라서 일본의 독일사 연구에서 생산된 연구 성과물들이 국제 학회에서 영향력을 가진 가장 근본적인 배경에는 일본과 독일 간의 국제학술 활동이 자리하고 있다. 역사학 분야에서 독일과 일본 간의 국제학술대회가 매년 10회 이상 개최되며, 이를 통해 일본의 독일 사학자들은 자신들의 연구 성과를 독일 연구자들과 공유할 수 있다.

이와는 다르게 국내 서양사학은 국제교류의 부족으로 일방적 수용

---

[8] 일본 내 독일사학회 학술지 인용색인 2017년 기준.

자의 위치에서 이렇다 할 우리 사회의 주목을 끌 만한 논쟁을 만들어
내지 못했다. 이러한 문제는 서양사 전반에 걸친 정체성의 문제와 깊
은 관련을 맺고 있다. 한국 독일사를 포함한 서양사 전반에 대한 인식
은 지금까지 모호한 정체성을 가지고 있었다. 이는 한국 서양사학을
바라보는 대중들의 인식에서 찾아볼 수 있지만, 오히려 한국 서양 사학
자 스스로가 '경계의 사유'를 지나치게 제한적 의미로 이해하고 있었던
결과라고 볼 수 있다. 그러나 최근 한국 독일사를 중심으로 하는 연구
자들의 자기 비판적 역사연구의 흐름은 긍정적인 변화를 기대케 한다.
2008년 이후 한국 서양사학 내 많은 연구자가 동아시아 근대사가 갖는
난제를 해체하는 주체적 노력을 보이고 있다는 점에서 한국 서양사의
미래를 긍정적으로 볼 수 있다. 특히 역사에서 기억의 문제를 역사 논
쟁의 중심으로 끌어들임으로써 정치적 담론과 역사교육이 우리 사회
의 화두가 되었다. 또한, 한국 내의 논쟁을 세계 학회와 공유할 수 있는
발판을 마련하였다는 점에서 경계의 사유가 소통과 교류의 역할을 할
수 있다는 것을 확인할 수 있었다. 이러한 성과는 유럽 중심의 역사연
구를 탈피하고 세계 역사 논쟁에서 적극적 참여자로 자신의 목소리를
내기 시작했다는 의미이기도 하다. 또한, 근대 이후의 민족사적 역사학
에 대한 성찰을 국내 서양사가 주도하고 있다는 평가로 이어지기도 한
다.[9] 하지만 한국 독일사를 비롯한 한국 서양사학의 국제 역사학에서
의 위치는 새로운 역사 담론을 창출하기보다 기존의 유럽 중심의 담론
을 한국사에 적용하는 차원에 머물러 있다. 물론 기존의 수동적이고
무비판적 유럽 중심의 역사 인식을 넘어 탈중심화의 틀에서 한국사가

---

[9] 권유경, 「국사의 초국가적 역사: 'Writing the Nation' 시리즈를 통해서 본 민족사
적 역사학의 어제와 오늘」, 『역사학보』 232, 2016.

갖는 세계사적 위치를 새롭게 재구성하고 있다는 점에서 한국 서양사학의 새로운 자기인식은 한국 사회에 지적 자극을 선도하고 있다고 평가할 수 있다. 하지만 보다 근본적인 자기인식을 위한 깊은 성찰의 기회가 한국 서양사학에는 많지 않았다. 이는 서양사학 자체가 그 학회의 이름부터 서구중심에서 벗어날 수 없다는 한계를 지니고 있기 때문이다. 따라서 한국 서양사학의 한계는 서구 사회에서 생산된 지식을 전달하는 중간유통자와 생산된 지식을 바탕으로 한국 사회에서 의미를 찾는 지식 생산자 사이에서 정체성의 문제로 귀결될 수밖에 없다. 이러한 정체성에 관한 문제에 있어서 그 해답은 간단하지 않다. 왜냐하면 어느 누구나 지식의 생산자로서 한국 사회의 의미를 찾는 역할을 희망하지만, 그들이 찾고 있는 '서양사학'의 존재론적 의미가 서구의 역사라는 제한된 범위에 있기 때문이다. 우리는 아직도 역사를 이야기할 때 서양사, 동양사, 한국사를 나누어 시작한다. 이는 서양사를 타자의 관점에서 수용의 대상으로 인식하고 있는 것과 동시에 한국사 자체 또한 그들에게 수용의 대상으로 전락시키고 있다는 의미이다. 최근 관계사 혹은 트랜스내셔널 히스토리 분야에서 영역 주의나 민족주의에 중심을 둔 역사학의 한계를 극복하려는 노력이 활발하지만, 서양사의 중심에 위치하지 못하며, 무엇보다 서양과 동양이라는 경계를 의식적으로 드러냄으로써 그 관계성에 주목하는 경향이 있다. 물론 관계사와 트랜스 내셔널 히스토리의 가능성은 서양사에 대한 비판적 평가를 잠재우기에 충분하다. 하지만 기존의 한국 역사학의 구조에서 여전히 실험적 도전으로 평가받고 있지 역사학의 주류로 자리하기에 아직 모든 면에서 부족하다.

4. 새로운 도전과 가능성

한국 독일연구를 비롯한 한국 서양사가 갖는 한계를 극복하기 위해 역사학 자체를 해체할 필요는 없으며, 그것은 사실상 불가능에 가깝다. 그런데 한국 서양사에서 이러한 문제의식은 오래전부터 있었고, 그러한 문제의식에서 새로운 돌파구를 찾는 노력 또한 지금도 계속되고 있다. 최갑수의 『역사용어사전』[10] 그러한 노력 중 단연 독보적인 업적으로 평가받을 수 있다. 최갑수의 저서는 그 완성도에서 아쉬움을 가지고 있지만, 적어도 지역별 역사 담론을 넘어 역사 전체에 대한 이해와 구성을 가능하게 했다는 점에서 서양사의 새로운 돌파구를 찾을 수 있다. 특히 이러한 시도는 컴퓨터 분야의 엄청난 발전에서 역사 담론의 혹은 역사 용어의 정보화 情報化의 실마리를 제공할 수 있다는 점에서 그 가능성이 매우 크다고 할 수 있다. 이렇듯 최갑수의 업적은 역사 담론의 개념화라는 틀에서 정보화 시대의 새로운 가능성을 한국 서양사에 제공하고 있다. 이러한 가능성을 이론적으로 뒷받침하는 연구들이 디지털 역사학에서 활발하게 진행되고 있다. 예를 들어 역사에서 우연과 필연의 문제는 수많은 역사적 실체 간의 인과적 관계를 파악할 수 없었기 때문에 발생한 것으로 보는 시각도 있다. 이는 원론적으로 들여다보면 인간의 인식이 갖는 기술적 한계로 바라볼 수 있다. 그러나 최근 디지털기술의 발전에 힘입어 인간의 인식이 컴퓨터에 의해 대체되면서 과거에는 시도할 수 없었던 수없이 많은 데이터 간의 인과관계를 풀어내고 있다. 우연적인 요소들이 연속된 역사 속에서 필연으로 드러날 가능성을 발견한 것이다. 이렇듯 디지털기술이 가지고 있는 인

---

10) 서울대학교 역사연구소편, 『역사용어사전』(서울대학교출판문화원, 2015).

문학적 가능성은 아직 선명하지 않지만, 역사 개념의 사전적 정리 작업은 오늘날 역사학이 안고 있는 근본적인 한계를 넘어 지금까지의 모든 역사적 담론을 재구성할 수 있는 파급력을 가지고 있는 것은 분명하다. 이러한 주장이 설득력을 갖는 것은 최근 지구적 차원에서 불어오는 변화에서 인문학을 포함한 거의 모든 학문이 디지털기술에서 벗어나지 못하기 때문이다. 물질로 치면 원자의 의미를 가진 역사용어의 개념적 정리는 역사학뿐만 아니라 인문학 전체의 논쟁을 불러일으키고 나아가 정치적 여건과 사회적 분위기에 의해 해결하지 못하고 있는 다양한 사회적 문제를 보다 객관적으로 재구성할 기회를 줄 수 있기 때문이다.

　이러한 가능성은 이미 한국 서양사에서 시작되었다. 임지현은 디지털기술과 무관하지만, 역사적 담론을 우리 사회 전체가 주목할 수 있는 학문적 공론의 장으로 이끌었다는 점에서 경직된 국내 역사학에 새로운 활기를 주었으며, 무엇보다 새로운 논쟁이 활성화될 수 있는 환경을 조성했다. 한국 역사학계는 임지현에 대해 때로는 역사학의 이단적 인물로서 서양사와 한국사의 경계에서 밀려난 인물로 평가하지만, 그의 '대중독재론' '일상적 파시즘'과 같은 역사 담론은 한국 사학뿐만 아니라 한국 서양사학회가 안고 있는 한국 근대현대사의 질곡을 재조명할 기회를 제공했다. 물론 그가 몰고 온 논쟁이 깨끗이 정리된 것은 아니지만, 역사적 담론을 구성하고 있는 역사용어의 조합과 재구성을 통해 우리 사회에 기억의 문제를 역사학으로 끌어들였다는 점에서 한국 역사학에 대한 권태로운 인식을 어느 정도 불식시켰다고 평가할 수 있다. 그러나 역사의 인식 주체가 기억의 문제와 마주할 때 임지현이 말하는 트랜스내셔널 히스토리는 무의미한 이야기들의 나열로 빠지기 쉽다는 점에서 한국 역사학계에 던진 그의 돌풍은 아직 실험적 차원에 머물러 있다. 한국 역사학회에 임지현이 던진 물음은 그 자체적으로 논쟁을 이끌어갈 동력을 상실했지만, 역사 이론과 그 이론을 구성하고 있는 용어에 대한 깊은 성찰이 독일 역사학회에서 새롭게 시도되고 있다. 그리고 전진성이 그 중심에 있다고 평가할 수 있다. 전진성의 저서 『역사가 기억을 말하다』[11]는 단순히 독일사 혹은 문화사라는 틀에 가두어 평가할 수 없는 실로 방대한 학문의 영역을 넘나들고 있다. 이는 기존 한국 독일연구를 비롯한 한국 서양사의 수용자적 자세에서 벗어나 그리고 서양사에 대한 타자로서의 지위가 아닌 논쟁의 생산자 역할을 하고 있다는 점에서 한국 독일연구와 한국 서양사학의 한계를 극복할 수 있는 방향을 제시했다고 평가할 수 있다. 전진성의 접근이 한국 서양사에 대한 지역학적 평가를 불식시켰다는 또 다른 저서로서 『상상의 아테네, 베를린 · 도쿄 · 서울: 기억과 건축이 빚어낸 불협화음의 문화사』[12]을 들 수 있다. 그는 역사에서 기억의 문제를 시간과 더불어 공간의 영역까지 확대함으로써 근대성의 왜곡된 모습을 시각적으로 드러내고 있다. 이는 서양사 혹은 동양사라는 제한된 개념과 영역을 넘어 역사라는 그릇에 담아냄으로써 식민지의 문제를 동서양의 유기적 관계로 재구성하였다. 이 과정에서 전진성은 심리학 · 건축학 · 미학 등을 동원하여 난해하고 단절된 현상을 하나의 역사 속에서 비교적 쉽게 설명하고 있다.

전진성의 저서가 주목받는 이유는 단순히 그의 학문적 깊이와 화려한 이론에서만 찾을 수 없다. 그가 주목받는 또 다른 이유는 그의 학문적 노력이 역사와 현실을 직접 이어주고 있으며, 이는 또다시 현실의 삶을 이해하고 그것을 바탕으로 새로운 가능성을 우리의 삶 속에서 확

---

11) 전진성, 『역사가 기억을 말하다』, 휴머니스트, 2015.
12) 전진성, 『상상의 아테네, 베를린 · 도쿄 · 서울: 기억과 건축이 빚어낸 불협화음의 문화사』(천년의 상상, 2015).

인할 수 있다는 점이다. 예를 들어 그가 말하는 파시즘적 건축의 개념은 우리의 도시를 구성하고 있는 많은 건축에서 확인되고 있으며, 그러한 건축물들은 우리의 의식 속에서 또 다른 이데올로기를 창출해 내고 있다는 것을 말하고 있다.[13] 이 점에서 역사적 관념이 현실에서 시각적이고 공간적인 인식으로 탈바꿈하고, 이를 바탕으로 도시를 구성하는 우리의 삶 속에서 역사적 인식이 체화될 수 있다. 분명히 우리 삶의 공간을 역사적 실체로 인식할 수 있게 했다는 점에서 전진성의 학문적 노력은 매우 훌륭하다고 볼 수 있다. 하지만 이와 같은 그의 학문적 노력에도 불구하고 그가 자신의 저서에서 담고 있는 모든 이론과 해석이 물리적 공간을 전제하고 있다는 점에서 비판을 받기도 한다. 우리의 역사적 인식은 하나의 이데올로기로 창출될 때 공간이라는 구심점 측면을 넘어 우리의 관념 속에서 자기 형성과 확장을 지속한다. 예를 들어 박정희라는 인물은 경제적 상징을 넘어 하나의 종교와 같은 신념으로 자리하고 있다는 데서 공간과 가시적 건축물이 갖는 한계를 직시할 수 있다.

전진성의 학문적 노력은 역사 인식에서 언어와 같은 관념 형성에 이바지하는 기본 단위로부터 출발하고 있다는 점에서 역사 인식의 서열화를 파악할 수 있다. 원본과 복사본의 관계는 문화적 인식의 서열화를 겪는다. 하지만 그 서열은 디지털 문명에서 그 의미를 상실하고 말았다. 오늘날 베를린을 찾는 수많은 관광객은 그리스 아테네라는 원본에 비추어 베를린을 더 이상[14] 복사본으로 인식하거나 기억하지 않는다. 전진성의 이러한 접근은 그 기술적 수준을 예단할 수 없을 만큼 엄

---

13) Ibid. p. 187.

14) 김기봉, 「인공지능 시대 'Historia, Quo Vadis?'」, 『역사학보』 233, 2017.

청난 발전 속도를 보여주고 있는 디지털 문명의 시대에 여전히 물음으로 남아있다. 그가 말하는 역사 인식은 그 기억의 장소와 특정 대상을 전제로 하지만 디지털 시대에 그것은 역사적 맥락을 잃은 이미지의 나열에 불가하다. 이점은 그의 저서 『역사가 기억을 말하다』에서도 강조되고 있다. 따라서 그의 물리적 공간이라는 연구 대상은 디지털 시대의 역사 인식과 연결되어있다. 그러나 전진성의 학문적 접근은 역사의 문제를 기억의 문제로 환원하면서 국내 역사학에 새로운 자극을 주었지만, 그의 노력에도 불구하고 디지털 시대에 역사학의 위치와 역할은 아직 뚜렷한 방향을 잡지 못하고 있다.

디지털 시대의 역사학의 위치와 역할에 근본적인 물음을 제기한 국내의 학자는 사실상 김기봉이 처음이라고 평가할 수 있다. 그는 인간의 모든 정보와 지식이 디지털화되는 현실에서 역사학의 존립에 대한 물음을 제기했다. 그가 제기한 물음은 새로운 역사학이 기존의 역사학을 전면적으로 대체할 수 있다는 의미는 아니다. 산업혁명을 겪으며 마르크스가 기존의 역사학에 근본적인 물음을 던졌듯이, 디지털 문명의 시대에 새로운 역사학의 비전을 찾는다는 것은 기존 역사학의 존립에 관한 질문을 던질 수 있을 것이다. 분명히 자연과학을 포함해 인문학 전체에서 빅데이터가 가져다준 패러다임의 변화는 역사학에 근본적인 질문을 던지고 있다. 이러한 질문은 국내에서 김기봉이 선도하고 있다. 역사학에 대한 그의 새로운 시도는 이미 수년 전부터 시작되었다. 그의 이러한 시각을 알 수 있는 대표적인 연구는 한국사학사학보 4집에 기재된 "포스트모더니즘과 메타역사"[15]를 들 수 있다. 그의 글은 짧지만, 서양사를 포함한 한국 사학 전체에 두 가지 문제의식을 던져주

---

15) 김기봉, 「포스트모더니즘과 메타역사」, 『역사학보』 135-155(2001).

었다. 첫째, 후삼국에 대한 역사를 새롭게 바라보고 있다는 점이다. 김
기봉은 후삼국의 역사를 지역적이고 한국사라는 특수성에서 벗어나
역사 그 자체의 틀에서 바라보고 있다. 이는 앞서 서술한 서양사가 아
닌 역사적 접근이 필요하다는 시각과 같은 맥락으로 해석될 수 있다.
임상우는 김기봉의 이러한 접근을 한국사에 대한 서양사 이론의 접목
으로 바라보고 있지만,[16] 김기봉의 정확한 의도를 파악한 것이라 볼 수
없다. 왜냐하면, 김기봉이 2001년부터 보여준 연구 방향과 주제들은 하
나의 맥락 속에서 진행되고 있기 때문이다. 그의 연구가 시종일관 던
지고 있는 메시지는 기존의 역사학적 방법론을 벗어나 디지털 시대의
새로운 방법을 찾아야 한다는 것이다. 이는 한국사와 서양사의 접목이
아니라 역사라는 거대한 그릇 속에 인간의 이야기를 담아내는 작업이
고, 동시에 그것들을 해석하는 방법에 있어서 빅데이터의 차원을 역사
학에 도입함으로써 디지털 시대의 역사학적 방법론을 찾아보고자 하
는 의도이다. 둘째, 빅데이터를 기반으로 하는 새로운 역사학은 "포스
트모더니즘과 메타역사"에서는 직접 다루고 있지 않지만, 근대적 역사
학에 대한 반성과 새로운 역사학에 대한 전망을 담고 있는 부분에서
그리고 그 이후 김기봉이 보여준 다양한 연구 성과는 역사학에 디지털
기술의 가능성을 이야기하고 있다.

최갑수에서 김기봉에 이르기까지 최근의 역사학이 보여준 연구의
방향은 1990년대 시작된 포스트모더니즘 역사학의 흐름과 관계가 있지
만, 과거 포스트모더니즘 역사학이 역사적 인식의 주체와 객체에 초점
을 두었던 것에 반해 오늘날 포스트모더니즘 역사학은 빅데이터 기반
의 디지털기술 발전이라는 새로운 도전을 맞이하여 역사학 전반에 대

---

[16] 임상우, 「회고와 전망: 『한국사학사학보』 서양사부문, 2000~2003」, 『한국사학사학보』 183, 2004.

한 자기인식을 시도하고 있다. 어쩌면 역사학의 이러한 모습은 역사학자에게는 자기 파괴적 여정으로 비칠 수 있을 것이다. 하지만 지금까지 국가적 학문시스템의 달콤한 열매를 따 먹던 역사학이 그 존립부터 회의하고 반성하는 모습 속에서 역사학의 새로운 가능성을 기대할 수 있을 것이다. 아직은 그 시작에 있어서 충분한 공감대가 형성되지 못하고 있지만, 국내에서는 한국 독일사를 중심으로 역사학이 걸치고 있던 기존의 낡은 외투를 벗으려는 시도는 분명히 확인될 수 있다. 지금까지 그래왔듯이 이러한 시도가 한국 내에서는 자칫 학문적 진영논리로 흘러 경계선 밖의 대상으로 치부될 가능성이 있다. 과거 대학교육이라는 강력한 수요가 역사학의 새로운 시도들을 무력화시켜왔고 무엇보다 자구노력의 필요성을 불식시켰지만, 4차 산업혁명이 진행되고 있는 현재 역사학이 갖는 지식의 기능은 사실상 무의미해졌다. 과거 한 역사학자가 평생에 걸쳐서도 담아낼 수 없는 역사에 관한 정보량이 이제는 주머니 속에 담을 수 있는 시대가 되었다. 더 나아가 최근의 디지털기술은 근대 역사학의 태동 이후 지금까지 역사 이론의 중심에 있는 사관의 문제에 새로운 접근 가능성을 제시하고 있다. 이는 인간이 역사에 대한 인식을 시작한 이후 역사 인식에 대한 가장 극적인 변화를 가져올 가능성이 크다. 그러나 국내 역사학회에서 거의 몇몇 독일사 전공자들을 제외하고 이러한 변화를 고민하고 준비하는 움직임을 찾아보기 힘들다. 최근 인문학에서 디지털기술을 도입하려는 움직임이 활발히 일고 있는 상황에서 국내 역사학의 움직임은 사실상 무관심의 차원을 넘어 배척의 자세를 보이고 있는 것이 현실이다. 어쩌면 우리는 한국사의 이론적 토대를 서양 사학에 의존해왔던 과거의 모습을 앞으로도 지켜봐야 할지 모른다. 오늘날 발달한 디지털기술이 역사학의 새로운 대안을 제시할 수 있지만 유일한 길은 아닐 것이다. 기존의 역사학에서 모두가 동의하는 이론이 없듯이 디지털기술 또한 역사학의 논쟁적 흐름 속에 작은 위치를 차지할지 확실한 답을 내리기 힘들다. 하지만 한국 서양사가 가지고 있는 타자에 대한 개방적 성격은 새로운 환경에 적응할 수 있는 힘이 되어야 한다. 과거 타자에 대한 우리의 이해는 그 이론적 완성도에 압도되어 수용적 태도를 보일 수밖에 없었다면, 아직 시작단계에 있는 디지털기술과 역사학의 만남은 과거와 다르게 우리에게 잘 맞지 않은 서구역사학의 외투를 벗을 수 있는 기회를 찾을 수 있을지 모른다. 최근 디지털기술과 역사학의 만남에 대한 논쟁이 없는 것은 아니다. 하지만 이 분야에 대한 국내 관심 대부분은 역사학적 논쟁으로 발전하기에 아직은 역부족이다. 적어도 디지털기술의 가능성에 대한 논쟁 자체가 그동안 한국 서양사에 부재했던 혹은 미미했던 역사적 논쟁을 능동적이고 주도적으로 이끌어갈 수 있는 기회를 제공할 수 있을 것이다. 더불어 김기봉의 문제의식이었던 독일연구를 비롯한 한국 서양 사학의 방향을 '서양사'가 아닌 '역사'에서 찾는 계기가 될 것이다.[17]

5. 맺음말

서양사 전체가 국사의 부록으로 전락하고 있는 현실에서 독일연구의 성장은 나름 의미가 있다. 독일연구에 대한 이러한 의미 있는 평가는 그들의 학문적 성과를 강조하기 위한 것이지만, 인문학 위기의 시기에 이것은 결코 위안이 될 수 없다. 독일연구의 발전에 필요한 것은 국

---

[17] 歷史學報, 第235輯, 2017. 9.

제학술 활동과 같은 기술적이고 행정적인 노력이 그들의 학문적 노력에 비해 문제로 인식되고 있지 않기 때문이다. 한국 독일연구가 세계적인 수준에 도달했음에도 불구하고 국제 학술적 영향력에 있어서 그 의미를 찾지 못하는 것은 연구자들의 개인적 역량의 문제가 아니라, 그 역량을 담을 수 있는 조직과 조직을 유지할 수 있는 행정적 지원의 문제도 무시할 수 없다. 서양에는 없는 서양사는 과거 한국 역사학이 발전할 수 있었던 학문적 바탕을 제공하였지만, 지금까지 세계사적 논쟁에서 그 존재감을 드러내지 못했다. 여기에 한국 서양사에 대한 또 다른 문제의식을 언급한다면, 그것은 시대의 변화에 적응하지 못한 부분이 될 것이다. 과거 한국 독일연구를 비롯한 서양사가 보여준 모습은 지극히 자본주의 시장 논리에 따라 대학입학이라는 풍부한 수요에 기대어 외연적 확대에 집착해왔다. 이 때문에 인문학의 위기를 이야기할 때 한국 역사학의 위기는 대학 교육과 관련하여 더욱 선명하다. 그러나 이러한 역할이 결코 무의미하거나 잘못된 것이라고 폄훼할 수만은 없다. 왜냐하면, 대학의 이러한 노력이 근대 한국의 학문적 발전에 대단히 중요한 역할을 담당해왔고 지금도 어느 정도 유효하기 때문이다.

그런데 서양에는 없는 서양사를 수입하는 과정에서 우리는 우리 스스로를 타자화시켰고 주체적 인식의 가능성마저 애써 외면해왔다. 과거 한국 서양사가 나름의 의미를 가지고 역할을 해왔지만, 앞으로도 그럴 수 있는지는 의문이다. 이러한 흐름의 방향은 4차 산업혁명으로 진입한 현재에도 바뀌지 않고 있다. 그나마 몇몇 한국 독일사 연구자들 중심으로 한국사와 서양사를 가르는 영역 주의를 넘어 우리를 포함한 세계의 역사를 역사 그 자체에 담아보려고 시도하고 있다. 특히 디지털기술의 놀라운 발전으로 역사학의 새로운 접근이 전 세계적으로 시도되고 있는 시점에서 한국 독일사 연구자들의 실험은 매우 의미 있는

통사 쓰기와 민족사 서술의 대안들

독일의 '특별한 길'(Sonderweg)에서 '서구에의 안착'까지

•

이진일

1. 문제의 제기

20세기가 마무리되면서 근/현대사 학자들이 통사 서술을 통해 지난 세기의 역사를 정리해보고자 하는 욕구는 자연스러운 일이다. 특히 20세기를 직접 경험한 사건의 증인이기도 하고, 역사를 둘러싼 다양한 논쟁에 직접 참여했던 현대사가라면, 지난 세기의 의미를 종합적으로 정리하고픈 욕구가 남다를 수 있을 것이다. 거기에 더해 독일 연방공화국은 2019년 정부 수립 70년을 맞았으며, 2020년에는 동서독 통합 30주년을 기념했다. 뒤늦은 통일과 빌헬름 제국시대를 거쳐 1/2차 세계대전, 1945년의 새 출발과, 이어지는 냉전과 분단, 마침내 동서 재결합에 이르기까지 굴곡진 역사를 해명해야 하는 독일 학자들이라면 이에 대한 정리의 욕구는 단지 학문적 포부의 차원을 넘어, 한 시대를 정리하고 새로운 시대로 들어서야 하는 현실적 필요성과도 맞닿은 일일 것이다. 그런 면에서, 어쩌면 1970년대 이후 독일 역사학계를 이끌어 왔다고도 할 수 있는 몇몇 대표적 역사학자들이 비슷한 시기에 비슷한 시기를 다룬 통사를 출간한 것도 우연일 수는 없다. 특히 독일 역사학의 주류를 구성해 왔고, 다양한 비판과 저항에도 불구하고 굳건히 '독일 역사만의 특별한 길'(Sonderweg)[1]에 대한 테제를 유지해 오던 학자들이라면, 과연 이 문제를 자신들의 통사적 서술에서 어떻게 해결하고자 했는지 궁금하지 않을 수 없다.

본 글에서는 다루고자 하는 역사학자는 벨러(Hans-Ulrich Wehler), 빙클러(Heinrich August Winkler), 코카(Jürgen Kocka), 헤르베르트(Ulrich Herbert) 등 모두 네 명이다. 벨러는 1987년 시작한 〈독일 전체사회사〉를 2008년 완간했으며, 빙클러는 2000년 〈서구를 향한 긴 여정〉을, 코카는 2001년 〈장기 19세기: 노동, 민족, 시민사회〉를, 헤르베르트는 2014년 〈20세기 독일사〉를 출간했다.[2] 물론 이들 외에도 많은 독일의 역사가들이 독일 현대사와 유럽 통사 서술에 도전하고 있지만, 어차피 그들 전체를 한 논문에서 다루기는 불가능하다.[3]

---

[1] 본고에서는 독일어 표현인 'Sonderweg'과 이의 한국어 표현인 '특별한 길'을 구분 없이 섞어 사용하였다. 영어에서는 이를 'The German divergence from the West', 혹은 'German Exceptionalism', 'The exceptional Path', 'Peculiar Path' 등 다양하게 표현한다.

[2] H.-U. Wehler, *Deutsche Gesellschaftsgeschichte* Bd. 1-5, München, 1987-2008; Heinrich August Winkler, *Der lange Weg nach Westen* Bd. I/II, München, 2000; J. Kocka, *Das lange 19. Jahrhundert* (Gebhard Handbuch der deutschen Geschichte Bd. 13), Stuttgart, 2001; U. Herbert, *Geschichte Deutschlands im 20. Jh.*, München 2014. 코카를 제외하고는 모두 1000 페이지가 넘는 대작들이다.

[3] A. 비르싱도 또한 "근대 독일에 Sonderweg은 있었는가?"라는 질문을 자신의 20세기 독일사 서술의 시작에 배치하면서 이를 전체를 끌어가는 중심 모티브로 사용하고 있다. Andreas Wirsching, Deutsche Geschichte im 20. Jahrhundert, München, 2001. 그밖에도 2000년대 이후 쓰여진 독일 통사로서는 Konrad Jarausch, *Die Umkehr Deutsche Wandlungen 1945~1995, Berlin 2004*; Konrad Jarausch, Michael Geyer, *Zerbrochener Spiegel. Deutsche Geschichten im 20. Jahrhundert*, München 2003; Edgar Wolfrum, *Die Geglückte Demokratie. Geschichte der Bundesrepublik Deutschland von ihren Anfängen bis zur Gegenwart*. Stuttgart, 2006 (Bd. 1); Edgar

앞의 세 역사가들이 어린 시절 모두 나치와 전쟁을 경험한 세대라면
(Wehler 1930~2014, Winkler 1938~, Kocka 1941~), 헤르베르트는 그 다음
세대인 소위 68세대에 속하는 역사가다. 이들 모두는 70/80년대 사회
사, 노동사, '사회과학으로서의 역사'(Geschichte als Sozialwissenschaft)에
헌신했던 역사가들이며, 독일 역사 속에서 나치즘의 뿌리를 찾는 일에
진력했다는 공통점이 있다.

독일 현대사의 해석 속에서 'Sonderweg', 즉 '독일만이 걸었던 특별한
길'이 갖는 의미는 남다르다. 벨러는 자신의 〈전체사회사〉 3권에서 빌
헬름 제국을 다루면서 집중적으로 Sonderweg 테제를 정리했으며, 빙클
러 또한 Sonderweg 테제를 자신의 통사 저술 전체의 중심에 놓으면서
이 문제가 해소되는 역사로서의 독일 통사를 정리했다. 이와 달리 코
카는 모두 23권으로 구성된 전통적 독일사 총서인 〈게파르트 독일사
핸드북〉(Gebhard Handbudh der deutschen Geschichte)의 신판을 편집하
면서 스스로 시리즈의 13번으로 〈장기 19세기: 노동, 민족, 시민사회〉
라는 제목의 책을 저술한 것인데, 사회사적 시각에서 19세기사를 정리
하면서 자연스럽게 Sonderweg 테제를 다루고 있다. 이들과 달리 헤르
베르트는 의도적으로 〈Sonderweg〉을 자신의 서술에서 언급하지 않는
다. 즉 그는 어느 면에서는 〈Sonderweg〉 문제를 중심에 두지 않으면서
통사를 쓰는 방식을 보여주고자 의도했다고도 할 수 있을 것 같다.[4]

Wolfrum, *Der Aufsteiger. Eine Geschichte Deutschlands von 1990 bis heute*, Stuttgart, 2020 (Bd. 2); Manfred Görtemaker, *Geschichte der Bundesrepublik Deutschland von der Gründung bis zur Gegenwart*, Frankfurt/Main, 2004, Eckart Conze, *Die Suche nach Sicherheit. Eine Geschichte der Bundesrepublik. Von 1949 bis in die Gegenwart*, München, 2009 등을 꼽을 수 있다.

[4] 나치하 외국인강제노동에 대한 연구로 박사학위를 획득한 Ulrich Herbert는 최근까지도 *Wer waren die Nationalsozialisten?*, München 2021; *Das Dritte Reich: Geschichte einer Diktatur*, München, 2018 등을 출간하였다.

기본적으로 이들 저서는 모두 국민국가를 중심에 둔 정치사에 속한다. 각자 다른 방식으로 접근하지만, 각 시대를 분명하게 구분하고, 그 시대마다의 특징적 구조를 드러냄으로써 독일사를 종합하고자 한다는 의미에서 주류서사(masternarrative)를 지향하고 있다는 공통점이 있다.

그래서 본 글의 의도가 통일 이후 출간된 20세기 독일 통사들의 서술경향들을 정리, 비판하고자 함도 아니며, Sonderweg 테제에 대한 그간의 찬성과 비판의 논리들을 정리해 그 적실성을 확인하고자 함도 아니다. 그보다는 독일 근/현대사에 대한 최근의 통사적 서술의 비교를 통해, 1) 무엇보다 테제의 핵심 사항인 빌헬름 제국의 해석에 있어 Sonderweg 이론이 어떻게 변화되고 있는가, 즉, 빌헬름 제국[5]을 재위치시키는 방식, 이후 시기로 이어지는 연속성과 단절의 성격을 재평가하고, 2) Sonderweg 해석과 필연적으로 연결된 나치즘의 해석, 이의 원인과 결과를 두고 빌헬름 제국, 1933년, 1945년, 1989/90년으로 집약되는 독일 역사에서의 연속성과 단절의 문제를 어떤 방식으로 풀고자 했는지에 초점을 맞춰 전개시켜 나가고자 한다. 이런 작업을 통해 Sonderweg을 주장하는 대표적 역사가들 간에 존재하는 각기 다른 시각의 차이도 확인할 수 있기를 기대한다. 1989/90년으로 상징되는 분단의 종식은 1933년 이전 시대에 대한 역사적 평가에도 영향을 미쳤고, 독일사에서의 연속성 문제에 대해서도 과거와는 다르게 해석하는 계기를 만들었다. 이를 평가하기는 아직 이를 수도 있지만, 적어도 앞으로의 진행될 방향에 대한 단초들은 확인할 수 있을 것으로 기대한다. 본 글에서는

---

[5] 빌헬름 제국(Wilhelminische Reich)을 흔히들 독일 '제2 제국'이라고도 하지만, 이는 공식적 이름도 학술적 용어도 아니며, 실제로 이렇게 불리우지도 않는다. 학술적으로 가장 일반적인 명칭은 '카이저제국'Kaiserriech' 혹은 '빌헬름 제국'이며, 본 글에서는 후자로 명칭을 통일하였다.

벨러와 빙클러의 독일 통사에 대한 분석을 먼저 배치하고, 이어 19세기
에 논의를 집중한 코카를, 가장 최근에 쓰여진 헤르베르트의 2014년 통
사를 마지막에 배치하였다.

2. 독일의 〈특별한 길〉 테제와 그 변화의 양상들

어째서 독일은 19세기 후반 빠른 근대화 과정을 거치면서도 다른 서
구 국가들과 달리 두 차례나 세계대전을 일으키고 급진적 파시스트 독
재로 전환해 갔는가? 미국이나 영국, 프랑스의 의회민주주의적 발전과
는 달랐던, 독일만의 〈특별한 길〉이라는 테제는 1960년대 중반 이후 독
일 역사학계의 이념지평을 지배해 온 담론이며, 서독 역사가의 정치—
사회적 자기이해의 핵심이기도 하다.[6] 동시에 나치즘을 독일사에 있
어 일종의 예외적으로 일어난 작업장 사고(Betriebsunfall)로 보고자 했
던 독일 내 전통·보수적 역사가들의 해석에 반대하는 이데올로기적
투쟁이면서 역사에 대한 자기만족적, 자기변호적 해석을 극복하고 나
치즘에 대한 도덕적 책임을 국민적으로 인식시키고자 하는, 전후 새롭
게 역사교육을 받은 세대의 역사정책적 시도이기도 했다.[7]

---

[6] 1945년 이후 Sonderweg 테제 등장의 정치문화적 배경에 대해서는 A. D.-Manteuffel,
"Eine politische Nationalgeschichte für die Berliner Republik", *G&G,* 27, 3, 2001, p.
446~462, pp. 449~450.

[7] Sonderweg 이론이 그저 벨러나 코카 등 빌레펠트 역사가들과 사회과학적 역사
학을 기치로 내건 1970/80년대 독일 역사학자들만의 전유물은 아니었다. 이론의
중심 테제는 1차 세계대전 패전 이후 독일에서 제기되었지만, 전후 영국의 독일
사 교과서라고 부를만한 A. J. P. Tayler의 저서나, 1930년대 철학자 에르스트 블
로흐나 루카치 등도 사회적 진보와 이를 따라가지 못하는 지배계층 간의 부조
화를 설명하면서 다음과 같이 독일만의 문제점을 지적한다. "1918년까지 전혀

알려져 있다시피, 벨러는 약관 42살의 나이에 빌헬름 제국에 대한 선구적 연구를 통해 비스마르크로부터 나치정권까지 전쟁과 혁명을 넘어 이어져 내려온 봉건적 구조와 이를 지탱하고 있는 사회 엘리트층의 연속성을 분명히 드러낸바 있다.[8] 〈Sonderweg〉 테제에 대한 비판이 증가하면서 다른 서구 국가의 시민계층은 어떠했는가, 즉 〈19세기 시민계층 형성에 대한 비교연구〉가 1980년대 코카, 벨러 등 빌레펠트(Bielefeld) 대학을 중심으로 진행되었다.[9] 그 결과 독일 민주주의 세력은 보통선거권을 통해 이미 1871년부터 제국의회를 구성하는 등, 서구 국가들과 비교해 볼 때 그리 약하지 않았고, 자유주의적 시민계급의 약세, 농촌 엘리트 계급의 보수적 강고성 등을 그동안 지나치게 과장해 평가해 왔음이 드러났다. 권력 구조에서의 연속성은 독일 뿐 아니라 대부분의 유럽 국가들에 있어서도 공통적 현상이었다고 주장된다. 독일의 경우 오히려 전쟁을 통한 단절이 두드러지기도 했다. 독일 역사에 대한 부정적 테제들이 부분적으로만 확인되었을 뿐, 시민성에 있어서 다른 유럽국가에 비해 특별히 퇴행성이 없음이 드러나면서 점차 〈Sonderweg〉 테제는 상대화되기 시작한다. 즉 Sonderweg 테제에서 주장하는 봉건적 연속성이 아닌, 전쟁을 통한 불연속성이 오히려 독일의 특별한 조건이

시민혁명이 성공하지 못한 독일은 영국과는 물론이고, 비동시성의 고전적 국가인 프랑스와도 달랐는데, 그 비동시성이란 오래된 경제 계층들과 의식의 극복하지 못한 찌꺼기들이었다." 서독의 사회학자 렙시우스(Lepsius), 다렌도르프(Dahrendorf), 철학자 하버마스(Habermas) 등도 지적했듯이, Sonderweg 테제는 전후 새로운 출발에 섰던 서독 지식인들 대다수의 암묵적 기본합의라는, 도덕적 성격을 갖고 있다고 봐야 한다. Ernst Bloch, *Erbschaft dieser Zeit*, Frankfurt/Main, 1985(1935), pp. 113~114; A. J. P. Tayler, *The Course of German History*, London, 1945.

[8] H.-U. Wehler, *Das Deutsche Kaiserreich, 1871~1918*, Göttingen, 1973.

[9] Peter Lundgreen (ed.), *Sozial- und Kulturgeschichte des Bürgertums*, Göttingen, 2000.

었다는 것과 같은 주장들이 전개되었다.

비록 영국의 진보적 역사가들에 의해 비판을 받기도 했지만[10], Sonderweg을 상정한다는 것은 정해진 민주주의 모델을 상정함을 의미하며, 그래서 Sonderweg 테제는 독일의 국민국가 형성과 민주주의가 다른 서유럽 국가들과 비교해 늦어진 원인과 결과에 대해 질문하는 작업이었고, 그런 의미에서 이 테제 안에는 전통적인 '독일 문제'(Deutsche Frage)뿐 아니라, 세대의 문제, 지정학적 해석, 독일 민족으로서의 정체성의 문제, 독일 역사에서의 연속과 단절의 문제, 근대화의 문제 등등, 독일사 속에 존재하는 문제가 될 만한 모든 역사적 단초들이 내재해 있다. 그렇기 때문에 서독에서 개혁과 진보에 대한 믿음과 열정이 사그러들던 1989/90년 이전부터도 Sonderweg 이론이 갖는 학문적 결집력, 학문적 방향제시의 역할은 약화되고 있었지만, 이 논의가 갖는 독일 역사 속 중요성에 대해서는 누구도 쉽게 부정하지 못한다.

---

10) Geoff Eley, David Blackbourn, *The Peculiarities of German History. Bourgois Society and Politics in Nineteenth-Century Germany*, Oxford/New York, 1984. 이 책의 독일어본은 우리말로 번역되어 있지만, 이후 두 사람은 자신의 논리를 대폭 보강시킨 새로운 영문판을 출간한다. 데이비드 블랙번, 제프 엘리, 독일 역사학의 신화 깨뜨리기, 푸른역사 2007). 일라이와 블랙번은 19세기 중반 이후 지속된 근대적 자본주의와 그 파괴성이 갖는 연속성을 강조했다. 나치에의 복속에 대해서도 벨러가 위로부터의 조작을 강조했다면, 일라이와 블랙번은 아래로부터의 포퓰리스트적 동원을 강조했다. 이 두 영국인 독일사가는 19세기부터 이어져 내려온 독일만의 특별한 길을 이런 방식으로 부정하면서, 1차 세계대전과 1920년대 초의 인플레이션, 1929년 이후의 세계경제공항 등을 파시즘의 원인으로 지목했다. 이들은 제국시대 시민계급의 봉건화가 그들이 제 역할을 하지 못하도록 했다는 견해에도 반대한다. 시민계급은 오히려 자신들의 이해를 충분히 관철시킬 수 있었다는 것이며, 나치즘의 원인이 시민혁명의 부재라는 독일의 특별함에 있는 것이 아니라, 근대적 자본주의 사회의 위기에 대한 취약성에 있다는 보다 일반론적 입장에서 이들은 접근한다. G. Eley, "What produces Fascism: Preindustrial Traditions or a crisis of a Capitalist State", *Politics and Society*, 12,1, 1983, pp. 53~82.

오늘날도 여전히 누군가가 독일의 Sonderweg을 설득하고자 한다면, 그는 전문역사학적으로 이미 지나간 이론을 들고 나오는 것이며, 정치적으로 도덕적 역사서술에 붙박혀 있는 것으로 취급되며, 독일사를 나치즘의 역사의 전사와 후사로 보고자 하는 것으로 지목된다. 그럼에도 분석적으로, 구조적으로 역사를 보고자 한다면 그 누구도 이를 그냥 지나치지 못한다. 독일의 역사발전은 홀로코스트로 귀결되며, 20세기 독일사의 모든 서술은 그것이 어떻게 왔는가의 문제를 설명해야만 한다.[11]

서유럽과 비교했을 때에만 독일이 상대적으로 시민계급이 약했고 후진적이었다는 경험적 연구가 곧 Sonderweg 이론의 설득력 상실을 의미하는 것은 아니다. 궁극적으로 Sonderweg 테제는 나치의 집권, 홀로코스트 등 독일이 일으킨 대 참사에 대한 역사적 설명과 연관되어 있으며, 독일 민족사에서 1933년 이전의 역사와 1945년 이후의 역사가 서로 조응하지 못하는 것에 대한 설명이 필요하였다. 즉 빌헬름 제국과 바이마르 역사를 비판적으로 보면서, 이들에서 나치 독재의 전조를 발견해 낼 단초를 끌어내고자 하였으며, 이를 통해 1945년 이후 시기와 분명하게 단절하고자 하는 것 뿐 아니라, 독일 국민국가가 갖는 정치문화 전체에 대한 총체적 문제 제기였다. 이 과정에서 서독 사회의 근대화에 기반한 새로운 자기이해가 Sonderweg 테제에서 중심된 의미를 갖게 된다. 즉 연방공화국의 '서구'적 자기이해를 바탕으로 한 아데나워(Adenauer)와 에어하르트(Erhard)를 거쳐, 보다 자유롭고 보다 사회적인 시대로 넘어가게 되는 정당성의 확보가 그것이었다.

---

11) Ariane Leendertz, "Zeitbögen, Neoliberalismus und das Ende des Westens, oder: Wie kann man die deutsche Geschichte des 20. Jahrhunderts schreiben?", *Vierteljahrshefte f. Zeitgeschichte*, 65, 2017, p. 196.

3. 통사적 서술 속 독일의 〈특별한 길〉 테제의 해소 방식

1) 벨러(H.-U. Wehler)의 〈독일 전체사회사〉

1987년부터 20년에 걸쳐 총 다섯권으로 구성된 거의 5,000쪽에 달하는 벨러의 〈독일 전체사회사〉(Deutsche Gesellschaftgeschichte)는 자신이 1970년대 이후 이론적 기반을 제시해온 '역사적 사회과학'(Historische Sozialwissenschaft)의 실천이라는 의미를 갖는다. 1789년부터 1990년까지를 모두 다섯 시기로 나누고, 각 시기마다 먼저 인구상의 변화를 추적한 후 경제적 발전, 사회적 불평등, 정치적 지배, 문화 등 네 분야로 구분해 '구조적 조건과 발전과정'(Strukturbedingungen und Entwicklungsprozesse)에 입각해 서술하고 있다. 위대한 정치가와 국가적 행위, 국제적 협약이 아닌, 한 사회의 내적 발전과정을 서술의 전면에 내세움으로서, 독일적 근대화의 길에 대한 구상을 자본주의와 계급사회, 국가형성의 과정 속에서 체계적으로 분석하고자 시도했다. 전쟁기나 전후와 같은 특정 시기를 제외하면 이 서술구조는 다섯 권 전체에 동일하게 적용되고 있다. 이처럼 시간과 공간을 종횡으로 분석하는 그의 시도의 중심에는 경제적 근대화의 성공과 구 엘리트 계층의 수구적, 반근대적 지배/권력유지 사이에 드러나는 갈등을 배치한다.[12]

통사를 시작하기에 앞서 작업 의도를 밝히는 서문에서 그는 자신의 서술 중심에 국가나 헌법, 정치나 행정 등이 있지 않을 것이며, "근대

---

[12] 벨러의 책 전권에 대한 총체적 비평은 John Breuilly, "Wehler's 〈Deutsche Gesellschaftsgeschichte〉 Project", *Neue Politische Literatur* 55, 2010, pp. 197~212; Patrick Bahners, "Hans-Ulrich Wehlers 〈Deutsche Gesellschaftsgeschichte〉 im Spiegel der Kritik", Patrick Bahners (ed.), *Bundesrepublik und DDR*, München, 2009, pp. 24~60 참조.

독일사에서의 경제, 통치, 문화 사이에서 사회를 구성하는 상호영향력을 중심에 둔", '전체사회'(Gesamtgesellschaft) 서술을 목표로 진행할 것임을 밝힌다.[13) Sonderweg과 관련해 그는 다음과 같이 문제를 제기한다.

> 서구 사회가 밟았던 근대화의 길로부터 심각하게 이탈한다는 의미에서 의 〈독일의 Sonderweg〉은 1871년부터 시작되었는가, 아니면 이미 어느 정도 과거부터 있던 길이 그저 계속 진행되었던 것인가? 아니면 그런 〈특별한 길〉은 1871년 전에도 없었고 그 후에도 없었는가?[14)

그리고 벨러는 Sonderweg으로 이끌었던 힘에 대하여 다음과 같이 해명한다.

> 독일 Sonderweg에서 결정적이었던 것은 최종적으로 정치적 지배체제와 이를 이끌었던 사회적 역학관계였다. 그들이 힘을 합쳐 1945년까지 독일사의 왜곡을 가능하게 만들었던 바로 그 치명적인, 돌이킬 수 없는 장애를 만들었다. 빌헬름 제국이 독일을 Sonderweg으로 이끌었는데, 왜냐하면 제국의 정치, 사회적 지배구조가, 막스 베버의 말을 인용하자면, '국민 대중을 국가의 동반자로서 통합시키지 못하고, 가짜 의회주의를 동반한 관료주의적 관치국가 속에 억압하였고, 이들을 마치 가축무리처럼 관리하는 것'을 가능토록 만들었기 때문이다.[15)

---

13) H.-U. Wehler, *Deutsche Gesellschaftsgeschichte*, Bd. 1, p. 6. 'Gesellschaftsgeschichte' 는 'social history'(Sozialgeschichte)와 마찬가지로 '사회사'로 번역될 수 있으나, 프랑스의 아날학파가 추구하는 'total history'와 유사하게, 한 사회가 갖는 구조적 측면을 중심에 두면서 구조적으로 접근한다는 의미에서 본 글에서는 '전체사회사'로 표기하였다. 벨러가 이를 전체사로 표현하지 않고 'Gesellschaftsgeschichte'로 표현한 이유는 대상이 갖고 있는 다양한 차원들 중에서 특히 사회구조, 사회적 불평등, 계급관계 등 '사회적인 것들'을 자신의 서술의 중심을 두었기 때문이다. 벨러는 이러한 요소들을 근대화의 주된 척도로 상정했다.

14) H.-U. Wehler, *Deutsche Gesellschaftsgeschichte*, Bd. 3, p. 461.

15) H.-U. Wehler, *Ibid*, p. 1295.

그는 오늘날 독일사에서의 연속성과 단절을 논의할 때 그 소실점 (Fluchtpunkt)역할을 하는 것이 지금까지는 1933년이었으나, 이것만으로 나치즘과 홀로코스트와 독일 역사의 연속성이 모두 설명되지 않으며, 바이마르 공화국과 서독이 출발할 수 있었던 조건들에 대한 연구가 필요하다고 한다.[16] 그래서 그는 3권의 마지막을 종결지으며, 제국 사회 내에 존재하던 특히 다른 유럽들에서도 있었지만, 특별히 더 심했던 세가지 사회적 갈등요인으로서 1) 세속화하는 국가와 근본주의적 성격을 갖는 카톨릭의 갈등, 그리고 이에 〈문화투쟁〉으로 맞서려고 했던 국가. 2) 강화되는 계급 갈등과 사회주의자들의 발흥에 대한 비자유주의적 예외입법을 통한 국가적 억압. 3) 점점 심화되어가는 근대적 〈반유대주의〉를 들었다. 이 세 요소가 새롭게 통일된 국가에 파괴적 영향력을 미쳤고, 다른 서유럽 국가들에서는 이러한 갈등에 대해 보다 강한 자유주의적 방어세력과 전통이 존재했음에 비해, 독일에서는 이를 조정할 의회주의도 정치적 자유주의도 없었다는 차이점을 강조한다. 궁극적으로 이러한 독일만의 Sonderweg이 1945년까지 독일사의 지속적 왜곡을 가능케 만들었다는 것이다.

Sonderweg 테제와 관련해 지금까지 빙클러와 코카는 주로 나치 집권이 갖는 연속성의 문제에 그 중심을 두고 진행해 왔다면, 벨러는 근대화 문제를 중심에 두고 논의를 진행시킨다. 역사 속에서 산업화와 민주화는 일반적으로 유럽의 선진 산업국가에서 함께 가는 현상이 아니었다. 다른 국가들이 산업혁명과 국민국가 수립이 시간적으로 간격을 두고 일어났음에 비해 독일은 일정 시간 안에서 동시에 진행되었기에 근대화의 특별한 조건들을 형성하게 되었다. 산업 근대화가 권위주의

---

[16] H.-U. Wehler, *Ibid*, p. 467.

적 정치구조와 아무 문제없이 결합했다. 그에 따르면, 독일 근대화의 길에서 '특별한 조건들'(Sonderbedingungen)이 점점 더 분명하게 드러나기 시작하는 시기는 '19세기 중반 이후'라고 평가한다.[17]

독일 Sonderweg의 시작을 중세 후반이나 근대 초기까지 끌어올리는 플레스너(Helmuth Plessner)나 빙클러와 달리, 벨러는 빌헬름 제국의 성립 시기를 그 결정적 시기로 본다. 그 중심에는 제국의 관헌국가 체제와 프로이센 귀족을 중심으로 한 엘리뜨층, 자신들의 주체적 권한을 제대로 행사하지 못한 시민사회가 급속히 근대화되고 있는 경제구조와 동거하고 있었다. 이는 1848 때도 그랬고, 독일 통일 후에도 그랬고, 히틀러 집권 이후에도 그랬다. 즉 자본주의적 산업화가 결코 민주화와 자동적으로 연결되는 것이 아니며, 정치적 민주화는 더 많은 노력을 갖고 싸워서 획득해야만 하는 성격의 것이다. 그 과정에서 자유주의 세력과 민주주의 세력이 중요한 역할을 하게 된다. 다만 여기서 벨러가 문제삼는 것은 그런 근대화의 기간이 다른 유럽 국가들에 비해 압도적으로 짧았다는 것이다.[18] 그럼에도 벨러의 입장은 (빙클러와 달리) 1914년까지도 독일은 명확하게 서구세계에 속했고, 1945 이후 다시금 서구 문화권으로 되돌아 왔다는 입장이다.[19]

벨러는 20세기 전체를 볼 때 모든 비극의 발화점은 1차 세계대전이었고, 국가 체제가 갖고 있던 모든 상충하는 특성들이 갖는 연속성이 전쟁을 통해 끊어졌음을 지적한다.[20] "1918년 가을에 있었던 혁명은 최초의 총력전과 피할 길 없는 패전을 통한 무자비한 붕괴에 대한 하나

---

[17] H.-U. Wehler, *Ibid,* p. 470.

[18] H.-U. Wehler, *Deutsche Gesellschaftsgeschichte* Bd. 2, p. 878.

[19] H.-U. Wehler, *Deutsche Gesellschaftsgeschichte* Bd. 5, pp. 424~425.

[20] H.-U. Wehler, *Deutsche Gesellschaftsgeschichte* Bd. 4, p. 990.

의 반작용으로 나타난 것만이 아니다. 혁명의 그보다 더 큰 의미는 근대 독일 전체사회사의 대단히 억압적 조건들 아래서 오랫동안 지속돼 왔던 문제들의 막혔던 댐이 무너진 결과였다"는 것이다.[21] 그렇다면 독일사에서 나치즘을 19세기부터의 연속성을 통해 설명하고자 했던 의도는 어찌되는가? 그는 이러한 단절에도 불구하고 근대화를 포함한 독일의 역사적 과정 전체에서 단절보다는 연속성에 더 많은 강조가 주어져야 함을 지적한다.[22] 나치 정권에 의해서도 이러한 근대화는 더 가속화되었지 끊어지지 않았다는 것이다. 즉 문제는 독일사의 '비근대성'이 아니라 '반근대성'에 있었음을 강조한다. '장기 19세기'와 '단기 20세기'로 구분해 내는 것은 그 시대가 갖고 있는 연속성을 간과하는 것이라는 입장이다.[23] 그처럼 급격한 독일의 첫 민주공화국의 몰락이 단지 1차 세계대전에서의 패배와 베르사이유, 세계 경제위기 등으로만 설명될 수는 없으며, 또한 서독의 성공사 이전에 진행되었던 나치즘이라는 것을 그저 불규칙한 장애물로 뛰어넘을 것이 아니라 비판적 분석을 통해 역사적 이해로 다가가야만 한다고 주장한다. 그는 민족사회주의(Nationalsozialismus) 이데올로기를 지금까지 없던 새로운 이념의 종합이라고 보지 않고 일차적으로 오랫동안 깊이 뿌리내려온 민족주의가 절제없이 확장된 결과로 본다는 의미에서 이념과 운동의 불연속성이나 새로움보다는 연속성을 강조하고 있다.[24] 정치적 우파들에게서 이어져 내려온 연속성의 핵심에는 반맑스주의, 반유대주의, 반자유주의, 반민주주의적 혐오가 있으며, 이들이 히틀러라는 '지도자'의 영도 아래

---

21) H.-U. Wehler, *Ibid*, p. 223.
22) H.-U. Wehler, *Ibid*, p. 991.
23) H.-U. Wehler, *Ibid*, p. 225.
24) H.-U. Wehler, *Ibid*, p. 550.

급진민족주의와 결합했다고 본다. 비스마르크의 성공적 외치와 내치
는 국민들에게 깊은 숭배의식을 남겼고, 1차 세계대전 패배의 위기 속
에서 게르만 민족의 부활과 새로운 메시아의 도래를 갈망하게 만들었
으며, 이러한 과도한 감정적 갈망이 히틀러의 강력한 카리스마와 결합
했다는 것이다. 그래서 히틀러의 지배 속에는 대중들의 근대에 대한
저항, 멸망의 끝까지 따르고자 했던 지도자에 대한 갈망과 같은 모든
독일의 파괴적 경향들이 한데 묶여 있다는 해석으로 그는 독일사회가
급진적 파시즘으로 귀결되고 히틀러를 반민주주의 엘리뜨가 권력을
쥐도록 밀어주게 된 배경을 설명한다.[25]

　1945년에서 1990년 사이의 독일사를 벨러는 하나의 역사로 보지 않
으며, 그래서 이 두 국가를 엄격히 분리해 서술하고 있다. 그는 서독을
미국의 간섭으로부터 자유로운 독립적 정치 체제로 파악함에 비해, 동
독은 영토의 일부가 외부세력에 의해 막강한 영향 아래 놓였던 암흑의
역사로 파악하고자 한다. 비록 서독에서는 정치 체제 면에서 바이마르
시대의 민주주의 체제를 잇고자 했고 인적 연속성도 있었음에 비해, 동
독은 소련의 사실상의 꼭두각시 정권으로 존재했으며, 그래서 소련의
일개 '관할구'(Satrapie)로 전락했다는 것이다.[26]

　벨러의 통일에 대한 평가 또한 냉정하다. 1989년의 통일이 민족적 희
열을 동반하지도 않았고, 유럽 내 국가들 안에 새롭게 부풀린 민족주의
를 풀어놓는 계기가 된 것도 아니라면서, "1989/90년의 '전환'이 소위 말
하는 독일 국민국가의 정상성으로의 회귀를 환영하는 어떤 징조도 없
다"고 쓰고 있다.[27]

---

25) H.-U. Wehler, *Ibid*, p. 937, p. 225, pp. 589~591.

26) H.-U. Wehler, *Deutsche Gesellschaftsgeschichte* Bd. 5, Vorwort.

27) H.-U. Wehler, *Deutsche Gesellschaftsgeschichte* Bd. 4, p. 990.

1949년에서 통일까지를 다룬 다섯째 권에서 벨러는 여전히 Sonderweg 이론의 유효성을 인정하지만, 간접화법을 구사하면서 완화된 자신의 입장을 분명하게 드러낸다. 무엇보다 '특별한 길'이라는 표현을 '특별한 조건들'(Sonderbedingungen)로 표현함으로써(본인은 그렇지 않다고 부인하지만), 표현이 완화되었다.

> 역사적 진행에 깊이 뿌리박힌 경제적 진보성과 정치적 후진성 간의 긴장관계가—이는 근대화 이론의 결정적 사고틀이다— 치명적인 특별한 조건들로 이끌었는데, 이 조건들이 독일을 서구 공업국가와 문화국가들에서 유일하게 나치즘의 등장과 지배가 가능하게 만들었다는 것이다. … 독재와 전쟁이라는 삶의 역사에서의 인상과 명확한 대비를 만들어내기 위해 서구적 발전의 길은 미화되었다. … 전쟁 종식 40년이 지나면서야 비로소 이 해석의 설득력이 줄어들기 시작했으며, 역사 발전의 새로운 비교사적 분석이 자리를 잡기 시작했다. 하지만 패러다임의 전환에 대한 이러한 옹호에도 불구하고 실제적 귀결에 있어서는 1933년과 그것이 만들어 낸 결과를 가능하게 했던 독일의 특별한 조건들이 갖는 무게가 여전히 영향력을 발휘하고 있다.[28]

실제로 그는 자신의 여러 지난 생각들을 수정했다. 가장 분명하게 변경된 것은 그가 더 이상 빌헬름 제국 시기를 부르주아의 봉건화로 설명하지 않고 있다는 점이다. 그럼에도 불구하고 그의 마지막 5권의 에필로그를 보면 핵심에서 여전히 자신의 주장을 유지하고 있음을 발견하게 된다. 독일근대사를 정치, 사회적 전개를 긴 시각에서 본다면, 그리고 다른 유럽국가들의 발전과 비교해 본다면, 일련의 특별한 조건들의 앙상블이 분명하게 드러나며, 그래서 독일의 근대화로의 길이 단지 수많은 다른 유럽 근대화의 길들 가운데 하나였을 뿐으로 상대화하

---

28) H.-U. Wehler, *Deutsche Gesellschaftsgeschichte* Bd. 5, p. 284.

기는 대단히 힘들다는 것이다. 오히려 지금까지의 그런 비교작업을 통해 이 특별한 조건들의 힘을 확인할 수 있다는 주장이다. 즉, 숨가쁜 정권 교체, 비스마르크의 수상독재 이후 널리 확산되었던 카리스마적 지배에 대한 기대, 계몽에 대한 불신, 동부 유럽 귀족계급의 급격한 파멸, 교양시민층, 공무원, 봉급생활자, 산업노동자, 농민 계층에서의 급격한 변화, 나치 인종국가 등, 이 모든 것들이 각기 제한적 조건들을 구성하면서 독일사의 그 특별함을 심각하게 부정할 수 없도록 만들었다는 것이다. 그리고 서독은 1949년 이후 이 모든 전통적 조건들에 대한 분명한 거부를 표명했고, 그것이 서독 부흥의 전제였으며, 서독의 놀라운 성공사를 더욱 더 돋보이게 만들게 된다. 그런 의미에서 서독은 1949년 이후, 동독은 1989년 이후 서구 세계로 되돌아 온 것이다.[29]

2) 빙클러(H. A. Winkler)의 〈서구를 향한 긴 여정〉

"그 논란의 〈독일의 특별한 길〉, 이는 과연 있었는가, 없었는가? 이 문제에 대해 오랫동안 독일 지식인들은 그것이 존재함을 인정해 왔다; 처음에는 1945년의 파국까지, 독일만의 특별한 소명이라는 의미에서, 그 후로는 독일의 서구로부터의 정치적 이탈에 대한 비판의 의미에서. 오늘날 학문의 세계에서는 대체적으로 부정적 답변들이 우세하다. 즉 지배적 의견에 따르면 독일이 큰 서구 국가들과 비교해 〈독일의 특별한 길〉을 얘기할 만큼 그리 큰 차이도 없을 뿐 아니라, 어차피 이 세상에 어떤 나라도 〈정상적 길〉을 간 국가는 없다는 것이다."[30]

빙클러는 Sonderweg 문제가 〈서구를 향한 긴 여정〉의 기본 모티브

---

[29] H.-U. Wehler, *Deutsche Gesellschaftsgeschichte* Bd. 5, p. 437.
[30] H. A. Winkler, *Der lange Weg nach Westen* Bd. 1, p. 1.

이며 이의 존재를 설명해 내는 작업이 이 역사서의 중심임을 자신의 책의 첫 문구에서부터 분명히 드러내며 시작한다. 즉 그는 Sonderweg 테제를 실마리로 삼으면서 자유와 민족이라는 두 대상과 이들 간의 상호관계에 집중하면서 독일 민족사 내지 독일 정치사를 구상하고 있다. 벨러가 정치적 전환점을 제시하고, 이를 중심으로 정치적 연속성과 단절에 중심을 두고 서술함에 비해, 빙클러는 전통적 통사 서술방식에 입각해 정치사, 정치문화, 민족적 정체성을 두고 벌어지는 논의들에 집중했다. 그러면서 그는 현재 진행 중인 벨러의 통사 출간을 의식한 듯, "나는 전체사(Totalgeschichte)가 아니라 문제사(Problemgeschichte)를 제시한다"고 적는다. 즉 벨러의 사회과학적 역사서술 방식과는 분명한 거리를 두면서 국민국가가 중심이 되는 정치사로서의 역사서술을 시도하겠다는 예고이다.

그에게서 19, 20세기 독일 역사를 규정했던 Sonderweg은 이미 중세 신성로마제국에서 시작된다. 즉 영국이나 프랑스 같은 서유럽 국가들이 일찍부터 국민국가(Nationalstaat)를 수립했음에 반해 독일은 늦었고, 이후 민주주의를 세우는데도 늦게 된다. Sonderweg과 연관해 책의 중심을 이루는 또 다른 주제는 제국(Reich)이다. 즉 영국이나 프랑스와 달리 독일인들이 얼마나 제국에 목말라하고 제국을 신화화했으며, 제국적 사고야말로 신성로마제국부터 수백 년 동안 독일을 영국이나 프랑스와 다르도록 만든 장본개념이라는 것이다. 궁극적으로 제국의 사고가 히틀러의 천년왕국이라는 급진적 민족주의와 결합해 대파국으로 이끈 원인이었다면서, 오직 이러한 독일적 신화로부터 벗어나, 서구라는 세속화된 근대와의 결합만이 분명하게 과거와 단절하고 나치즘의 구속으로부터 해방되는 길이었다고 해석한다. 그래서 그는 자신의 본문을 시작하면서 작고한 역사가 니퍼다이(Thomas Nipperdey)의 세권으로 구성된 〈독일사〉의 첫 문장을 패러디해 "시작에는 제국이 있었다"
라고 시작한다.[31]

빙클러에 따르면, 이미 신성로마제국부터 독일은 서구의 다른 국가
들에 비해 특별한 길이라고 할 수 있는 이중의 뒤쳐짐이 있었던 바, 국
민국가와 민주주의, 이 근대적 형성물의 뒤늦은 형성이 그것이었다고
본다. 이 둘을 만회코자 하는 첫 시도면서 통일과 자유를 동시에 쟁취
하고자 했던 1848년 혁명은 실패로 끝났고, 우선 비스마르크에 의한 근
대적 국민국가 수립으로 통일문제가 해결되면서 독일의 정치의식은
권위적 관치주의로 변형되었음을 지적한다. 빌헬름 제국은 자유의 문
제에 있어서는 여전히 군부와 소수 엘리뜨에 의해 지배되는 절대주의
국가였으며, 의회민주주의라는 형태는 그래서 1차 세계대전이 끝나고
나서야 어렵게 시작될 수 있었다. 독일은 여전히 비민주주의적인 군부
와 대토지 귀족, 관료들로 구성된 엘리뜨들에 의해 지배되고 있었고,
이들을 통해 권위주의적이고 반민주적인 사고와 심성이 확산되고 있
었다.

하지만 그는 1848혁명이 실패했다는 일반적 해석에 반대하면서, 비
록 자유와 통일이라는 두 목표를 획득함에 실패하기는 했지만, 정치적
으로건 영토상으로건 독일이 무엇이라는 것이 확실하게 되었고, 무엇

---

[31] "Im Anfang war das Reich." H. A. Winkler, *Ibid*, p. 5. 잘 알려져 있다시피 Nipperdey
는 자신의 〈독일사〉 통사에서 그 첫 문장을 "시작에 나폴레옹이 있었다"로 작성해
독일 민족주의의 외부로부터의 자극에 따른 각성을 자신의 논의의 출발점으로 삼
았다. 이후 이를 패러디해 자신들 책의 첫 문장을 벨러는 "시작에 혁명은 없었다",
빙클러는 "시작에 제국이 있었다"고 표현함으로서 자신들의 통사 서술에서의 독
일 근대사의 출발점을 각기 다른 시각에서 경쟁적으로 드러내고 있다. 이런 표현
을 가장 먼저 쓴 역사가는 A. Baring으로 알려져 있다. 그는 1969년 서독 역사를
서술하면서 "시작에 아데나워가 있었다"고 첫 문장을 작성한 바 있다. Thomas
Nipperdey, *Deutsche Geschichte 1800~1866. Bürgerwelt und starker Staat*, München,
1983; Arnulf Baring, *Aussenpolitik in Adenauers Kanzlerdemokratie*, München, 1969.

보다 프로이센의 헌법제정을 통해 더 이상 절대주의 국가로 불릴 수 없음은 큰 변화였다고 판단한다.[32] 이후 이어지는 '반동의 시대'에 산업혁명은 그 승리의 도정을 걷게되며, 은행, 공장, 광산, 철도산업 등등에서 폭발적 성장을 경험하게 된다. 자본주의 정신은 더욱 더 확산된다. 이러한 경제적 부흥의 다른 한편에는 혁명으로부터의 실패에서 오는 정치적 억압과 정신적 위축이라는 상반되는 상이 있었고, 이러한 독일의 양가적 심성은 1차 세계 대전의 파국을 겪고 새로운 공화국이 들어섰지만 중단 없이 지속되게 된다는 해석이다.[33]

　벨러와 마찬가지로 빙클러도 또한 "어째서 히틀러 지배가 발생했는가?"가 독일 19/20세기 역사에서 여전히 가장 중요한 문제라고 본다. 빌헬름 제국의 근본모순은 한편으로는 경제적 근대화와 문화적 근대화 간의 대립에 있었고, 다른 한편으로는 정치체제의 후진성에 있었다. 그런 면에서 1918년 11월 혁명에 이르러 변혁을 이루기는 했지만, 진정한 사회적 단절을 이뤄내지 못했고, 혁명은 처음부터 한계에 부딪힐 수밖에 없었다. 그 점에서 그는 바이마르 공화국의 시작부터 있었던 이어져 내려오는 세력들의 존재를 지적한다. 대토지 소유주와 서부지역의 중공업 엘리뜨들의 연속성, 군과 관료, 법 체제 내에서의 엘리뜨의 연속성, 교양시민계급 내에서의 가부장 국가적 유산들, 1차 세계대전에 대한 청산의 부재. 즉 바이마르 공화국 헌법은 새롭게 시작하고자 했으나, 체제는 지난 망해버린 제국 체제와 깊게 연결되어 있었다.[34] 결국 이들이 민주주의를 흔들고 히틀러에게 권력을 갖다 바치게 된다.

　바이마르의 마지막 시간까지 권력 엘리뜨들은 결국 전산업화시대의

[32] H. A. Winkler, *Der lange Weg nach Westen* Bd. 1, pp. 128~130.

[33] H. A. Winkler, *Ibid*, p. 139.

[34] H. A. Winkler, *Der lange Weg nach Westen* Bd. 2, p. 642.

독일을 대표했던 이들이고, 1818/19년에 떨쳐버리지 못했던 세력들이었다. 민주주의라는 정치적 전통의 부재라는 면에서 바로 이러한 "서구로부터의 역사적으로 일탈"(historische Abweichung vom Westen)이 독일을 대파국으로 이끌었다는 것이다.[35] 빙클러는 이러한 공화국의 마지막 몰락 과정을 비교적 상세하게 서술하고 있다. 히틀러에게로의 정권 이양이 힌데부르크로서는 달리 어쩔 수 없는 선택이 아니었음에도 히틀러에게 이양된 것은 힌덴부르크를 둘러싼 권력의 중심부의 압력, 즉 엘베 이동의 대토지 소유주들이 비스마르크 하에서 권력을 획득한 결과였다. 그러면서 히틀러 집권에 책임있는 최종적 심급은 궁극적으로 19세기 자유문제의 역사적 후진성에 있다고 그는 보았다. "독일 정치 근대화의 비동시성: 빨랐던 선거법의 민주화와 정부 시스템의 뒤늦은 민주화. 히틀러는 1930년 이후 이 모순을 최대한 악용했고, 이를 통해 자신의 성공의 기반을 닦을 수 있었다"고 히틀러 성공의 원인을 지목한다.[36]

히틀러의 집권으로 비스마르크로부터 시작된 제국의 전통은 끝나고, 새로운 1000년 왕국의 꿈이 시작되었으며, 중세 이후 이어져 내려온 제국이라는 신화로부터의 궁극적인 극복은 1945년 이후에야 비로소 실현되었다. 빙클러는 바로 이 버리지 못했던 제국을 향한 길이 Sonderweg 이었다고 쓴다.[37] 즉, 1933년 히틀러의 집권을 1918년의 불완전했던 공화국의 시작뿐 아니라 1848년 혁명의 실패와 비스마르크의 '위로부터의 혁명'과 연결시킴으로서 마지막까지 권력요소로 작용했던 구 엘리뜨 계층의 잔존이라는, 즉 서구의 민주화 방식과는 근본적으로 달랐던, 독일만의 Sonderweg이 히틀러를 불러왔다는 설명이다.

---

35) H. A. Winkler, *Ibid*, p. 649.

36) H. A. Winker, *Der lange Weg nach Westen* Bd. 1, p. 550.

37) H. A. Winker, *Der lange Weg nach Westen* Bd. 2, p. 648.

빙클러에 따르면, 비록 1945년 독일의 반서구적 Sonderweg은 끝이
나지만, Sonderweg 자체는 계속 이어진다. 즉, 동독은 당이 전적으로 주도
하는 '국제주의적' Sonderweg을, 서독은 '탈민족적'(postnational) Sonderweg
을 걷게 된다. 어떻게 1945년 이후 서독은 그처럼 관헌국가적이고 집단
적이며, 반자유주의, 반유대주의적으로 침윤된 사회에서 갑자기 자유
로운 시민들의 개인주의적이고 자유로우며, 다원적 사회로 바뀔 수 있
었을까? 나토와의 결합, 유럽국가들과의 결합, 정치적 엘리뜨들의 사고
전환 등을 이끈 모든 것들을 그는 '서구와의 결합'(Westbindung), '서구
화'(Westernisierung), 미국화(Amerikanisierung) 등의 개념으로 표현한다.
지금까지 독일이 근대화의 정상적 척도를 제공하는 서구적 모델과 달
랐다면, 20세기 후반기부터는 다른 서구 공업국가와 유사한 방식으로
진행되고 있음을 강조하는 시각이다. 구체적으로 이러한 진행은 1950
년대의 보수적 아데나워 시대가 아니라, 1960/70년대 이루어졌다고 본
다. 빙클러의 이러한 서구적 발전에의 강조는 근본적으로 Sonderweg
테제를 둘러싼 여러 논의들을 종식시키고자 하는 의도를 품고 있다.
동시에 빙클러가 자신의 책의 첫 문장에서 제기했던 질문에 대한 답으
로서의 Sonderweg에 대한 제한적 인정을 의미한다. "〈독일의 특별한
길〉이 있었다. 그것은 중세의 심연으로부터 근대에 이르는 긴 길이었
다. ··· 비스마르크 제국이 그랬고, 악마적이라고 부를 수 있는 방식의
제3 제국이 그랬다. 히틀러의 지배는 문화적으로 사회적으로 다양하게
연결되었던 서구의 정치적 이념들에 대한 독일의 거부의 정점이었다.
오직 이 공통의 것들을 배경으로 했을 때만 '독일의 특별한 길'을 얘기
할 수 있다"[38]는 것이다.

---

[38] H. A. Winker, *Ibid,* p. 648.

이렇게 세 번의 Sonderweg 경험 끝에 1989년 독일이 통일되면서 마침내 정상적 국민국가의 일원으로 진입하게 된다는 것이 그의 입장이다.[39]

> 통일은 과연 독일문제라는 한 세기에 걸친 문제의 해결이었다. 1990년 10월 3일 이후 독일이 어디에 위치해 있는지, 그 경계가 어디인지, 그 경계 안에 속한 것과 속하지 않은 것이 되돌릴 수 없이 명확해졌다. 1990년 10월 3일은 이미 1848년 이전의 자유주의자들과 민주주의자들이, 그리고 1848년 혁명가들이 제기했던 통일과 자유라는 이중의 요구가 해소된 날이다. 통일은 독일인에게 자유 속에 통일을 그것도 전 유럽의 자유 속에 가져다 주었다.[40]

EU 안에서 주권을 갖는 유럽적 정체성이란 민족적 정체성과 상충하며 형성되는 것이 아닌 그와 함께, 그를 통해 형성되는 것이라고 그는 자신의 책을 마무리한다. 그는 자신의 '서구'(Westen)가 어떤 개념인지에 대해 구체적으로 설명하지 않는다. 다만 반자유주의, 반유대주의, 반개인주의적 권위주의적 관치국가로부터 벗어난 국가, 즉 1989년 이후로는 유럽연합 및 북아메리카 국가들과의 정치적 결연, 민주적, 다원적 국가시민사회의 정치문화를 만들어낸 국가가 서구를 구성한 것으로 본다. 빙클러에게서 근대적 서구는 지리적 장소가 아니다. 그보다는 절대적인 인권, 법치, 권력의 분산, 국민주권, 대의 민주주의 등에 기반한 정치질서이며, 그런 면에서 일종의 규범적 위상을 갖는다.[41]

---

39) H. A. Winker, *Ibid*, p. 655.

40) H. A. Winkler, *Werte und Mächte. Eine Geschichte der westlichen Welt*, München, 2019, p. 620.

41) H. A. Winkler, *Ibid*, p. 15. H. A. Winkler, *Zerbricht der Westen? Über die gegenwärtige Krise in Europa und Amerika*, München, 2018.

3) 코카(J. Kocka): 〈긴 19세기: 노동, 민족, 시민사회〉

벨러나 빙클러보다는 학계의 주목을 덜 받았지만 코카 또한 Sonderweg 이론의 오랜 주창자 중 한명이다. 앞의 두 학자가 Sonderweg 테제에 대해 처음부터 나름의 분명한 논지를 갖고 주장해 오고 있다면 상대적으로 코카는, 특히 그의 후기 글들에서는 대부분, 자신의 입장을 분명히 밝히기 보다는 기존의 연구성과들을 정리하고 이를 바탕으로 양 극단을 조정하는 입장에 가까웠으며, 이론의 전개 보다는 Sonderweg의 의미를 나치즘 발흥의 원인과 연결시켜 설명하는 문제에 집중하거나, 국제적 비교연구를 통해 Sonderweg 개념을 상대화하는 작업을 진행시켜 왔다.[42] 그는 "Sonderweg 개념은 다른 서구 국가들은 유사한 조건에서도 그런 일이 발생하지 않았음에도, 왜 독일은 어떤 특정한 조건들 아래서 전체주의적이고 파시스트적 체제로 왜곡되어 갔는가, 라는 문제에 대한 논의와 연결시킬 때에만 의미를 갖는다"고 말한다.[43]

그는 뮌헨에서 열린 1984년의 한 콜로키움에서, "'독일의 특별한 길'이라는 테제에서 국제적 비교라는 검증을 통해 드러난 것은 그것이 거의 확인되지 않았다는 것이다"라면서 최종적으로 이 테제가 "아마도 전적으로 적절하지는 않은 듯하다"(vermutlich nicht allzu brauchbar)고 결론 내리기도 한다.[44] 그럼에도 그는 다른 한편에서는 그동안의 시민계

---

[42] J. Kocka, "Deutsche Geschichte vor Hitler: Zur Diskussion über den deutschen Sonderweg", J. Kocka, *Geschichte und Aufklärung*, Göttingen, 1989, pp. 101~113; J. Kocka, "Asymmetrical Historical Comparison: The Case of the German Sonderweg", *History and Theory* 38, no. 1 (1999): pp. 40~51.

[43] J. Kocka, "Nach dem Ende des Sonderwegs. Zur Tragfähigkeit eines Konzepts", Arndt Bauernkämper, Martin Sabrow u.a (ed), *Doppelte Zeitgeschichte*, Bonn, 1998, p. 373.

급에 대한 다른 서구국가들과의 비교연구를 통해, 예를 들면 부르주아 계급의 봉건화라던가, 시민성의 부족, 자유주의의 약세 등 과거 Sonderweg 테제의 주장은 더 이상 맞지 않는 것으로 드러났지만, "그러나 전체적으로 이 새로운 비교 시민계급연구는 Sonderweg 테제가 그 핵심에서 그 유효성을 유지하고 있다"고 서술한다.[45] 특히 나치 독재와 그것이 가져온 대규모의 파국적 결과가 독일을 Sonderweg의 나락으로 떨어뜨리기는 했지만, 동시에 이의 해소를 위한 전제조건을 만드는데 기여하기도 했다라는 점에서 의미가 있음을 강조해 왔다. 즉 당시에는 미처 의식하지 못했던, 혹은 반동적으로 인식되던 근대화가 갖는 위협과 파괴의 잠재성, 발전과 상실의 양가적 의미를 19세기 역사 속에서 밝혀내고자 한다. "공업화는 공업화에 대한 불안을 동반했으며, 도시화는 대도시에 대한 적대감을, 시민화는 반시민성을 동반했다. 3월 혁명 이전의 낭만주의자를 시작으로 부르크하르트와 니체를 거쳐 세기말의 들끓어 오르는 문화비판(Kulturkritik)까지, 그리고 1차 세계대전에 앞서 예술적 아방가르드의 대파국에 대한 예감까지, 회의와 불운의식, 근본주의적 비판의 심층적 조류가 고전적 근대의 전개와 함께 동행했다"고 지적한다. 즉 성찰적 근대가 오늘날의 산물만은 아니라는 것이다.[46]

코카의 〈장기 19세기: 노동, 민족, 시민사회〉에서는 무엇보다 20세기와의 단절적 성격을 강조함으로써 19세기 만의 독자성을 강조한다. 즉 19세기를 프랑스 혁명과 뒤이은 나폴레옹의 독일 정복에서 시작해 1차

---

[44] J. Kocka, "Bürger und Arbeiter. Brennpunkte und Ergebnisse der Diskussion", J. Kocka (ed.), *Arbeiter und Bürger im 19. Jahrhundert*, München, 1986, p. 335, 339. Sonderweg과 관련된 그의 콜로키움을 정리하는 코멘트는 pp. 335~339 참조.

[45] J. Kocka, "Deutsche Geschichte vor Hitler. Zur Diskussion über den 'deutschen Sonderweg'", J. Kocka, *Geschichte und Aufklärung*, Göttingen, 1989, p. 111.

[46] J. Kocka, *Das lange 19. Jh.*, p. 152.

세계대전으로 귀결되는 것으로 기획한 후(정치, 사회, 경제, 문화로 구분하는 대신), 공업화, 인구변화, 국민국가 수립, 시민계급의 네 카테고리로 나눠 이들간의 내적 연관성을 중심으로 19세기 통사에 접근한다.

그는 프랑스 혁명의 영향에서 시작해 빌헬름 제국, 1차 세계대전을 보다 유럽적 맥락 속에서 보고자 함으로써 18세기와 20세기 사이의 연결성을 강조하면서 동시에 목적론적, 결정론적 역사 귀결의 서술로부터 벗어나고자 시도한다.

19세기를 독일역사에서 하나의 독립된 시기로 봄은 곧 연속성보다는 단절에 더 큰 의미를 둠을 뜻한다. 그는 19세기가 갖는 의미를 1) 국민국가의 형성과 2) 근대화로 보면서 이 두 요소가 현대사, 즉 20세기의 전사로서 갖는 전체적 의미를 탐구한다. 그런 의미에서 그의 시대 구분은 사후적 정리의 의도를 강하게 갖는다. 19세기를 다시금 되돌아 보게 만들고 재평가 하게 만드는 계기는 20세기 후반이다. 근대성에 대한 자기 확신이 흔들리게 되면서 19세기 빌헬름 제국시기에 진행되었던 근대성과 진보에 대한 평가의 척도도 함께 흔들리게 되었고, 연쇄적으로 근대화 이론을 핵심으로 하고 있는 Sonderweg 테제도 함께 흔들리게 되었다는 것이다.[47] 그는 19세기를 유럽의 구체제에 속박된 시기로도, 이미 근대에 들어선 시기로도 보지 않고, 전통과 근대성이 상호 모순적으로 충돌하며 혼합된 시기로 파악한다. 구체적으로 어떻게 이들이 한데 섞여 있는가를 파악해 내는 것이 앞으로 19세기 연구의 과제라는 것이다.

이를 코카는 19세기를 파악하는 네 개의 기둥을 통해 드러내는데, 즉 1) 공업화가 18세기에는 전무했다면, 20세기에는 1, 2차 세계 대전을 통

---

[47] J. Kocka, *Ibid*, pp. 35~37.

해 단절과 함께 점진적 진전을 보였다는 점에서, 2) 인구의 증가와 이동 또한 1740년대 이후에야 천천히 상승하기 시작했고, 1차 세계대전 이후에는 급격히 감소되었다는 점에서 단절을 강조한다. 3) 국민국가의 수립에서 프랑스 혁명 이전에는 근대적 개념으로서의 국민국가라는 개념 자체가 없었으며, 1차 세계대전부터 국민국가가 심각한 위기에 빠져들기 시작했다는 점에서, 4) 시민계층 또한 18세기에는 약하고 영향력도 없었고 이제 막 개념자체가 만들어지는 시기였다면, 20세기는 1차 세계 대전 이후 시민계급이 1945년까지 급격히 몰락하는 시기로 특징지을 수 있음을 강조한다. 이런 요소들이 19세기 자체를 독일사에서 하나의 특별한 독립적 시기로 볼 수 있도록 만드는 것이며, 19세기를 1930/40년대 문명파괴를 설명하는 전사(前史)로서가 아닌 그 자체의 독립성을 통해 드러내는 근거라고 본다.[48]

이런 요소들을 종합해 볼 때, 독일만의 특별하고 고유한 점들이 있기는 하지만 유럽 전체라는 측면에서 비교해 본다면 적어도 1차 세계대전까지에서의 독일만의 Sonderweg적 발전이란 유럽적 발전의 다양한 변형들 중의 한 형식 정도로 취급할 수 있다고 결론짓는다.[49] 특히 1870년에서 1차 세계대전기까지가 그러했다. 다만, 이 문명이 내부적으로나 외부를 향한 야만화의 과정으로 진입하게 되는 데에(1차 세계대전 직전 시기부터 본다면) 채 20년이 걸리지 않았다는 점은 유럽의 공간 안에서 비교대상을 찾을 수 없을 만큼 극단적 특별함이었다는 것이다.[50]

도대체 독일사의 어떤 특성들이 독일을 파시즘의 먹잇감이 되도록 했는가? 그것과 19세기는 어떤 연속성으로 연결되어 있는가? 지체된

48) J. Kocka, *Ibid*, pp. 139~140.
49) J. Kocka, *Ibid*, p. 141, 147.
50) J. Kocka, *Ibid*, p. 147.

국민국가 형성, 위로부터의 관료주의적 개혁, 봉건적 엘리뜨층과 전통의 완강한 힘, 별스럽고 유약했던 시민층으로 구성된 사회, 의회화가 저지된 정부 시스템, 그리고 최종적으로 반다원주의적, 비자유주의적, 관헌국가적, 비시민적 문화 등을 지적한다.[51] 그의 19세기는 이러한 전통적으로 내려오는 해악적 결과들에 대한 연구이기도 하다. 이러한 요소들의 존재 혹은 그 강력함이 독일 역사에서의 특수성이었으며, 이것이 자유민주주의의 발전을 어렵게 만들고, 나치의 집권을 용이하게 만든 것들이라는 것이다.[52] 한편으로는 19세기를 독립적인 하나의 시대로 다루고자 하지만, 궁극적으로 독일이 20세기에 겪은 파국의 역사(히틀러 집권)를 준비하고 이에 기여한 역사라는 점에 그의 서술의 딜레머가 있다. 하지만 그의 논의의 초점은 이러한 사실들로 인해 나치가 승리했다기보다는 바이마르 민주주의가 약화되고 급기야는 붕괴되게 되었다는 인과성에 더 무게가 실려 있다.

빙클러가 독일의 Sonderweg이 1989/90년으로 종식되었다고 주장하는 바와 달리, 코카는 이미 서독 시대로 들어오면서 끝났다는 의견이다. 즉 독재와 전쟁, 그리고 2차 세계대전의 파국으로 끝난 것이 아니라, 냉전하 서구 점령세력에 의해 종식이 가능하게 되었고 이는 서구지향의 정치, 의회민주주의적 새 출발이 만들어낸 결실이며, 어느 정도의 시간 끝에 국민들 속에서 넓은 동의를 얻어낸, 그리고 의식적인 학습과정을 통해 이루어낸 결과라는 것이다. 즉 통일에 따른 Sonderweg의 해소가 아니라, 통일까지도 독일이 Sonderweg으로부터 벗어나왔음을 증명하는 사건이라고 그는 해석한다.[53]

---

51) J. Kocka, *Ibid*, p. 33.

52) J. Kocka, "Looking back on the Sonderweg", *Central European History*, Vol. 51, 2018, N. I, pp. 137~142.

4) 헤르베르트(U. Herbert): 〈20세기 독일사〉

헤르베르트의 독일사에서는 선배 세대의 역사와 달리 정치사나 정체성 형성 문제의 축소, 독일사의 유럽의 역사와의 결합 등에 큰 강조를 둔다. 하지만 그 또한 기본적으로 국민국가적 시각에 기반한 정치사다. 나치 전문가답게 상당한 분량을 나치즘 서술에 할양하고 있지만, 사회사적 발전에 집중한다. 그는 윗세대와 달리, Sonderweg 테제를 본인의 서술에서 언급하지 않으면서 20세기 독일사를 쓸 수 있음을 보여주고자 시도하는듯하다. "나는 독일과 다른 나라와의 차이가 그렇게 크다는 것에 확신이 없다. 독일에서의 민주주의의 결핍? 완전히 맞는 말이다. 그러나 영국은 이 시기 처참한 계급사회였으며, 단지 소수의 사람들만이 선거에 참여할 수 있었다. 프랑스는 공화주의자와 반공화주의자로 깊은 분열에 빠져 있었다."[54]

그 대신 그가 설명하는 독일 사회의 남다른 특징은 속도에 있다. 자본주의적 산업화의 패턴에서 독일은 특별히 극단적으로 가속화된 변화를 겪었으며, 이것이 빌헬름 제국 후기의 극단화된 호전성을 설명해준다는 것이다 이것이 1차 세계대전을 겪으며 깊어졌고, 1918년 혁명과 바이마르의 극단화된 폭력으로 더욱 구조화되어 간다. 20세기의 가장 특징적인 발전을 "나치에 의해 각인되었던 사회로부터 점차 서구—자유주의적 사회로의 완만한 변화"임을 지적하면서, 나치 독재가 남긴 인간적, 심성적 유산들이 남긴 짐들과의 분명한 대조를 통해 20세기 후반기의 변화를 강조하고자 한다.[55] 그러면서 그는 20세기의 후반, 서독이

---

53) J. Kocka, "Nach dem Ende des Sonderwegs. Zur Tragfähigkeit eines Konzeptes?", Arndt Bauernkämper, Martin Sabrow u.a (ed), *Doppelte Zeitgeschichte*, p. 371.

54) U. Herbert, Ute Frevert 대화, *Die Zeit*, N. 20, 2014.05.08.

무엇보다 "나치에 의해 침윤되었던 사회에서 서구－자유주의적 사회로의 점진적 탈바꿈"을 지향했으며, 이러한 시도가 잘 들어맞은 성공사로서 독일사를 바라본다.[56]

헤르베르트의 20세기 독일사는 19세기 후반에서 시작한다. 코카가 19세기를 1914년까지로 서술함으로서 짧은 20세기를 예고했다면, 헤르베르트는 의식적으로 긴 20세기를 선택한 듯 하다. 1890년대부터 시작해야 1차 세계대전 발발이 갖는 심원한 변화의 동력을 감안할 수 있다는 것이 그의 생각이다.[57] 즉 그는 19세기 말 시민사회가 겪은 위기에 대한 급진적 대응으로서 1차 세계대전이 시작되었다고 보았고, 그런 의미에서 진정한 의미에서의 20세기는 1차 세계대전이 아니라 이미 19세기 말부터 시작된다는 것이다. 이어지는 자유 민주주의와 급진 민족주의, 볼셰비즘, 이 세 이념의 충돌이 20세기 대중운동의 뿌리였고 20세기를 지배했기 때문에, 이 뿌리가 근본적인 변화를 맞는 21세기로의 전환기까지 진행된 것을 감안한다면 짧은 20세기가 아니었다는 것이다.[58] 그래서 그는 Sonderweg이라는 한 가지 테제 대신에, 질문을 산업사회와 정치적 질서간의 관계, 독일 극단적 민족주의의 등장과 쇠퇴, 근대적 문화와 대중문화, 폭력과 전쟁의 동력, 내부인과 외부인들간의

---

[55] U. Herbert, *Geschichte Deutschlands im 20. Jh.*, p. 16.

[56] U. Herbert, *Ibid*, p. 16.

[57] U. Herbert, *Ibid*, p. 13.

[58] U. Herbert, *Ibid*, pp. 172~173. 일라이는 헤르베르트의 저술이 그 시각의 넓이나 깊이에 있어 20세기의 역사를 일관성있게 보도록 만드는 엄청난 성과이며, 벨러나 빙클러의 저술들을 질적으로 능가한다고 평가한다. G. Eley, A German Century?, German History 35,1, 2017, p. 125. 만토이펠 또한 "현재 획득할 수 있는 최고의 종합적 서술"이라고 그의 〈독일 20세기사〉를 평가한다. Doering-Manteuffel, "Völkische Ideologie und Technische Moderne - Bemerkungen zu Herberts Geschichte des Nationalsozialismus vor dem Krieg", *Journal of Modern European History*, 14,1, 2016, p. 25.

관계, 유럽 산업사회들 간의 상호접근 등으로 분산시켜 서술하고 있다.

그의 20세기 독일 역사는 두 기둥으로 구성된다. 하나는 19세기 말부터 시작되는 '고도근대'(Hochmoderne)가 그것이고, 또 다른 하나는 1942년 그 정점에 다다랐던, 혹은 그 최저점에 다다랐다고 할 수 있는, 전적으로 독일 사회만의 특징인 체계적 유대인 멸종작업이 그것이다. 전자가 근대적 복지국가를 향한 승리의 길이었다면, 후자는 전쟁과 대파국을 의미한다. 1990년이면 끝나게 되는 이 약 90년 정도의 고도산업화기에 자유민주주의와 공산주의, 극단적 민족주의(나치즘)가 자라났고, 이들 세 이데올로기는 근대적 산업사회의 도전에 대해 각기 다른 답안을 내놓으면서 서로 얽혀 있다고 해석한다. 이러한 배경에서 독일의 1945년은 그의 20세기 역사서술에서 정상성으로 가는 중심축과 같은 기능을 한다.

그는 1933년 히틀러의 집권은 결코 근대로부터의 후퇴가 아니라 다른 근대로의 급진적 전환이었다고 본다.[59] 히틀러 집권의 전사(前史)는 바이마르를 넘어 19세기 후반까지 거슬러 올라가게 되는데, 급격한 공업화와, 심원한 변화들에 걸맞는 적절한 사회적 변화를 갈망하는 세력들이 있었고, 이들이 전통적 시민사회를 넘어 급진민족주의에 기반한 과격한 대안적 사회를 만들어 내고자 했다. 이들의 의도는 1차 세계대전을 통해 묻혀 버렸지만, 바이마르의 혼란을 거치면서 내전에 가까운 시가전을 이끌었고 지속적으로 사회를 불안전화 시키는 불쏘시게 역할을 했다는 해석이다. 다만 문제는 그래서 이들이 궁극적으로 가고자 하는 목표가 무엇인지를 스스로도 정확히 몰랐다는데 있다고 설명한다. 이 세력은 반동과 복고라는 전통적 카테고리로서는 이해할 수

---

[59] U. Herbert, *Geschichte Deutschlands im 20. Jh.* pp. 299~301.

없으며, 단지 바이마르라는 의회주의 체제 뿐 아니라, 법치국가적 조건
들, 자유주의적 자본주의와 이들의 정치 문화적 표현형식들과 근본적
으로 단절하고자 하는 운동이다. 그런 의미에서 이들의 전멸정책을 두
고 나치 지도자와 독일 국민간에는 일종의 공범관계가 만들어 졌으며,
이 관계는 모든 것이 파국으로 끝날 때까지도 해소되지 못했다.[60]

그처럼 굴곡지고 청산되지 못한 과거에 비한다면, 20세기 후반에는
어떻게 그렇게 평화로웠는가? 민주주의를 일종의 제도로서만 이해하
고 권위주의적 국가관을 가졌던 아데나워 정권이 비록 색깔도 없고 극
적이지도 못했지만, 민주주의를 배우는 과정에서의 일종의 성장단계로
해석할 수 있으며, 이러한 정당민주주의의 성공도, 이에 대한 국민적
동의도 모두 경제적 번영에 기인했다고 평가한다.[61] '고도근대'가 제기
하는 도전을 세기 전반기에는 과격하고 폭력적 형태의 대응을 통해 관
철시켰다면, 후반기에는 평화롭고 개인의 자유를 존중하는 질서관이
우위를 잡았기 때문이라는 것이다. 그에게서 1990년은 동서간의 갈등
이 끝나고, 디지털 시대가 시작된 시기이면서 동시에 '고도근대'가 수명
을 다한 변곡점이기도 하다.

4. 〈특별한 길〉 테제 평가

이들 네 역사가는 공통적으로 특정 이데올로기에 얽매이지 않고, 다

---

[60] U. Herbert, *Ibid*, p. 546.

[61] U. Herbert, *Ibid*, pp. 695~697; U. Herbert, "Liberalisierung als Lernprozess. Die Bundesrepublik in der deutschen Geschichte - eine Skizze", Ulrich Herbert (ed.), *Wandlungsprozesse in Westdeutschland. Belastung, Integration, Liberalisierung 1945~ 1980*, Göttingen, 2002, p.7.

양한 역사적 사건들과 특징적 계기들을 구조적 연관성 아래 연결시키는 방식으로 19, 20세기 독일 역사를 드러내고자 시도했다. 또한 공통적으로 역사 속에서 상호 충돌하는 모순적인 힘들을 끌어내 설명하고자 했으며, 이를 통해 궁극적으로 모두는 사회를 구성하는 힘을 민족사속에 통합시키고자 시도한다. 정치사 중심의 고전적 서술방식이 보여주는 최대한을 보여주었다고 평가할 수 있을 것이다. 공통적으로 이들이 서술을 통해 미래를 향한 새로운 시야를 열었다기보다는 연방공화국의 성공과 새로운 민주주의 제도, 경제적 부흥과 풍요 등에 초점을두었으며, 정치적 안정에 대한 자기긍정을 강조하였다. 이들 모두는 독일사의 전개를 유럽적 맥락보다는 독일 내 자체적 힘의 분출에 따른역사로 파악하고자 시도했으며, 패전 이후의 서독의 전개를 '성공한 민주주의', '근대화의 성공', 혹은 '서구로의 안착'이라는 성공사로 보고자했다는 공통점이 있다. 이는 1990년을 독일 민족사가 마침내 Sonderweg과 결별해 다다른 하나의 정점으로 보는 시각과 연결된다. 독일 발전의 길이 서구와 다른 길이었고, 서구적 근대화를 규범적 척도로 바라보았고, 서구 사회를 독일적 Sonderweg으로부터 벗어나기 위한 목표로삼아 왔다면, Sonderweg 테제의 끝을 '서구로의 안착'과 이어지도록 서술하는 것이야 말로 논리적 일관성을 갖지 않겠는가?

빙클러가 〈특별한 길〉의 종식을 강조하는 방법으로 제국과 국민국가 간의 엄격한 분리를 통해 더 이상 제국적 사고와의 무관함을 강조했다면, 벨러는 독일의 근대화 능력을 강조한 셈이다. 빙클러의 시각에서 1990년 전 독일의 국가적 존재는 비정상적 상태였고, 1990년의 통일은 곧 민주주의와 국민간의 일치를 의미하며, 그것이 곧 서구적 국가의완성이었다. 하지만 서구란 무엇인가? 이는 어떤 특정한 가치를 드러내는 메타포다.[62] 이런 점진적인 독일 '서구화'의 과정이 1989/90년의 통일을 통해 최고점에 도달했다라는 테제가 1990년대 중반 이후 서독의 현대사에서 지배적 해석틀로 관철되었다고 할 수 있다. 이는 서구를 역사의 정점으로 이상화하였다는 점에서 Sonderweg 테제의 해소를 의미하지만, 그 길이 1945년에 끝났건, 1989년에 끝났건 궁극적으로 서구 자유민주주의라는 프레임 안에 남게 된다는 것은 역사결정론적 텔로스(telos)로 귀결됨을 의미하는 것 아닌가? 결국 서구는 Sonderweg 테제의 현대사적 대체물이기도 하다.[63] 이처럼 그리고 그러한 논의에 머무르는 한에서는 여전히 독일 현대사는 (직접적으로건, 잠재적으로건) Sonderweg 테제의 자장 안에 머무름을 의미할 것이다.

하지만 근대화를 해방이나 자유, 민주주의와 동일하게 해석하는 벨러나 헤르베르트의 방식 또한 문제가 없는 것은 아니다. 말하자면 빙클러에게서 독일사를 해명하는 모델로서의 '서구'를 벨러나 헤르베르트는 '근대화'로 대체시켰을 뿐인 것으로 보인다. 그러할 때 이들은 근대화가 갖고 있는 부정적 측면들, 즉 바우만식으로 이야기하자면, 홀로코스트에서 도구화된 근대적 이데올로기, 사회 다윈주의, 인종과학 등등과 같은 근대가 갖고 있는 억압적 차원에 대한 설명을 모호하게 만든다.[64]

---

[62] 서구화의 개념과 시기에 대한 독일 내에서의 논의는 A. Doering-Manteuffel, "Westernisierung", Axel Schildt u.a (ed.) *Dynamische Zeiten*, Hamburg, 2000, p. 311-341; Axel Schildt, "Westlich, demokratisch. Deutschland und die westlichen Demokratien im 20. Jh", A. Doering-Manteuffel (ed.), *Srukturmerkmale der deutsche Geschichte des 20. Jhs*, München, 2006, pp. 225~239. 이들 논지에 따르면 1950년대 아데나워 보수정권 하에서의 서구란 복고적인 'Abendland' 개념이었지 자유주의적이고 미국까지 포함하는 서구는 아니었다는 것이다.

[63] Philipp Gassert, "Die Bundesrepublik, Europa und der Westen", Jörg Baberowski u.a. (ed.), *Geschichte ist immer Gegenwart*, Stuttgart 2001, p. 68.

[64] 지그문트 바우만, 『현대성과 홀로코스트』, 새물결, 2013.

5. 맺음말: 새로운 내러티브를 찾아서

통일은 자연스럽게 독일 민족사의 긍정적 측면들을 부각시켰고, Sonderweg 역사가들을 수세적으로 만들었다. Sonderweg 테제의 주창자들로부터 배운 제자들은 더 이상 이들 테제에 매이지 않는다. 테제 자체가 역사화의 대상이 된 것이다. 긴 Sonderweg 논의를 통해 독일 역사학은 무엇을 얻었는가? 무엇보다 논의 그 자체로서 역사를 구조화시켜 생각할 수 있게 만들었고 그 방법론적 사고를 위한 중요한 도구로 사용할 수 있었다. 테제를 통해 많은 연구들을 자극했고, 역사를 구체적으로 다루는 방식에 대한 중요한 접근법을 제공했다. 물론 논의의 진행에 따라 논점이 변화되고, 특히 비교사적 연구를 통해 어느 정도 논의가 상대화되기도 했지만, Sonderweg 테제 자체가 부정당한 것은 아니었다. 무엇보다 나치로의 오도된 길과 그 결과에 대한 분명한 설명을 통해 독일인의 역사적 자기 이해를 확립하는데 기여했다.[65] 전후 독일 사회는 전쟁의 패배를 바탕으로 새로운 역사상을 전개시켰고, 이를 통해 어두운 과거에 포박되지 않고 미래를 새롭게 만들어가고자 했다. 패배한 전쟁을 정치적으로 도덕적으로 청산하는 과정에서 20세기의 대참사를 분명한 역사적 교훈으로 만들어내면서 미래를 향한 출발점으로 삼고자 했다.[66] 서구사회로의 지향을 받아들이고, 자신들의 전

---

[65] 통일 이후에도 Sonderweg 테제의 지속을 주장하는 역사학자 중에는 니탐머(Lutz Niethammer)가 있다. 그에 따르면 독일 Sonderweg의 지속 문제는 그저 계속되고 있다, 끝났다의 문제가 아닌, 여전히 현실적인 문제이다. 그렇게 된 가장 큰 이유는 독일이 아직 준비되지 않은 가운데 갑작스럽게, 그리고 대외적 변화에 따른 외부적 힘에 의한 통일이 되었기 때문이며, 그렇게 때문에 과거에 독일만의 〈특별한 길〉로 지적되던 문제들 또한 그대로 온존한다는 논리다. Luth Niethammer, "Geht der deutsche Sonderweg weiter?", Luth Niethammer, *Deutschland danach. Postfaschistische Gesellschaft und nationales Gedächtnis*, Bonn, 1999, pp. 201~223.

후의 성공적 성과가 이 서구화에 기반한 것임을 인정했다. 그럼에도 히틀러와 파시즘의 독일적 성공을 설명하는 틀로서의 역할은 현실에서 여전히 남아있다. 이는 독일에서 급진 민족주의의 부활이라는 문제가 떠오르기만 하면 언제고 다시 등장할 수 있는 테마가 될 수 있음을 의미한다.

독일 통일, 21세기로의 전환, 전지구화 등을 겪으며 오늘날 역사학과 역사서술은 근본적 변화의 상황에 놓여있다. 독일 역사학에서 현재 진행되고 있는 세대교체는 지금까지 독일 역사에서 항상 중심에 서왔고, 그럼에도 늘 미흡함을 남겼던 문제, 즉 "도대체 무엇이 히틀러로 하여금 권력을 잡게 만들었는가?" 라는 질문이 더 이상 독일 역사서술에서 중심문제가 아니게 되었음을 의미한다. 새로운 질문으로 독일사의 핵심점이 옮겨가고 있다.[67]

여전히 전통적 대서사를 중시하는 보수주의 진영에서는 민족사적 접근을 통한 주류서사의 형식을 유지하고자 하지만, 그 영향력은 과거와 같지 않다. 독일 근현대사를 설명함에 있어 그같은 거대담론에 의존한 서사방식 자체가 부적절하다는 것이 아니라, 그것만으로 독일 역사 진행의 다양한 측면들을 모두 포함시킬 수 있는가의 문제이다.[68]

---

[66] Dieter Langewiesche, "Der 'deutsche Sonderweg'. Defizitgeschichte als geschichtspolitische Zukunftskonstruktion nach dem Ersten und Zweiten Weltkrieg", Dieter Langewiesche u.a. (ed.), *Kriegsniederlagen - Erfahrungen und Erinnerungen*, Berlin, 2004, pp. 57~65.

[67] Helmut Walser Smith, "The Vanishing Point of German History: An Essay on Perspective", *History & Memory*, 16. 2005, pp. 269~295.

[68] William W. Hagen, "Master Narratives beyond Postmodernity: Germany's 'Separate Path' in Histotographical-Philosophical Light", *German Studies Review*, Vol. 30,1, 2007, pp. 1~32; Konrad Jarausch, "Die Krise der nationalen Meistererzählungen – Ein Plädoyer für plurale, interdipendente Narrative", Konrad Jarausch u.a. (ed.), *Die historische Meistererzählung. Deutungslinien der deutschen Nationalgeschichte nach 1945*, Göttingen, pp. 140~162.

독일연방공화국(BRD)과 독일민주공화국(DDR)의 역사를 통일에 다다
르는 일종의 전사로 해석함으로써 Sonderweg 역사가들이 모두 국민국
가의 역사라는 패러다임에서 벗어나지 못했음을 보여주었다면, 헤르베
르트나 그 이후 세대의 역사가들은 보다 덜 국가 중심적인 서술방식을
선택하고자 한다. 독일과 서구 사이에 정치, 사회적으로 존재했던 차별
성이나 거리감에서 벗어나, 상호 연관성, 양자 간에 공유하는 가치들에
대해 더 관심을 기울이고자 한다. 글로벌화된 세계 속에서의 독일 제
국의 재조명, 대서양을 가로지르는 북미대륙과의 관계망 속에서의 전
후 서독 등으로 연구범위를 넓혀가고 있다.[69] 비판적 사회사의 틀 안
에 있으면서도 일상사, 젠더사, 구술사, 인류학적 접근 등 훨씬 다양한
형식들을 받아들인다. 정치적 지도행위, 내정과 정체성 등과 연결된 행
위로 서술을 제한했을 경우 결국에는 진술의 힘이 제한될 수밖에 없다
는 인식이다.[70]

이들 다양한 독일사 서술의 변화 중 가장 주목할 만한 것은 '근대화'
가 갖는 의미의 변화와 이의 재해석인 듯하다. 근대화가 제대로 이루
어지지 못한 원인에 중심을 두었던 기존의 해석방식에서 점차 새로운
해석들이 등장한다는 것, 즉 근대화에 대한 의미 자체에 변화가 오면서
'정상적' 근대화의 길이 갖는 긍정적 의미가 퇴색하고, 그것이 갖는 실
패와 전통파괴, 반해방적 진행, 개인주의, 위협, 회의주의, 지속되는 위

69) Sebastian Conrad (ed.), *Das Kaiserreich transnational: Deutschland in der Welt, 1871~1914*, Göttingen, 2004; Paul Nolte, *Transatlantische Ambivalenzen: Studien zur Sozial- und Ideengeschichte des 18. bis 20. Jhs.*, München, 2014; Manfred Berg u.a. (ed.), *Deutschland und die USA in der internationalen Geschichte des 20. Jahrhunderts*, Stuttgart, 2004.

70) A. Doering-Manteuffel, "Die deutsche Geschichte in den Zeitbögen des 20. Jhs", *Vierteljahrshefte f. Zeitgeschichte*, 62, 2014, pp. 321~348

기, 전통적 가치와 질서의 붕괴, 새롭고 혼란스러운 삶과 세상, 그들이
만들어내는 새로운 문제들의 의미에 무게가 주어지고 있다. 이는 어느
면에서는 보수주의 세계관이 세기 말 퍼트렸던 비자유, 반근대적 사유
와 그들의 문화비판(Kulturkritik)이나 문화회의주의(Kulturpessimisus)[71]
의 뒤늦은 승리일 수도 있겠다.

---

[71] Georg Bollenbeck, *Eine Geschichte der Kulturkritik*, München, 2007.

출처

이 책에 실린 글들은 한편의 새 원고를 제외하고는 저자들의 선행 연구를 일부 수정·보완하여 작성된 것이다. 출처는 다음과 같다.

제1부 동아시아 각국의 타자 인식

■ 임경석 ∣ 조선위원회 속기록을 통해 본 마르크스주의자들과 코민테른 관계의 실제
출처: 「코민테른 조선위원회 속기록 연구: 1928년 9월 20일자 회의를 중심으로」, 『사림』 제76호, 2021.4

■ 최종길 ∣ 다케우치 요시미(竹内好)의 루쉰 읽기와 동아시아 저항론
출처: 「전후 다케우치 요시미(竹内好)의 역사인식: 루쉰(魯迅) 읽기와 저항론을 중심으로」, 『인문과학연구논총』 39(2), 2018.5.

■ 황기우 | 한국 독일사학회를 통해 본 한국 서양사학의 자기이해와 대안
　　모색
　출처: 「논쟁사를 통해서 본 한국 서양사학의 자기이해 : 한국 독일사학
　　회 현황과 방향을 중심으로」, 『사림』 제71호, 2020.1.

보론

■ 이진일 | 통사 쓰기와 민족사 서술의 대안들: 독일의 '특별한 길'(Sonderweg)
　　에서 '서구에의 안착'까지
　출처: 『사림』 제77호, 2021.7.

찾아보기

필자소개(논문게재순)

■ 임경석 ㅣ 성균관대학교 사학과 교수

　성균관대학교 사학과 교수로 재직 중이며, 한국근대사를 전공하고 있다. 주요 논저로
『모스크바 밀사』(2012), 『잊을 수 없는 혁명가들에 대한 기록』(2008), 『한국 사회주의의
기원』(2003), 「1927년 영남친목회 반대운동 연구」(2018), 「韓國における朝鮮近現代史研
究の現狀と課題: 社會主義運動研究を中心に」(2017) 등이 있다.

■ 최종길 ㅣ 진실화해를위한과거사정리위원회 조사관

　진실화해를위한과거사정리위원회 조사관으로 재직하고 있다. 일본의 츠쿠바대학에서
박사학위를 받았고, 1920~1930년대 사회운동사, 사회사상사를 전공하고 있다. 최근에
는 한국과의 관련성 속에서 전후 일본의 진보운동과 식민지 지배책임 문제를 중심으로
연구하고 있다. 주요 논저로는 『근대일본의 중정국가 구상』(2009), 『근대일본의 중정국
가 구상』(2009), 『한국과 일본, 역사화해는 가능한가』(2017), 「전후의 시작과 진보진영
의 전쟁책임 문제」(2020), 「동아시아의 역사화해를 위한 시론」(2020) 등이 있다.

■ 김지훈 | (사)아시아평화와역사연구소 연구위원

아시아평화와역사연구소 연구위원, 성균관대학교 겸임교수로 재직 중이다. 주요 논저로는 『현대중국: 역사와 사회변동』(공저, 2014), 『중국고등학교 역사교과서의 현황과 특징』(공저, 2010), 『근현대 전환기 중화의식의 지속과 변용』(2008), 「난징대학살 기념관의 전시와 기억」(2020), 「국가의지(國家意志)와 역사교과서의 정치화」(2019), 「중화민국시기 근대 역사학과 공문서 정리」(2016) 등이 있다.

■ 송병권 | 상지대학교 아시아국제관계학과 부교수

상지대학교 아시아국제관계학과 부교수로 재직 중이며, 일본 토쿄대학 대학원 총합문화연구과에서 한미일관계를 박사학위를 받았다. 세계사적 맥락에서 해방 전후 동아시아 지역질서의 법, 정치, 경제, 사상의 담론 형성과 그 역사적 변이 등에 관심을 두고 연구하고 있다. 주요 논저로는 『근현대 동아시아 지역주의』(2021), 「연합국 최고사령관 총사령부의 한일점령과 통치구조의 중층성」(2020), 「보편을 향한 폭력?: 총력전 체제하 미일 인종주의의 삼중폭력구조」(2019) 등이 있다.

■ 도면회 | 대전대학교 H-LAC 역사문화학전공 교수

대전대학교 H-LAC 역사문화학전공 교수로 재직 중이며, 한국 근대 형사재판제도 연구에 이어, 최근에는 식민지 근대의 지배 시스템과 한국 현대 역사학의 기원을 추적하고 있다. 주요 논저로는 『한국 근대사 ①(공저, 2016)』 『한국 근대 형사재판 제도사』(2014), 『역사학의 세기』(공저, 2009), 「1960년대 한국의 근대화론 수용과 인문학계의 변화」(2021), 「근대 역사학의 방법론적 기원」(2019), 「3·1운동 원인론에 관한 성찰과 제언」(2018) 등이 있다.

■ 조미은 | 성균관대학교 동아시아역사연구소 연구원

성균관대학교 동아시아역사연구소 연구원으로 재직 중이며, 일제강점기 재조선 일본인을 연구하고 있다. 주요 논저로는 『재조선 일본인 학교와 학생』(2018), 『진주 3·1운동과 근대사회 발전』(공저, 2020) 등이 있다.

■ 김종복 ｜ 안동대학교 사학과 부교수

안동대학교 사학과 부교수로 재직 중이다. 주요 논저로는 『발해정치외교사』(2009), 『정본 발해고』(역서, 2018), 「한국 근대역사학의 발해사 인식: 남북국론을 중심으로」(2017), 「중국 근대의 발해사 인식: 민국시대의 발해삼서를 중심으로」(2018), 「수정본 『발해고』와 『해동역사』 발해 기사의 비교 연구」(2021) 등이 있다.

■ 이신철 ｜ (사)아시아평화와역사연구소 소장

(사)아시아평화와역사연구소 소장으로 재직 중이며, 남북관계, 역사인식, 공공역사에 관심이 많다. 주요 논저로는 『북한 민족주의운동 연구 1948~1961』(2008), 『한일 근현대 역사논쟁』(2007), 『처음 만나는 동해 포구사』(공저, 2021), 「해방이후 용산의 냉전식민주의 기억 넘어서기」(2018), 「남북 역사대화 30년의 성과와 방향 모색」(2021), 「2017년 고등학교 국정 『한국사』교과서의 냉전식민주의 역사인식: 북한 · 한미일공조체제 · 전쟁 인식을 중심으로」(2021) 등이 있다.

■ 황기우 ｜ 성균관대학교 사학과 연구교수

성균관대학교 사학과 연구교수로 재직 중이며, 독일 Freie Uni. Berlin에서 '나치독일의 문화외교정책'을 주제로 박사학위를 취득했다. 시뮬레이션을 기반으로 하는 디지털 역사학과 전체주의, 대중선동, 인종주의, 식민주의에 관심을 두고 있다. 주요 논저로는 『공동사회와 이익사회』(공저, 2017), 『제국주의 열강의 해군과 동아시아』(공저, 2018), 「시뮬레이션의 역사서술 가능성」(2021), 「3 · 1운동에 대한 독일 정부의 인식」(2020), 등이 있다.

■ 이진일 ｜ 성균관대학교 동아시아역사연구소 연구교수

성균관대학교 동아시아역사연구소 연구교수로 재직 중이며, 서구 지정학 구상과 동아시아로의 전이의 역사, 한독 관계사, 19세기 반근대주의 등을 연구하고 있다. 주요 논저로는 『동아시아 지역 연구와 탈식민운동』(편저, 2021), 『독일노동운동사』(역서, 2020), 「해방공간을 살다간 한 독일 지식인의 민주주의 인식: 에른스트 프랭켈」(2017), 「독일 역사수정주의의 전개와 '희생자－가해자'의 전도」(2019) 등이 있다.